Avant-propos de la 3e édition

Par l'une des dispositions de la loi du 16 février 2015 relative à la modernisation et à la simplification du droit et des procédures dans les domaines de la justice et des affaires intérieures, le Parlement avait habilité le Gouvernement à modifier par voie d'ordonnance « la structure et le contenu du livre III du Code civil, *afin de moderniser, de simplifier, d'améliorer la lisibilité, de renforcer l'accessibilité du droit commun des contrats, du régime des obligations et du droit de la preuve, de garantir la sécurité juridique et l'efficacité de la norme* » (L. nº 2015-177, 16 févr. 2015, art. 8).

Cette habilitation valait pour douze mois. Au regard de l'ampleur de la tâche, ceci était un délai assez bref. Il est vrai que le terrain avait été travaillé depuis plusieurs années. *L'avant-projet de réforme du droit des obligations et de la prescription*, rédigé par le groupe animé par Pierre Catala, avait été présenté au cours de l'été 2005 avant d'être soumis à consultation. Puis diverses propositions de textes, présentées dans des publications intitulées *Pour une réforme du droit des contrats* (2008) et *Pour une réforme du régime général des obligations* (2013), avaient été formulées par des groupes de travail dirigés par M. François Terré. Et pendant ces années, des magistrats de la Chancellerie, tantôt puisant dans l'une ou l'autre de ces deux sources d'inspiration, tantôt s'en écartant, avaient également peu à peu élaboré diverses versions d'un projet longtemps resté officieux, jusqu'à ce que, au lendemain de la loi d'habilitation, le ministère de la Justice l'officialise sous la forme du projet d'ordonnance rendu public le 25 février 2015 sur son site internet. Cette diffusion s'est accompagnée du lancement d'une vaste consultation publique jusqu'au 30 avril 2015, afin de recueillir l'avis de tous ceux (praticiens du droit et autres professionnels, universitaires, citoyens...) qui souhaitaient le donner sur ce projet. Pendant la période de mise au point du texte de la réforme, divers colloques ont été organisés et de nombreuses études doctrinales ont été publiées afin d'analyser la teneur du projet et d'essayer de mesurer les incidences pratiques que la réforme pourrait avoir. Ces avis, contributions et discussions ont eu un certain écho, car en définitive c'est un texte remanié sur de nombreux points qui a été adopté en conseil des ministres le 10 février 2016. L'entrée en vigueur de cette ordonnance portant réforme du droit des contrats, du régime général et de la preuve des obligations a été fixée au 1er octobre 2016, sous la seule réserve que le projet de loi de sa ratification soit déposé devant le Parlement dans un délai de six mois à compter de sa publication (donc avant le 11 août 2016), ce qui été fait le 6 juillet 2016 à l'Assemblée Nationale.

De grande ampleur quantitative, la réforme remplace trois titres du Livre III du Code civil et change tous leurs articles. Si les modifications souvent ne sont que rédactionnelles ou visent à intégrer des acquis jurisprudentiels si bien que pour l'essentiel le droit positif n'est pas bouleversé, des nouveautés, parfois importantes, doivent tout de même être relevées (notamment, assimilation de l'abus de l'état de dépendance à la violence, remplacement de l'objet et de la cause par le contenu du contrat, lutte contre les clauses abusives dans les contrats d'adhésion, révision judiciaire du contrat pour imprévision, attribution de pouvoirs unilatéraux à une partie, rénovation de la cession de créance, admission de la cession de dette, organisation de la cession de contrat, force probante des copies, etc.). L'examen par le Parlement du projet de loi de ratification (un nouveau texte, déposé au Sénat, par le nouveau gouvernement le 9 juin 2017) n'a pas conduit à remettre en cause les grandes lignes de la réforme. Du moins 21 articles du Code civil issus de l'ordonnance sont tout de même modifiés par la loi de ratification du 20 avril 2018 : en particulier se trouvent redéfinis le contrat d'adhésion et le domaine de la protection contre les clauses abusives ; la qualification de dol est expressément exclue pour le silence sur l'estimation de la valeur de la prestation, en cohérence avec le champ de l'obligation précontractuelle d'information ; les textes sur la capacité et la représentation des personnes morales, qui avaient suscité bien des interrogations et inquiétudes chez les praticiens, sont profondément revus ; la cession de dette est soumise à l'exigence d'un écrit, etc. Ces modifications ont toutes une importance pratique.

Aussi bien, pour permettre à tous ceux qui s'intéressent au droit des contrats et des obligations de prendre connaissance de la teneur exacte des changements apportés par la réforme, nous avons décidé de compléter la publication de l'édition annuelle du Code civil LexisNexis par celle d'un livret constitué de deux tableaux comparatifs.

Les 353 nouveaux articles que l'ordonnance insère dans le Code sont d'abord présentés un par un, avec, en vis-à-vis, les articles qu'ils remplacent, du moins quand il y en a car certains articles issus de l'ordonnance sont totalement nouveaux. Et chacun des articles nouvellement édictés est suivi de l'indication de son objet. Les lecteurs pourront donc visualiser facilement la teneur des modifications apportées, tantôt purement rédactionnelles, tantôt plus substantielles. Parmi ces nouveaux articles, la vingtaine de ceux qui sont retouchés par la loi de ratification sont présentés dans la rédaction issue de cette loi (dont l'entrée en vigueur est fixée au 1er octobre 2018), cette version étant accompagnée, en italiques, de celle qui aura été en vigueur du 1er octobre 2016 au 30 septembre 2018.

Ensuite, un second tableau comparatif part des articles en vigueur jusqu'au 30 septembre 2016 et vise à les rapprocher des nouveaux articles, du moins quand une correspondance peut être trouvée – ce qui n'est pas toujours le cas : ce tableau permet ainsi de constater que la teneur de certains textes anciens (comme celle du fameux article 1128) n'est pas reprise, sans qu'on soit toujours certain qu'il ne s'agisse pas d'oublis.

Complété par deux tables de rapprochement, ce livret représente un véritable outil opérationnel tant pour l'étudiant que pour le professionnel. Il vise à permettre à tous ceux qui connaissent, parfois depuis longtemps, le droit des contrats et des obligations de retrouver leurs marques et de dresser le bilan des changements, et à tous ceux qui s'y initieront après l'entrée en vigueur de cette réforme, de découvrir sous les nouveaux textes leurs racines séculaires.

Laurent LEVENEUR

Professeur à l'Université Panthéon-Assas Paris II

Dispositions transitoires

Ordonnance n° 2016-131 du 10 février 2016 portant réforme du droit des contrats, du régime général et de la preuve des obligations

Dispositions transitoires et finales

Art. 9. – Les dispositions de la présente ordonnance entreront en vigueur le 1er octobre 2016.

Les contrats conclus avant cette date demeurent soumis à la loi ancienne *(Mots aj., L. n° 2018-287, 20 avr. 2018)* « y compris pour leurs effets légaux et pour les dispositions d'ordre public ».

Toutefois, les dispositions des troisième et quatrième alinéas de l'article 1123 [du Code civil] et celles des articles 1158 et 1183 [du Code civil] sont applicables dès l'entrée en vigueur de la présente ordonnance.

Lorsqu'une instance a été introduite avant l'entrée en vigueur de la présente ordonnance, l'action est poursuivie et jugée conformément à la loi ancienne. Cette loi s'applique également en appel et en cassation.

Décret n° 2016-1278 du 29 septembre 2016 portant coordination des textes réglementaires avec l'ordonnance n° 2016-131 portant réforme du droit des contrats, du régime général et de la preuve des obligations

Art. 1er. – Les références à des dispositions abrogées, modifiées ou déplacées par l'ordonnance n° 2016-131 du 10 février 2016 susvisée contenues dans des dispositions de nature réglementaire sont remplacées par les références aux dispositions ayant le même objet du livre III du Code civil, du Code de l'action sociale et des familles, du Code des procédures civiles d'exécution et du Code de la santé publique, dans leur rédaction résultant de cette ordonnance.

Art. 2. – Les dispositions réglementaires modifiées par le présent décret peuvent être modifiées par des actes pris dans les mêmes formes que les actes dont elles étaient issues antérieurement à l'entrée en vigueur du présent décret.

Art. 3. – Le présent décret entrera en vigueur le 1er octobre 2016.

Loi n° 2018-287 du 20 avril 2018 ratifiant l'ordonnance n° 2016-131 du 10 février 2016 portant réforme du droit des contrats, du régime général et de la preuve des obligations

Art. 16. – I. – La présente loi entre en vigueur le 1er octobre 2018.

Les articles 1110, 1117, 1137, 1145, 1161, 1171, 1223, 1327 et 1343-3 du Code civil et les articles L. 112-5-1 et L. 211-40-1 du Code monétaire et financier, dans leur rédaction résultant de la présente loi, sont applicables aux actes juridiques conclus ou établis à compter de son entrée en vigueur.

Les modifications apportées par la présente loi aux articles 1112, 1143, 1165, 1216-3, 1217, 1221, 1304-4, 1305-5, 1327-1, 1328-1, 1347-6 et 1352-4 du Code civil ont un caractère interprétatif.

II. – A. – La présente loi est applicable dans les îles Wallis-et-Futuna.

B. – Pour l'application de l'article 1343-3 du Code civil dans les îles Wallis-et-Futuna, le mot : « euros » est remplacé par les mots : « francs CFP ».

C. – Le titre VI du livre VII du Code monétaire et financier est ainsi modifié : (V. C. monét. fin., art. L. 761-1 et L. 762-1).

III. – Le deuxième alinéa de l'article 9 de l'ordonnance n° 2016-131 du 10 février 2016 portant réforme du droit des contrats, du régime général et de la preuve des obligations est complété par les mots : « , y compris pour leurs effets légaux et pour les dispositions d'ordre public ».

Le présent III est applicable à compter du 1er octobre 2016.

Sommaire

Tableau de rapprochement des nouveaux articles avec les articles antérieurs des titres III, IV et IV *bis* du livre III du Code civil

Rédaction issue de l'ordonnance n° 2016-131 du 10 février 2016 ou de la loi n° 2018-287 du 20 avril 2018	Rédaction antérieure à l'ordonnance n° 2016-131 du 10 février 2016
TITRE III. - DES SOURCES D'OBLIGATIONS	
Art. 1100. - Les obligations naissent d'actes juridiques, de faits juridiques ou de l'autorité seule de la loi. Elles peuvent naître de l'exécution volontaire ou de la promesse d'exécution d'un devoir de conscience envers autrui. • ***Reformulation de l'énumération des sources des obligations. Intégration de la transformation en obligation civile de l'exécution ou promesse d'exécuter une obligation naturelle.***	**Art. 1370**. - Certains engagements se forment sans qu'il intervienne aucune convention, ni de la part de celui qui s'oblige, ni de la part de celui envers lequel il est obligé. Les uns résultent de l'autorité seule de la loi ; les autres naissent d'un fait personnel à celui qui se trouve obligé. Les premiers sont les engagements formés involontairement, tels que ceux entre propriétaires voisins, ou ceux des tuteurs et des autres administrateurs qui ne peuvent refuser la fonction qui leur est déférée. Les engagements qui naissent d'un fait personnel à celui qui se trouve obligé, résultent ou des quasi-contrats, ou des délits ou quasi-délits ; ils font la matière du présent titre. **Art. 1235, al. 2**. - La répétition n'est pas admise à l'égard des obligations naturelles qui ont été volontairement acquittées.
Art. 1100-1. - Les actes juridiques sont des manifestations de volonté destinées à produire des effets de droit. Ils peuvent être conventionnels ou unilatéraux. Ils obéissent, en tant que de raison, pour leur validité et leurs effets, aux règles qui gouvernent les contrats. • ***Intégration d'une définition des actes juridiques conventionnels ou unilatéraux et du principe de leur soumission au régime des contrats.***	-

Rédaction issue de l'ordonnance n° 2016-131 du 10 février 2016 ou de la loi n° 2018-287 du 20 avril 2018	Rédaction antérieure à l'ordonnance n° 2016-131 du 10 février 2016
Art. 1100-2. - Les faits juridiques sont des agissements ou des événements auxquels la loi attache des effets de droit. Les obligations qui naissent d'un fait juridique sont régies, selon le cas, par le sous-titre relatif à la responsabilité extracontractuelle ou le sous-titre relatif aux autres sources d'obligations. • ***Intégration d'une définition des faits juridiques.***	-
SOUS-TITRE Ier. - LE CONTRAT	
CHAPITRE Ier. - DISPOSITIONS LIMINAIRES	
Art. 1101. - Le contrat est un accord de volontés entre deux ou plusieurs personnes destiné à créer, modifier, transmettre ou éteindre des obligations. • ***Reformulation de la définition du contrat, avec modifications.***	**Art. 1101**. - Le contrat est une convention par laquelle une ou plusieurs personnes s'obligent, envers une ou plusieurs autres, à donner, à faire ou à ne pas faire quelque chose.
Art. 1102. - Chacun est libre de contracter ou de ne pas contracter, de choisir son cocontractant et de déterminer le contenu et la forme du contrat dans les limites fixées par la loi. La liberté contractuelle ne permet pas de déroger aux règles qui intéressent l'ordre public. • ***Formulation expresse du principe de liberté contractuelle et de ses limites. Rappr. art. 6.***	-
Art. 1103. - Les contrats légalement formés tiennent lieu de loi à ceux qui les ont faits. • ***Reformulation du principe de la force obligatoire du contrat.***	**Art. 1134, al. 1er**. - Les conventions légalement formées tiennent lieu de loi à ceux qui les ont faites.
Art. 1104. - Les contrats doivent être négociés, formés et exécutés de bonne foi. Cette disposition est d'ordre public. • ***Principe de bonne foi dans la négociation, la formation (nouveauté) et dans l'exécution du contrat, avec un caractère d'ordre public.***	**Art. 1134, al. 3**. - Elles doivent être exécutées de bonne foi.

Rédaction issue de l'ordonnance n° 2016-131 du 10 février 2016 ou de la loi n° 2018-287 du 20 avril 2018	Rédaction antérieure à l'ordonnance n° 2016-131 du 10 février 2016
Art. 1105. - Les contrats, qu'ils aient ou non une dénomination propre, sont soumis à des règles générales, qui sont l'objet du présent sous-titre. Les règles particulières à certains contrats sont établies dans les dispositions propres à chacun d'eux. Les règles générales s'appliquent sous réserve de ces règles particulières. • ***Articulation de la théorie générale des contrats et du droit des contrats spéciaux. Silence sur le droit commercial.***	**Art. 1107**. - Les contrats, soit qu'ils aient une dénomination propre, soit qu'ils n'en aient pas, sont soumis à des règles générales, qui sont l'objet du présent titre. Les règles particulières à certains contrats sont établies sous les titres relatifs à chacun d'eux ; et les règles particulières aux transactions commerciales sont établies par les lois relatives au commerce.
Art. 1106. - Le contrat est synallagmatique lorsque les contractants s'obligent réciproquement les uns envers les autres. Il est unilatéral lorsqu'une ou plusieurs personnes s'obligent envers une ou plusieurs autres sans qu'il y ait d'engagement réciproque de celles-ci. • ***Reprise des définitions du contrat synallagmatique et du contrat unilatéral.***	**Art. 1102**. - Le contrat est synallagmatique ou bilatéral lorsque les contractants s'obligent réciproquement les uns envers les autres. **Art. 1103**. - Il est unilatéral lorsqu'une ou plusieurs personnes sont obligées envers une ou plusieurs autres, sans que de la part de ces dernières il y ait d'engagement.
Art. 1107. - Le contrat est à titre onéreux lorsque chacune des parties reçoit de l'autre un avantage en contrepartie de celui qu'elle procure. Il est à titre gratuit lorsque l'une des parties procure à l'autre un avantage sans attendre ni recevoir de contrepartie. • ***Reprise de la définition du contrat à titre onéreux et définition du contrat à titre gratuit, avec modifications.***	**Art. 1105**. - Le contrat de bienfaisance est celui dans lequel l'une des parties procure à l'autre un avantage purement gratuit. **Art. 1106**. - Le contrat à titre onéreux est celui qui assujettit chacune des parties à donner ou à faire quelque chose.
Art. 1108. - Le contrat est commutatif lorsque chacune des parties s'engage à procurer à l'autre un avantage qui est regardé comme l'équivalent de celui qu'elle reçoit. Il est aléatoire lorsque les parties acceptent de faire dépendre les effets du contrat, quant aux avantages et aux pertes qui en résulteront, d'un événement incertain. • ***Reprise des définitions du contrat commutatif et du contrat aléatoire avec modifications.***	**Art. 1104**. - Il est commutatif lorsque chacune des parties s'engage à donner ou à faire une chose qui est regardée comme l'équivalent de ce qu'on lui donne, ou de ce qu'on fait pour elle. Lorsque l'équivalent consiste dans la chance de gain ou de perte pour chacune des parties, d'après un événement incertain, le contrat est aléatoire.

Rédaction issue de l'ordonnance n° 2016-131 du 10 février 2016 ou de la loi n° 2018-287 du 20 avril 2018	Rédaction antérieure à l'ordonnance n° 2016-131 du 10 février 2016
Art. 1109. - Le contrat est consensuel lorsqu'il se forme par le seul échange des consentements quel qu'en soit le mode d'expression. Le contrat est solennel lorsque sa validité est subordonnée à des formes déterminées par la loi. Le contrat est réel lorsque sa formation est subordonnée à la remise d'une chose. • ***Intégration de définitions du contrat consensuel, du contrat solennel et du contrat réel.***	-
Art. 1110 *(Rédaction en vigueur jusqu'au 30 septembre 2018). - Le contrat de gré à gré est celui dont les stipulations sont librement négociées entre les parties.* *Le contrat d'adhésion est celui dont les conditions générales, soustraites à la négociation, sont déterminées à l'avance par l'une des parties.* **Art. 1110** ***(Rédaction en vigueur à compter du 1er octobre 2018).*** - Le contrat de gré à gré est celui dont les stipulations sont négociables entre les parties. Le contrat d'adhésion est celui qui comporte un ensemble de clauses non négociables, déterminées à l'avance par l'une des parties. • ***Intégration de définitions du contrat de gré à gré et du contrat d'adhésion. Modification de ces deux définitions par la loi de ratification.***	-
Art. 1111. - Le contrat cadre est un accord par lequel les parties conviennent des caractéristiques générales de leurs relations contractuelles futures. Des contrats d'application en précisent les modalités d'exécution. • ***Intégration de définitions du contrat cadre et des contrats d'application.***	-
Art. 1111-1. - Le contrat à exécution instantanée est celui dont les obligations peuvent s'exécuter en une prestation unique. Le contrat à exécution successive est celui dont les obligations d'au moins une partie s'exécutent en plusieurs prestations échelonnées dans le temps. • ***Intégration de définitions du contrat à exécution instantanée et du contrat à exécution successive.***	-

Rédaction issue de l'ordonnance n° 2016-131 du 10 février 2016 ou de la loi n° 2018-287 du 20 avril 2018	Rédaction antérieure à l'ordonnance n° 2016-131 du 10 février 2016
CHAPITRE II. – LA FORMATION DU CONTRAT	
SECTION I. – LA CONCLUSION DU CONTRAT	
SOUS-SECTION 1. – LES NÉGOCIATIONS	
Art. 1112 *(Rédaction en vigueur jusqu'au 30 septembre 2018). – L'initiative, le déroulement et la rupture des négociations précontractuelles sont libres. Ils doivent impérativement satisfaire aux exigences de la bonne foi.* *En cas de faute commise dans les négociations, la réparation du préjudice qui en résulte ne peut avoir pour objet de compenser la perte des avantages attendus du contrat non conclu.* **Art. 1112** ***(Rédaction en vigueur à compter du 1er octobre 2018).*** – L'initiative, le déroulement et la rupture des négociations précontractuelles sont libres. Ils doivent impérativement satisfaire aux exigences de la bonne foi. En cas de faute commise dans les négociations, la réparation du préjudice qui en résulte ne peut avoir pour objet de compenser ni la perte des avantages attendus du contrat non conclu, ni la perte de chance d'obtenir ces avantages. • ***Intégration des solutions jurisprudentielles sur les pourparlers et leur rupture, y compris au sujet de la perte de chance d'obtenir les avantages attendus du contrat (précision apportée par la loi de ratification, avec un caractère interprétatif). Affirmation du caractère d'ordre public de l'exigence de bonne foi.***	–
Art. 1112-1. – Celle des parties qui connaît une information dont l'importance est déterminante pour le consentement de l'autre doit l'en informer dès lors que, légitimement, cette dernière ignore cette information ou fait confiance à son cocontractant. Néanmoins, ce devoir d'information ne porte pas sur l'estimation de la valeur de la prestation. Ont une importance déterminante les informations qui ont un lien direct et nécessaire avec le contenu du contrat ou la qualité des parties. Il incombe à celui qui prétend qu'une information lui était due de prouver que l'autre partie la lui devait, à charge pour cette autre partie de prouver qu'elle l'a fournie.	–

Rédaction issue de l'ordonnance n° 2016-131 du 10 février 2016 ou de la loi n° 2018-287 du 20 avril 2018	Rédaction antérieure à l'ordonnance n° 2016-131 du 10 février 2016
Les parties ne peuvent ni limiter, ni exclure ce devoir. Outre la responsabilité de celui qui en était tenu, le manquement à ce devoir d'information peut entraîner l'annulation du contrat dans les conditions prévues aux articles 1130 et suivants. • ***Intégration de l'obligation précontractuelle d'information, et de la jurisprudence qui exclut de son domaine la valeur de la prestation.***	–
Art. 1112-2. - Celui qui utilise ou divulgue sans autorisation une information confidentielle obtenue à l'occasion des négociations engage sa responsabilité dans les conditions du droit commun. • ***Intégration d'une règle sur la confidentialité des informations.***	–
SOUS-SECTION 2. - L'OFFRE ET L'ACCEPTATION	
Art. 1113. - Le contrat est formé par la rencontre d'une offre et d'une acceptation par lesquelles les parties manifestent leur volonté de s'engager. Cette volonté peut résulter d'une déclaration ou d'un comportement non équivoque de son auteur. • ***Formulation du mécanisme de formation du contrat par la rencontre des volontés.***	–
Art. 1114. - L'offre, faite à personne déterminée ou indéterminée, comprend les éléments essentiels du contrat envisagé et exprime la volonté de son auteur d'être lié en cas d'acceptation. À défaut, il y a seulement invitation à entrer en négociation. • ***Contenu et destinataires de l'offre.***	–
Art. 1115. - Elle peut être librement rétractée tant qu'elle n'est pas parvenue à son destinataire. • ***Libre rétractation initiale de l'offre.***	–

Rédaction issue de l'ordonnance n° 2016-131 du 10 février 2016 ou de la loi n° 2018-287 du 20 avril 2018	Rédaction antérieure à l'ordonnance n° 2016-131 du 10 février 2016
Art. 1116. - Elle ne peut être rétractée avant l'expiration du délai fixé par son auteur ou, à défaut, l'issue d'un délai raisonnable. La rétractation de l'offre en violation de cette interdiction empêche la conclusion du contrat. Elle engage la responsabilité extracontractuelle de son auteur dans les conditions du droit commun sans l'obliger à compenser la perte des avantages attendus du contrat. • ***Maintien obligatoire de l'offre pendant un temps. Conséquence d'une rétractation irrégulière de l'offre.***	-
Art. 1117 *(Rédaction en vigueur jusqu'au 30 septembre 2018). - L'offre est caduque à l'expiration du délai fixé par son auteur ou, à défaut, à l'issue d'un délai raisonnable.* *Elle l'est également en cas d'incapacité ou de décès de son auteur.* **Art. 1117** ***(Rédaction en vigueur à compter du 1er octobre 2018)***. - L'offre est caduque à l'expiration du délai fixé par son auteur ou, à défaut, à l'issue d'un délai raisonnable. Elle l'est également en cas d'incapacité ou de décès de son auteur, ou de décès de son destinataire. • ***Intégration, avec modification, des hypothèses de caducité de l'offre.***	-
Art. 1118. - L'acceptation est la manifestation de volonté de son auteur d'être lié dans les termes de l'offre. Tant que l'acceptation n'est pas parvenue à l'offrant, elle peut être librement rétractée, pourvu que la rétractation parvienne à l'offrant avant l'acceptation. L'acceptation non conforme à l'offre est dépourvue d'effet, sauf à constituer une offre nouvelle. • ***Définition de l'acceptation. Limite dans le temps de la possibilité de rétractation.***	-
Art. 1119. - Les conditions générales invoquées par une partie n'ont effet à l'égard de l'autre que si elles ont été portées à la connaissance de celle-ci et si elle les a acceptées. En cas de discordance entre des conditions générales invoquées par l'une et l'autre des parties, les clauses incompatibles sont sans effet. En cas de discordance entre des conditions générales et des conditions particulières, les secondes l'emportent sur les premières. • ***Condition d'effet des conditions générales d'une partie à l'égard de l'autre. Conséquences d'un conflit de conditions.***	-

Rédaction issue de l'ordonnance n° 2016-131 du 10 février 2016 ou de la loi n° 2018-287 du 20 avril 2018	Rédaction antérieure à l'ordonnance n° 2016-131 du 10 février 2016
Art. 1120. - Le silence ne vaut pas acceptation, à moins qu'il n'en résulte autrement de la loi, des usages, des relations d'affaires ou de circonstances particulières. • ***Silence dans la formation du contrat : principe et exceptions.***	-
Art. 1121. - Le contrat est conclu dès que l'acceptation parvient à l'offrant. Il est réputé l'être au lieu où l'acceptation est parvenue. • ***Introduction du système de la réception pour la détermination de la date et du lieu de formation du contrat.***	-
Art. 1122. - La loi ou le contrat peuvent prévoir un délai de réflexion, qui est le délai avant l'expiration duquel le destinataire de l'offre ne peut manifester son acceptation ou un délai de rétractation, qui est le délai avant l'expiration duquel son bénéficiaire peut rétracter son consentement. • ***Intégration de règles générales sur les délais de réflexion et de rétractation.***	-
SOUS-SECTION 3. - LE PACTE DE PRÉFÉRENCE ET LA PROMESSE UNILATÉRALE	
Art. 1123. - Le pacte de préférence est le contrat par lequel une partie s'engage à proposer prioritairement à son bénéficiaire de traiter avec lui pour le cas où elle déciderait de contracter. Lorsqu'un contrat est conclu avec un tiers en violation d'un pacte de préférence, le bénéficiaire peut obtenir la réparation du préjudice subi. Lorsque le tiers connaissait l'existence du pacte et l'intention du bénéficiaire de s'en prévaloir, ce dernier peut également agir en nullité ou demander au juge de le substituer au tiers dans le contrat conclu. Le tiers peut demander par écrit au bénéficiaire de confirmer dans un délai qu'il fixe et qui doit être raisonnable, l'existence d'un pacte de préférence et s'il entend s'en prévaloir. L'écrit mentionne qu'à défaut de réponse dans ce délai, le bénéficiaire du pacte ne pourra plus solliciter sa substitution au contrat conclu avec le tiers ou la nullité du contrat. • ***Intégration d'une définition du pacte de préférence et des solutions relatives à sa violation. Ajout d'une possibilité pour les tiers d'interroger le bénéficiaire sur ses intentions.***	-

Rédaction issue de l'ordonnance n° 2016-131 du 10 février 2016 ou de la loi n° 2018-287 du 20 avril 2018	Rédaction antérieure à l'ordonnance n° 2016-131 du 10 février 2016
Art. 1124. - La promesse unilatérale est le contrat par lequel une partie, le promettant, accorde à l'autre, le bénéficiaire, le droit d'opter pour la conclusion d'un contrat dont les éléments essentiels sont déterminés, et pour la formation duquel ne manque que le consentement du bénéficiaire.	-
La révocation de la promesse pendant le temps laissé au bénéficiaire pour opter n'empêche pas la formation du contrat promis. Le contrat conclu en violation de la promesse unilatérale avec un tiers qui en connaissait l'existence est nul. • ***Intégration d'une définition de la promesse unilatérale de contrat et modification de la solution jurisprudentielle sur la révocation. Ajout d'une nullité du contrat conclu avec un tiers.***	-
SOUS-SECTION 4. - DISPOSITIONS PROPRES AU CONTRAT CONCLU PAR VOIE ÉLECTRONIQUE	
Art. 1125. - La voie électronique peut être utilisée pour mettre à disposition des stipulations contractuelles ou des informations sur des biens ou services. • ***Reprise du principe de l'admission de la voie électronique dans le processus de conclusion du contrat.***	**Art. 1369-1**. - La voie électronique peut être utilisée pour mettre à disposition des conditions contractuelles ou des informations sur des biens ou services.
Art. 1126. - Les informations qui sont demandées en vue de la conclusion d'un contrat ou celles qui sont adressées au cours de son exécution peuvent être transmises par courrier électronique si leur destinataire a accepté l'usage de ce moyen. • ***Reprise de la condition d'admissibilité du courrier électronique.***	**Art. 1369-2**. - Les informations qui sont demandées en vue de la conclusion d'un contrat ou celles qui sont adressées au cours de son exécution peuvent être transmises par courrier électronique si leur destinataire a accepté l'usage de ce moyen.
Art. 1127. - Les informations destinées à un professionnel peuvent lui être adressées par courrier électronique, dès lors qu'il a communiqué son adresse électronique. Si ces informations doivent être portées sur un formulaire, celui-ci est mis, par voie électronique, à la disposition de la personne qui doit le remplir. • ***Reprise des exigences particulières à l'égard des professionnels en matière de courrier et de formulaire électroniques.***	**Art. 1369-3**. - Les informations destinées à un professionnel peuvent lui être adressées par courrier électronique, dès lors qu'il a communiqué son adresse électronique. Si ces informations doivent être portées sur un formulaire, celui-ci est mis, par voie électronique, à la disposition de la personne qui doit le remplir.

Rédaction issue de l'ordonnance n° 2016-131 du 10 février 2016 ou de la loi n° 2018-287 du 20 avril 2018	Rédaction antérieure à l'ordonnance n° 2016-131 du 10 février 2016
Art. 1127-1. - Quiconque propose à titre professionnel, par voie électronique, la fourniture de biens ou la prestation de services, met à disposition les stipulations contractuelles applicables d'une manière qui permette leur conservation et leur reproduction. L'auteur d'une offre reste engagé par elle tant qu'elle est accessible par voie électronique de son fait. L'offre énonce en outre : 1° Les différentes étapes à suivre pour conclure le contrat par voie électronique ; 2° Les moyens techniques permettant au destinataire de l'offre, avant la conclusion du contrat, d'identifier d'éventuelles erreurs commises dans la saisie des données et de les corriger ; 3° Les langues proposées pour la conclusion du contrat au nombre desquelles doit figurer la langue française ; 4° Le cas échéant, les modalités d'archivage du contrat par l'auteur de l'offre et les conditions d'accès au contrat archivé ; 5° Les moyens de consulter par voie électronique les règles professionnelles et commerciales auxquelles l'auteur de l'offre entend, le cas échéant, se soumettre. • ***Reprise des conditions à remplir par un professionnel offrant de contracter par voie électronique.***	**Art. 1369-4**. - Quiconque propose, à titre professionnel, par voie électronique, la fourniture de biens ou la prestation de services, met à disposition les conditions contractuelles applicables d'une manière qui permette leur conservation et leur reproduction. Sans préjudice des conditions de validité mentionnées dans l'offre, son auteur reste engagé par elle tant qu'elle est accessible par voie électronique de son fait. L'offre énonce en outre : 1° Les différentes étapes à suivre pour conclure le contrat par voie électronique ; 2° Les moyens techniques permettant à l'utilisateur, avant la conclusion du contrat, d'identifier les erreurs commises dans la saisie des données et de les corriger ; 3° Les langues proposées pour la conclusion du contrat ; 4° En cas d'archivage du contrat, les modalités de cet archivage par l'auteur de l'offre et les conditions d'accès au contrat archivé ; 5° Les moyens de consulter par voie électronique les règles professionnelles et commerciales auxquelles l'auteur de l'offre entend, le cas échéant, se soumettre.
Art. 1127-2. - Le contrat n'est valablement conclu que si le destinataire de l'offre a eu la possibilité de vérifier le détail de sa commande et son prix total et de corriger d'éventuelles erreurs avant de confirmer celle-ci pour exprimer son acceptation définitive. L'auteur de l'offre doit accuser réception sans délai injustifié, par voie électronique, de la commande qui lui a été adressée. La commande, la confirmation de l'acceptation de l'offre et l'accusé de réception sont considérés comme reçus lorsque les parties auxquelles ils sont adressés peuvent y avoir accès. • ***Reprise des conditions de l'acceptation par voie électronique.***	**Art. 1369-5**. - Pour que le contrat soit valablement conclu, le destinataire de l'offre doit avoir eu la possibilité de vérifier le détail de sa commande et son prix total, et de corriger d'éventuelles erreurs, avant de confirmer celle-ci pour exprimer son acceptation. L'auteur de l'offre doit accuser réception sans délai injustifié et par voie électronique de la commande qui lui a été ainsi adressée. La commande, la confirmation de l'acceptation de l'offre et l'accusé de réception sont considérés comme reçus lorsque les parties auxquelles ils sont adressés peuvent y avoir accès.

Rédaction issue de l'ordonnance n° 2016-131 du 10 février 2016 ou de la loi n° 2018-287 du 20 avril 2018	Rédaction antérieure à l'ordonnance n° 2016-131 du 10 février 2016
Art. 1127-3. - Il est fait exception aux obligations visées aux 1° à 5° de l'article 1127-1 et aux deux premiers alinéas de l'article 1127-2 pour les contrats de fourniture de biens ou de prestation de services qui sont conclus exclusivement par échange de courriers électroniques. Il peut, en outre, être dérogé aux dispositions des 1° à 5° de l'article 1127-1 et de l'article 1127-2 dans les contrats conclus entre professionnels. • ***Reprise de dérogations pour les contrats conclus par échanges de courriers électroniques, ou entre professionnels.***	**Art. 1369-6**. - Il est fait exception aux obligations visées aux 1° à 5° de l'article 1369-4 et aux deux premiers alinéas de l'article 1369-5 pour les contrats de fourniture de biens ou de prestation de services qui sont conclus exclusivement par échange de courriers électroniques. Il peut, en outre, être dérogé aux dispositions de l'article 1369-5 et des 1° à 5° de l'article 1369-4 dans les conventions conclues entre professionnels.
Art. 1127-4. - Une lettre simple relative à la conclusion ou à l'exécution d'un contrat peut être envoyée par courrier électronique. L'apposition de la date d'expédition résulte d'un procédé électronique dont la fiabilité est présumée, jusqu'à preuve contraire, lorsqu'il satisfait à des exigences fixées par décret en Conseil d'État. • ***Reprise de l'admissibilité de la lettre simple envoyée par voie électronique.***	**Art. 1369-7**. - Une lettre simple relative à la conclusion ou à l'exécution d'un contrat peut être envoyée par courrier électronique. L'apposition de la date d'expédition résulte d'un procédé électronique dont la fiabilité est présumée, jusqu'à preuve contraire, lorsqu'il satisfait à des exigences fixées par décret en Conseil d'État.
Art. 1127-5. - Une lettre recommandée relative à la conclusion ou à l'exécution d'un contrat peut être envoyée par courrier électronique à condition que ce courrier soit acheminé par un tiers selon un procédé permettant d'identifier le tiers, de désigner l'expéditeur, de garantir l'identité du destinataire et d'établir si la lettre a été remise ou non au destinataire. Le contenu de cette lettre, au choix de l'expéditeur, peut être imprimé par le tiers sur papier pour être distribué au destinataire ou peut être adressé à celui-ci par voie électronique. Dans ce dernier cas, si le destinataire n'est pas un professionnel, il doit avoir demandé l'envoi par ce moyen ou en avoir accepté l'usage au cours d'échanges antérieurs. Lorsque l'apposition de la date d'expédition ou de réception résulte d'un procédé électronique, la fiabilité de celui-ci est présumée, jusqu'à preuve contraire, s'il satisfait à des exigences fixées par un décret en Conseil d'État. Un avis de réception peut être adressé à l'expéditeur par voie électronique ou par tout autre dispositif lui permettant de le conserver. Les modalités d'application du présent article sont fixées par décret en Conseil d'État. • ***Reprise des règles relatives à la lettre recommandée électronique.***	**Art. 1369-8**. - Une lettre recommandée relative à la conclusion ou à l'exécution d'un contrat peut être envoyée par courrier électronique à condition que ce courrier soit acheminé par un tiers selon un procédé permettant d'identifier le tiers, de désigner l'expéditeur, de garantir l'identité du destinataire et d'établir si la lettre a été remise ou non au destinataire. Le contenu de cette lettre, au choix de l'expéditeur, peut être imprimé par le tiers sur papier pour être distribué au destinataire ou peut être adressé à celui-ci par voie électronique. Dans ce dernier cas, si le destinataire n'est pas un professionnel, il doit avoir demandé l'envoi par ce moyen ou en avoir accepté l'usage au cours d'échanges antérieurs. Lorsque l'apposition de la date d'expédition ou de réception résulte d'un procédé électronique, la fiabilité de celui-ci est présumée, jusqu'à preuve contraire, s'il satisfait à des exigences fixées par un décret en Conseil d'État. Un avis de réception peut être adressé à l'expéditeur par voie électronique ou par tout autre dispositif lui permettant de le conserver. Les modalités d'application du présent article sont fixées par décret en Conseil d'État.

Rédaction issue de l'ordonnance n° 2016-131 du 10 février 2016 ou de la loi n° 2018-287 du 20 avril 2018	Rédaction antérieure à l'ordonnance n° 2016-131 du 10 février 2016
Art. 1127-6. - Hors les cas prévus aux articles 1125 et 1126, la remise d'un écrit électronique est effective lorsque le destinataire, après avoir pu en prendre connaissance, en a accusé réception. Si une disposition prévoit que l'écrit doit être lu au destinataire, la remise d'un écrit électronique à l'intéressé dans les conditions prévues au premier alinéa vaut lecture. • ***Reprise des conséquences de l'accusé de réception d'un écrit électronique.***	**Art. 1369-9**. - Hors les cas prévus aux articles 1369-1 et 1369-2, la remise d'un écrit sous forme électronique est effective lorsque le destinataire, après avoir pu en prendre connaissance, en a accusé réception. Si une disposition prévoit que l'écrit doit être lu au destinataire, la remise d'un écrit électronique à l'intéressé dans les conditions prévues au premier alinéa vaut lecture.
SECTION II. - LA VALIDITÉ DU CONTRAT	
Art. 1128. - Sont nécessaires à la validité d'un contrat : 1° Le consentement des parties ; 2° Leur capacité de contracter ; 3° Un contenu licite et certain. • ***Modification des conditions de validité des contrats.***	**Art. 1108**. - Quatre conditions sont essentielles pour la validité d'une convention : Le consentement de la partie qui s'oblige ; Sa capacité de contracter ; Un objet certain qui forme la matière de l'engagement ; Une cause licite dans l'obligation.
SOUS-SECTION 1. - LE CONSENTEMENT	
§ 1. - L'EXISTENCE DU CONSENTEMENT	
Art. 1129. - Conformément à l'article 414-1, il faut être sain d'esprit pour consentir valablement à un contrat. • ***Rappel de l'exigence d'un consentement sain. Renvoi pour les conditions de l'action en nullité.***	-
§ 2. - LES VICES DU CONSENTEMENT	
Art. 1130. - L'erreur, le dol et la violence vicient le consentement lorsqu'ils sont de telle nature que, sans eux, l'une des parties n'aurait pas contracté ou aurait contracté à des conditions substantiellement différentes. Leur caractère déterminant s'apprécie eu égard aux personnes et aux circonstances dans lesquelles le consentement a été donné. • ***Reformulation de l'énumération des trois vices du consentement et intégration de l'exigence de leur caractère déterminant.***	**Art. 1109**. - Il n'y a point de consentement valable, si le consentement n'a été donné que par erreur, ou s'il a été extorqué par violence ou surpris par dol.
Art. 1131. - Les vices du consentement sont une cause de nullité relative du contrat. • ***Intégration d'une qualification générale de nullité relative en cas de vice du consentement.***	-

Rédaction issue de l'ordonnance n° 2016-131 du 10 février 2016 ou de la loi n° 2018-287 du 20 avril 2018	Rédaction antérieure à l'ordonnance n° 2016-131 du 10 février 2016
Art. 1132. - L'erreur de droit ou de fait, à moins qu'elle ne soit inexcusable, est une cause de nullité du contrat lorsqu'elle porte sur les qualités essentielles de la prestation due ou sur celles du cocontractant. • ***Reformulation de l'objet de l'erreur et réserve de l'erreur inexcusable.***	**Art. 1110**. - L'erreur n'est une cause de nullité de la convention que lorsqu'elle tombe sur la substance même de la chose qui en est l'objet. Elle n'est point une cause de nullité, lorsqu'elle ne tombe que sur la personne avec laquelle on a l'intention de contracter, à moins que la considération de cette personne ne soit la cause principale de la convention.
Art. 1133. - Les qualités essentielles de la prestation sont celles qui ont été expressément ou tacitement convenues et en considération desquelles les parties ont contracté. L'erreur est une cause de nullité qu'elle porte sur la prestation de l'une ou de l'autre partie. L'acceptation d'un aléa sur une qualité de la prestation exclut l'erreur relative à cette qualité. • ***Reformulation de l'erreur sur les qualités essentielles de la prestation.***	
Art. 1134. - L'erreur sur les qualités essentielles du cocontractant n'est une cause de nullité que dans les contrats conclus en considération de la personne. • ***Reformulation de l'erreur sur les qualités essentielles de la personne.***	
Art. 1135. - L'erreur sur un simple motif, étranger aux qualités essentielles de la prestation due ou du cocontractant, n'est pas une cause de nullité, à moins que les parties n'en aient fait expressément un élément déterminant de leur consentement. Néanmoins l'erreur sur le motif d'une libéralité, en l'absence duquel son auteur n'aurait pas disposé, est une cause de nullité. • ***Intégration de la solution excluant l'erreur sur les motifs, sauf exceptions. Règle particulière pour les libéralités.***	**Art. 1131**. - L'obligation sans cause ou sur une fausse cause, ou sur une cause illicite, ne peut avoir aucun effet
Art. 1136. - L'erreur sur la valeur par laquelle, sans se tromper sur les qualités essentielles de la prestation, un contractant fait seulement de celle-ci une appréciation économique inexacte, n'est pas une cause de nullité. • ***Intégration de la solution excluant la simple erreur sur la valeur.***	-

Rédaction issue de l'ordonnance n° 2016-131 du 10 février 2016 ou de la loi n° 2018-287 du 20 avril 2018	Rédaction antérieure à l'ordonnance n° 2016-131 du 10 février 2016
Art. 1137 *(Rédaction en vigueur jusqu'au 30 septembre 2018). - Le dol est le fait pour un contractant d'obtenir le consentement de l'autre par des manœuvres ou des mensonges.* *Constitue également un dol la dissimulation intentionnelle par l'un des contractants d'une information dont il sait le caractère déterminant pour l'autre partie.* **Art. 1137** ***(Rédaction en vigueur à compter du 1er octobre 2018)***. - Le dol est le fait pour un contractant d'obtenir le consentement de l'autre par des manœuvres ou des mensonges. Constitue également un dol la dissimulation intentionnelle par l'un des contractants d'une information dont il sait le caractère déterminant pour l'autre partie. Néanmoins, ne constitue pas un dol le fait pour une partie de ne pas révéler à son cocontractant son estimation de la valeur de la prestation. • ***Reformulation de la définition du dol avec intégration de la dissimulation dolosive. Consécration expresse, par la loi de ratification, de l'absence de réticence dolosive sur la valeur (jurisprudence « Baldus »).***	**Art. 1116**. - Le dol est une cause de nullité de la convention lorsque les manœuvres pratiquées par l'une des parties sont telles, qu'il est évident que, sans ces manœuvres, l'autre partie n'aurait pas contracté. Il ne se présume pas, et doit être prouvé.
Art. 1138. - Le dol est également constitué s'il émane du représentant, gérant d'affaires, préposé ou porte-fort du contractant. Il l'est encore lorsqu'il émane d'un tiers de connivence. • ***Introduction d'une disposition sur le dol de certains tiers.***	-
Art. 1139. - L'erreur qui résulte d'un dol est toujours excusable ; elle est une cause de nullité alors même qu'elle porterait sur la valeur de la prestation ou sur un simple motif du contrat. • ***Intégration des solutions sur l'erreur résultant d'un dol et le domaine de la nullité pour dol.***	-

Rédaction issue de l'ordonnance n° 2016-131 du 10 février 2016 ou de la loi n° 2018-287 du 20 avril 2018	Rédaction antérieure à l'ordonnance n° 2016-131 du 10 février 2016
Art. 1140. - Il y a violence lorsqu'une partie s'engage sous la pression d'une contrainte qui lui inspire la crainte d'exposer sa personne, sa fortune ou celles de ses proches à un mal considérable. • ***Reformulation de la définition de la violence.***	**Art. 1112**. - Il y a violence lorsqu'elle est de nature à faire impression sur une personne raisonnable, et qu'elle peut lui inspirer la crainte d'exposer sa personne ou sa fortune à un mal considérable et présent. On a égard, en cette matière, à l'âge, au sexe et à la condition des personnes. **Art. 1113**. - La violence est une cause de nullité du contrat, non seulement lorsqu'elle a été exercée sur la partie contractante, mais encore lorsqu'elle l'a été sur son époux ou sur son épouse, sur ses descendants ou ses ascendants.
Art. 1141. - La menace d'une voie de droit ne constitue pas une violence. Il en va autrement lorsque la voie de droit est détournée de son but ou lorsqu'elle est invoquée ou exercée pour obtenir un avantage manifestement excessif. • ***Introduction d'une disposition écartant la menace d'une voie de droit comme cas de violence, sauf exception.***	-
Art. 1142. - La violence est une cause de nullité qu'elle ait été exercée par une partie ou par un tiers. • ***Reprise de l'indifférence de la personne auteur de la violence.***	**Art. 1111**. - La violence exercée contre celui qui a contracté l'obligation est une cause de nullité, encore qu'elle ait été exercée par un tiers autre que celui au profit duquel la convention a été faite.
Art. 1143 *(Rédaction en vigueur jusqu'au 30 septembre 2018). - Il y a également violence lorsqu'une partie, abusant de l'état de dépendance dans lequel se trouve son cocontractant, obtient de lui un engagement qu'il n'aurait pas souscrit en l'absence d'une telle contrainte et en tire un avantage manifestement excessif.* **Art. 1143** ***(Rédaction en vigueur à compter du 1er octobre 2018)***. - Il y a également violence lorsqu'une partie, abusant de l'état de dépendance dans lequel se trouve son cocontractant à son égard, obtient de lui un engagement qu'il n'aurait pas souscrit en l'absence d'une telle contrainte et en tire un avantage manifestement excessif. • ***Introduction de l'abus d'état de dépendance, avec la condition d'un avantage manifestement excessif, comme cas de violence. Limitation par la loi de ratification (avec un caractère interprétatif), au cas d'état de dépendance de l'une des parties à l'égard de l'autre.***	-

Rédaction issue de l'ordonnance n° 2016-131 du 10 février 2016 ou de la loi n° 2018-287 du 20 avril 2018	Rédaction antérieure à l'ordonnance n° 2016-131 du 10 février 2016
Art. 1144. – Le délai de l'action en nullité ne court, en cas d'erreur ou de dol, que du jour où ils ont été découverts et, en cas de violence, que du jour où elle a cessé. • ***Reprise du point de départ du délai pour agir en nullité. Silence sur la durée du délai (droit commun : art. 2224).***	**Art. 1304**. – Dans tous les cas où l'action en nullité ou en rescision d'une convention n'est pas limitée à un moindre temps par une loi particulière, cette action dure cinq ans. Ce temps ne court dans le cas de violence que du jour où elle a cessé ; dans le cas d'erreur ou de dol, du jour où ils ont été découverts. Le temps ne court, à l'égard des actes faits par un mineur, que du jour de la majorité ou de l'émancipation ; et à l'égard des actes faits par un majeur protégé, que du jour où il en a eu connaissance, alors qu'il était en situation, de les refaire valablement. Il ne court contre les héritiers de la personne en tutelle ou en curatelle que du jour du décès, s'il n'a commencé à courir auparavant.
SOUS-SECTION 2. – LA CAPACITÉ ET LA REPRÉSENTATION	
§ 1. – LA CAPACITÉ	
Art. 1145 *(Rédaction en vigueur jusqu'au 30 septembre 2018). – Toute personne physique peut contracter sauf en cas d'incapacité prévue par la loi.* *La capacité des personnes morales est limitée aux actes utiles à la réalisation de leur objet tel que défini par leurs statuts et aux actes qui leur sont accessoires, dans le respect des règles applicables à chacune d'entre elles.* **Art. 1145** ***(Rédaction en vigueur à compter du 1er octobre 2018)***. – Toute personne physique peut contracter sauf en cas d'incapacité prévue par la loi. La capacité des personnes morales est limitée par les règles applicables à chacune d'entre elles. • ***Reprise du principe de capacité, mais seulement des personnes physiques. Concernant les personnes morales, simple renvoi par la loi de ratification aux règles applicables à chacune d'elles.***	**Art. 1123**. – Toute personne peut contracter, si elle n'en est pas déclarée incapable par la loi.
Art. 1146. – Sont incapables de contracter, dans la mesure définie par la loi : 1° Les mineurs non émancipés ; 2° Les majeurs protégés au sens de l'article 425. • ***Reprise de l'énumération des incapacités (d'exercice) de contracter.***	**Art. 1124**. – Sont incapables de contracter, dans la mesure définie par la loi : Les mineurs non émancipés ; Les majeurs protégés au sens de l'article 488 du présent code.

Rédaction issue de l'ordonnance n° 2016-131 du 10 février 2016 ou de la loi n° 2018-287 du 20 avril 2018	Rédaction antérieure à l'ordonnance n° 2016-131 du 10 février 2016
Art. 1147. - L'incapacité de contracter est une cause de nullité relative. • ***Intégration de la nullité relative, comme sanction générale de l'inobservation d'une incapacité.***	**Art. 1125**. - Les personnes capables de s'engager ne peuvent opposer l'incapacité de ceux avec qui elles ont contracté.
Art. 1148. - Toute personne incapable de contracter peut néanmoins accomplir seule les actes courants autorisés par la loi ou l'usage, pourvu qu'ils soient conclus à des conditions normales. • ***Introduction d'une règle générale sur la capacité d'accomplir les actes de la vie courante, avec une réserve. Rappr. art. 388-1-1, 408 et 473.***	-
Art. 1149. - Les actes courants accomplis par le mineur peuvent être annulés pour simple lésion. Toutefois, la nullité n'est pas encourue lorsque la lésion résulte d'un événement imprévisible. La simple déclaration de majorité faite par le mineur ne fait pas obstacle à l'annulation. Le mineur ne peut se soustraire aux engagements qu'il a pris dans l'exercice de sa profession. • ***Reformulation de la rescision pour lésion du mineur, limitée aux actes courants.***	**Art. 1305**. - La simple lésion donne lieu à la rescision en faveur du mineur non émancipé, contre toutes sortes de conventions. **Art. 1306**. - Le mineur n'est pas restituable pour cause de lésion, lorsqu'elle ne résulte que d'un événement casuel et imprévu. **Art. 1307**. - La simple déclaration de majorité, faite par le mineur, ne fait point obstacle à sa restitution. **Art. 1308**. - Le mineur qui exerce une profession n'est point restituable contre les engagements qu'il a pris dans l'exercice de celle-ci.
Art. 1150. - Les actes accomplis par les majeurs protégés sont régis par les articles 435, 465 et 494-9 sans préjudice des articles 1148, 1151 et 1352-4. • ***Renvoi, pour les actes des majeurs protégés, aux règles spéciales qui organisent leur protection en cas de sauvegarde de justice, de curatelle, de tutelle et d'habilitation familiale.***	-
Art. 1151. - Le contractant capable peut faire obstacle à l'action en nullité engagée contre lui en établissant que l'acte était utile à la personne protégée et exempt de lésion ou qu'il a profité à celle-ci. Il peut aussi opposer à l'action en nullité la confirmation de l'acte par son cocontractant devenu ou redevenu capable. • ***Introduction ou reformulation de moyens de faire obstacle à la nullité pour incapacité.***	**Art. 1311**. - Il n'est plus recevable à revenir contre l'engagement qu'il avait souscrit en minorité, lorsqu'il l'a ratifié en majorité, soit que cet engagement fût nul en sa forme, soit qu'il fût seulement sujet à restitution. **Art. 1312**. - Lorsque les mineurs ou les majeurs en tutelle sont admis, en ces qualités, à se faire restituer contre leurs engagements, le remboursement de ce qui aurait été, en conséquence de ces engagements, payé pendant la minorité ou la tutelle des majeurs, ne peut en être exigé, à moins qu'il ne soit prouvé que ce qui a été payé a tourné à leur profit.

Rédaction issue de l'ordonnance n° 2016-131 du 10 février 2016 ou de la loi n° 2018-287 du 20 avril 2018	Rédaction antérieure à l'ordonnance n° 2016-131 du 10 février 2016
Art. 1152. – La prescription de l'action court : 1° À l'égard des actes faits par un mineur, du jour de la majorité ou de l'émancipation ; 2° À l'égard des actes faits par un majeur protégé, du jour où il en a eu connaissance alors qu'il était en situation de les refaire valablement ; 3° À l'égard des héritiers de la personne en tutelle ou en curatelle ou de la personne faisant l'objet d'une habilitation familiale, du jour du décès si elle n'a commencé à courir auparavant. • ***Reprise du point de départ de la prescription.***	**1304, al. 3**. – Le temps ne court, à l'égard des actes faits par un mineur, que du jour de la majorité ou de l'émancipation ; et à l'égard des actes faits par un majeur protégé, que du jour où il en a eu connaissance, alors qu'il était en situation, de les refaire valablement. Il ne court contre les héritiers de la personne en tutelle ou en curatelle que du jour du décès, s'il n'a commencé à courir auparavant.
§ 2. – LA REPRÉSENTATION	
Art. 1153. – Le représentant légal, judiciaire ou conventionnel n'est fondé à agir que dans la limite des pouvoirs qui lui ont été conférés. • ***Introduction de règles générales sur la représentation et ses effets.***	–
Art. 1154. – Lorsque le représentant agit dans la limite de ses pouvoirs au nom et pour le compte du représenté, celui-ci est seul tenu de l'engagement ainsi contracté. Lorsque le représentant déclare agir pour le compte d'autrui mais contracte en son propre nom, il est seul engagé à l'égard du cocontractant. • ***Conséquences respectives de l'action du « représentant » au nom du représenté ou seulement pour le compte de celui-ci.***	–
Art. 1155. – Lorsque le pouvoir du représentant est défini en termes généraux, il ne couvre que les actes conservatoires et d'administration. Lorsque le pouvoir est spécialement déterminé, le représentant ne peut accomplir que les actes pour lesquels il est habilité et ceux qui en sont l'accessoire. • ***Reprise, en la généralisant, d'une règle (art. 1988, al. 1er) sur les pouvoirs du représentant en fonction des termes du pouvoir.***	–

Rédaction issue de l'ordonnance n° 2016-131 du 10 février 2016 ou de la loi n° 2018-287 du 20 avril 2018	Rédaction antérieure à l'ordonnance n° 2016-131 du 10 février 2016
Art. 1156. - L'acte accompli par un représentant sans pouvoir ou au-delà de ses pouvoirs est inopposable au représenté, sauf si le tiers contractant a légitimement cru en la réalité des pouvoirs du représentant, notamment en raison du comportement ou des déclarations du représenté. Lorsqu'il ignorait que l'acte était accompli par un représentant sans pouvoir ou au-delà de ses pouvoirs, le tiers contractant peut en invoquer la nullité. L'inopposabilité comme la nullité de l'acte ne peuvent plus être invoquées dès lors que le représenté l'a ratifié. • ***Inopposabilité des actes accomplis sans pouvoir, sous réserve de la croyance légitime (intégration de la théorie du mandat apparent) ; possibilité pour le tiers contractant d'en invoquer la nullité.***	-
Art. 1157. - Lorsque le représentant détourne ses pouvoirs au détriment du représenté, ce dernier peut invoquer la nullité de l'acte accompli si le tiers avait connaissance du détournement ou ne pouvait l'ignorer. • ***Conséquences d'un détournement de pouvoirs.***	-
Art. 1158. - Le tiers qui doute de l'étendue du pouvoir du représentant conventionnel à l'occasion d'un acte qu'il s'apprête à conclure, peut demander par écrit au représenté de lui confirmer, dans un délai qu'il fixe et qui doit être raisonnable, que le représentant est habilité à conclure cet acte. L'écrit mentionne qu'à défaut de réponse dans ce délai, le représentant est réputé habilité à conclure cet acte. • ***Introduction d'un processus de vérification d'un pouvoir conventionnel.***	-
Art. 1159. - L'établissement d'une représentation légale ou judiciaire dessaisit pendant sa durée le représenté des pouvoirs transférés au représentant. La représentation conventionnelle laisse au représenté l'exercice de ses droits. • ***Effets de la représentation sur les pouvoirs d'agir du représenté.***	-

Rédaction issue de l'ordonnance n° 2016-131 du 10 février 2016 ou de la loi n° 2018-287 du 20 avril 2018	Rédaction antérieure à l'ordonnance n° 2016-131 du 10 février 2016
Art. 1160. - Les pouvoirs du représentant cessent s'il est atteint d'une incapacité ou frappé d'une interdiction. • ***Cessation de la représentation avec l'incapacité du représentant.***	-
Art. 1161 *(Rédaction en vigueur jusqu'au 30 septembre 2018). - Un représentant ne peut agir pour le compte des deux parties au contrat ni contracter pour son propre compte avec le représenté.* *En ces cas, l'acte accompli est nul à moins que la loi ne l'autorise ou que le représenté ne l'ait autorisé ou ratifié.* **Art. 1161** ***(Rédaction en vigueur à compter du 1er octobre 2018)***. - En matière de représentation des personnes physiques, un représentant ne peut agir pour le compte de plusieurs parties au contrat en opposition d'intérêts ni contracter pour son propre compte avec le représenté. En ces cas, l'acte accompli est nul à moins que la loi ne l'autorise ou que le représenté ne l'ait autorisé ou ratifié. • ***Formulation de règles générales sur le conflit d'intérêts en cas de représentation, limitées toutefois par la loi de ratification à la représentation des personnes physiques (en opposition d'intérêts).***	-
SOUS-SECTION 3. - LE CONTENU DU CONTRAT	
Art. 1162. - Le contrat ne peut déroger à l'ordre public ni par ses stipulations, ni par son but, que ce dernier ait été connu ou non par toutes les parties. • ***Reprise de l'exigence de conformité du contrat à l'ordre public avec modifications. Silence sur les bonnes mœurs (Comp. art. 6). Silence sur les choses hors commerce.***	**Art. 1128**. - Il n'y a que les choses qui sont dans le commerce qui puissent être l'objet des conventions. **Art. 1131**. - L'obligation sans cause ou sur une fausse cause, ou sur une cause illicite, ne peut avoir aucun effet.
	Art. 1133. - La cause est illicite, quand elle est prohibée par la loi, quand elle est contraire aux bonnes mœurs ou à l'ordre public.

Rédaction issue de l'ordonnance n° 2016-131 du 10 février 2016 ou de la loi n° 2018-287 du 20 avril 2018	Rédaction antérieure à l'ordonnance n° 2016-131 du 10 février 2016
Art. 1163. - L'obligation a pour objet une prestation présente ou future. Celle-ci doit être possible et déterminée ou déterminable. La prestation est déterminable lorsqu'elle peut être déduite du contrat ou par référence aux usages ou aux relations antérieures des parties, sans qu'un nouvel accord des parties soit nécessaire. • ***Objet de l'obligation. Reformulation de son caractère présent ou futur et de l'exigence de sa détermination ou déterminabilité. Silence sur les choses hors commerce.***	**Art. 1128**. - Il n'y a que les choses qui sont dans le commerce qui puissent être l'objet des conventions. **Art. 1129**. - Il faut que l'obligation ait pour objet une chose au moins déterminée quant à son espèce. La quotité de la chose peut être incertaine, pourvu qu'elle puisse être déterminée. **Art. 1130**. - Les choses futures peuvent être l'objet d'une obligation. On ne peut cependant renoncer à une succession non ouverte, ni faire aucune stipulation sur une pareille succession, même avec le consentement de celui de la succession duquel il s'agit, que dans les conditions prévues par la loi.
Art. 1164. - Dans les contrats cadre, il peut être convenu que le prix sera fixé unilatéralement par l'une des parties, à charge pour elle d'en motiver le montant en cas de contestation. En cas d'abus dans la fixation du prix, le juge peut être saisi d'une demande tendant à obtenir des dommages et intérêts et le cas échéant la résolution du contrat. • ***Consécration d'une possibilité de détermination unilatérale du prix dans les contrats cadres ; sanction en cas d'abus.***	-
Art. 1165 *(Rédaction en vigueur jusqu'au 30 septembre 2018). - Dans les contrats de prestation de service, à défaut d'accord des parties avant leur exécution, le prix peut être fixé par le créancier, à charge pour lui d'en motiver le montant en cas de contestation. En cas d'abus dans la fixation du prix, le juge peut être saisi d'une demande en dommages et intérêts.* **Art. 1165** ***(Rédaction en vigueur à compter du 1er octobre 2018)***. - Dans les contrats de prestation de service, à défaut d'accord des parties avant leur exécution, le prix peut être fixé par le créancier, à charge pour lui d'en motiver le montant en cas de contestation. En cas d'abus dans la fixation du prix, le juge peut être saisi d'une demande en dommages et intérêts et, le cas échéant, la résolution du contrat. • ***Introduction d'une possibilité de détermination unilatérale du prix dans les contrats de prestation de service. Sanction en cas d'abus : dommages-intérêts, voire (précision de la loi de ratification, avec un caractère interprétatif) résolution du contrat.***	-

Rédaction issue de l'ordonnance n° 2016-131 du 10 février 2016 ou de la loi n° 2018-287 du 20 avril 2018	Rédaction antérieure à l'ordonnance n° 2016-131 du 10 février 2016
Art. 1166. - Lorsque la qualité de la prestation n'est pas déterminée ou déterminable en vertu du contrat, le débiteur doit offrir une prestation de qualité conforme aux attentes légitimes des parties en considération de sa nature, des usages et du montant de la contrepartie. • ***Introduction de la prise en compte des attentes légitimes des parties quant à la qualité de la prestation.***	**Art. 1246**. - Si la dette est d'une chose qui ne soit déterminée que par son espèce, le débiteur ne sera pas tenu, pour être libéré, de la donner de la meilleure espèce ; mais il ne pourra l'offrir de la plus mauvaise.
Art. 1167. - Lorsque le prix ou tout autre élément du contrat doit être déterminé par référence à un indice qui n'existe pas ou a cessé d'exister ou d'être accessible, celui-ci est remplacé par l'indice qui s'en rapproche le plus. • ***Intégration d'une solution en cas de disparition d'un indice nécessaire à la détermination d'un élément du contrat.***	-
Art. 1168. - Dans les contrats synallagmatiques, le défaut d'équivalence des prestations n'est pas une cause de nullité du contrat, à moins que la loi n'en dispose autrement. • ***Reformulation du principe de rejet de la lésion.***	**Art. 1118**. - La lésion ne vicie les conventions que dans certains contrats ou à l'égard de certaines personnes, ainsi qu'il sera expliqué en la même section.
Art. 1169. - Un contrat à titre onéreux est nul lorsque, au moment de sa formation, la contrepartie convenue au profit de celui qui s'engage est illusoire ou dérisoire. • ***Reformulation, avec modification, de l'exigence de l'existence de la cause de l'obligation, mais seulement dans les contrats à titre onéreux.***	**Art. 1131**. - L'obligation sans cause, ou sur une fausse cause, ou sur une cause illicite, ne peut avoir aucun effet.
Art. 1170. - Toute clause qui prive de sa substance l'obligation essentielle du débiteur est réputée non écrite. • ***Intégration de la solution jurisprudentielle de protection de l'obligation essentielle.***	-

Rédaction issue de l'ordonnance n° 2016-131 du 10 février 2016 ou de la loi n° 2018-287 du 20 avril 2018	Rédaction antérieure à l'ordonnance n° 2016-131 du 10 février 2016
Art. 1171 *(Rédaction en vigueur jusqu'au 30 septembre 2018). - Dans un contrat d'adhésion, toute clause qui crée un déséquilibre significatif entre les droits et obligations des parties au contrat est réputée non écrite.* *L'appréciation du déséquilibre significatif ne porte ni sur l'objet principal du contrat ni sur l'adéquation du prix à la prestation.* **Art. 1171** ***(Rédaction en vigueur à compter du 1er octobre 2018)***. - Dans un contrat d'adhésion, toute clause non négociable, déterminée à l'avance par l'une des parties, qui crée un déséquilibre significatif entre les droits et obligations des parties au contrat est réputée non écrite. L'appréciation du déséquilibre significatif ne porte ni sur l'objet principal du contrat ni sur l'adéquation du prix à la prestation. • ***Introduction d'une règle sur les clauses abusives dans les contrats d'adhésion, quelles que soient les parties. Limitation par la loi de ratification aux clauses non négociables.***	-
SECTION III. - LA FORME DU CONTRAT	
SOUS-SECTION 1. - DISPOSITIONS GÉNÉRALES	
Art. 1172. - Les contrats sont par principe consensuels. Par exception, la validité des contrats solennels est subordonnée à l'observation de formes déterminées par la loi à défaut de laquelle le contrat est nul, sauf possible régularisation. En outre, la loi subordonne la formation de certains contrats à la remise d'une chose. • ***Formulation expresse du principe du consensualisme. V. l'art. 1109 pour la définition du contrat consensuel, du contrat solennel et du contrat réel.***	-
Art. 1173. - Les formes exigées aux fins de preuve ou d'opposabilité sont sans effet sur la validité des contrats. • ***Formulation expresse de la distinction entre formalités probatoires et véritables formes.***	-

Rédaction issue de l'ordonnance n° 2016-131 du 10 février 2016 ou de la loi n° 2018-287 du 20 avril 2018	Rédaction antérieure à l'ordonnance n° 2016-131 du 10 février 2016
SOUS-SECTION 2. - DISPOSITIONS PROPRES AU CONTRAT CONCLU PAR VOIE ÉLECTRONIQUE	
Art. 1174. - Lorsqu'un écrit est exigé pour la validité d'un contrat, il peut être établi et conservé sous forme électronique dans les conditions prévues aux articles 1366 et 1367 et, lorsqu'un acte authentique est requis, au deuxième alinéa de l'article 1369. Lorsqu'est exigée une mention écrite de la main même de celui qui s'oblige, ce dernier peut l'apposer sous forme électronique si les conditions de cette apposition sont de nature à garantir qu'elle ne peut être effectuée que par lui-même. • ***Reprise de la possibilité d'établir un écrit sous forme électronique même lorsqu'un écrit est exigé pour la validité de l'acte.***	**Art. 1108-1**. - Lorsqu'un écrit est exigé pour la validité d'un acte juridique, il peut être établi et conservé sous forme électronique dans les conditions prévues aux articles 1316-1 et 1316-4 et, lorsqu'un acte authentique est requis, au second alinéa de l'article 1317. Lorsqu'est exigée une mention écrite de la main même de celui qui s'oblige, ce dernier peut l'apposer sous forme électronique si les conditions de cette apposition sont de nature à garantir qu'elle ne peut être effectuée que par lui-même.
Art. 1175. - Il est fait exception aux dispositions de l'article précédent pour : 1° Les actes sous signature privée relatifs au droit de la famille et des successions ; 2° Les actes sous signature privée relatifs à des sûretés personnelles ou réelles, de nature civile ou commerciale, sauf s'ils sont passés par une personne pour les besoins de sa profession. • ***Reprise des exceptions.***	**Art. 1108-2**. - Il est fait exception aux dispositions de l'article 1108-1 pour : 1° Les actes sous seing privé relatifs au droit de la famille et des successions ; 2° Les actes sous seing privé relatifs à des sûretés personnelles ou réelles, de nature civile ou commerciale, sauf s'ils sont passés par une personne pour les besoins de sa profession.
Art. 1176. - Lorsque l'écrit sur papier est soumis à des conditions particulières de lisibilité ou de présentation, l'écrit électronique doit répondre à des exigences équivalentes. L'exigence d'un formulaire détachable est satisfaite par un procédé électronique qui permet d'accéder au formulaire et de le renvoyer par la même voie. • ***Reprise de l'équivalence des exigences de présentation, même pour un formulaire détachable.***	**Art. 1369-10**. - Lorsque l'écrit sur papier est soumis à des conditions particulières de lisibilité ou de présentation, l'écrit sous forme électronique doit répondre à des exigences équivalentes. L'exigence d'un formulaire détachable est satisfaite par un procédé électronique qui permet d'accéder au formulaire et de le renvoyer par la même voie.
Art. 1177. - L'exigence d'un envoi en plusieurs exemplaires est réputée satisfaite par voie électronique si l'écrit peut être imprimé par le destinataire. • ***Reprise de la dispense d'envoi en plusieurs exemplaires.***	**Art. 1369-11**. - L'exigence d'un envoi en plusieurs exemplaires est réputée satisfaite sous forme électronique si l'écrit peut être imprimé par le destinataire.

Rédaction issue de l'ordonnance n° 2016-131 du 10 février 2016 ou de la loi n° 2018-287 du 20 avril 2018	Rédaction antérieure à l'ordonnance n° 2016-131 du 10 février 2016
SECTION IV. - LES SANCTIONS	
SOUS-SECTION 1. - LA NULLITÉ	
Art. 1178. - Un contrat qui ne remplit pas les conditions requises pour sa validité est nul. La nullité doit être prononcée par le juge, à moins que les parties ne la constatent d'un commun accord. Le contrat annulé est censé n'avoir jamais existé. Les prestations exécutées donnent lieu à restitution dans les conditions prévues aux articles 1352 à 1352-9. Indépendamment de l'annulation du contrat, la partie lésée peut demander réparation du dommage subi dans les conditions du droit commun de la responsabilité extracontractuelle. • ***Introduction de dispositions générales sur les modalités de la nullité d'un contrat et ses conséquences. Consécration explicite de la possibilité d'une constatation amiable.***	**Art. 1117**. - La convention contractée par erreur, violence ou dol, n'est point nulle de plein droit ; elle donne seulement lieu à une action en nullité ou en rescision, dans les cas et de la manière expliqués à la section VII du chapitre V du présent titre.
Art. 1179. - La nullité est absolue lorsque la règle violée a pour objet la sauvegarde de l'intérêt général. Elle est relative lorsque la règle violée a pour seul objet la sauvegarde d'un intérêt privé. • ***Consécration de la distinction entre nullité absolue et nullité relative selon le critère des intérêts protégés.***	-
Art. 1180. - La nullité absolue peut être demandée par toute personne justifiant d'un intérêt, ainsi que par le ministère public. Elle ne peut être couverte par la confirmation du contrat. • ***Intégration des solutions composant le régime de la nullité absolue.***	-
Art. 1181. - La nullité relative ne peut être demandée que par la partie que la loi entend protéger. Elle peut être couverte par la confirmation. Si l'action en nullité relative a plusieurs titulaires, la renonciation de l'un n'empêche pas les autres d'agir. • ***Intégration des solutions composant le régime de la nullité relative.***	-

Rédaction issue de l'ordonnance n° 2016-131 du 10 février 2016 ou de la loi n° 2018-287 du 20 avril 2018	Rédaction antérieure à l'ordonnance n° 2016-131 du 10 février 2016
Art. 1182. - La confirmation est l'acte par lequel celui qui pourrait se prévaloir de la nullité y renonce. Cet acte mentionne l'objet de l'obligation et le vice affectant le contrat. La confirmation ne peut intervenir qu'après la conclusion du contrat. L'exécution volontaire du contrat, en connaissance de la cause de nullité, vaut confirmation. En cas de violence, la confirmation ne peut intervenir qu'après que la violence a cessé. La confirmation emporte renonciation aux moyens et exceptions qui pouvaient être opposés, sans préjudice néanmoins des droits des tiers. • ***Introduction d'une définition de la confirmation et reprise, avec modifications, de ses conditions et de ses effets.***	**Art. 1338**. - L'acte de confirmation ou ratification d'une obligation contre laquelle la loi admet l'action en nullité ou en rescision n'est valable que lorsqu'on y trouve la substance de cette obligation, la mention du motif de l'action en rescision, et l'intention de réparer le vice sur lequel cette action est fondée. À défaut d'acte de confirmation ou ratification, il suffit que l'obligation soit exécutée volontairement après l'époque à laquelle l'obligation pouvait être valablement confirmée ou ratifiée. La confirmation, ratification, ou exécution volontaire dans les formes et à l'époque déterminées par la loi, emporte la renonciation aux moyens et exceptions que l'on pouvait opposer contre cet acte, sans préjudice néanmoins du droit des tiers.
Art. 1183. - Une partie peut demander par écrit à celle qui pourrait se prévaloir de la nullité soit de confirmer le contrat soit d'agir en nullité dans un délai de six mois à peine de forclusion. La cause de la nullité doit avoir cessé. L'écrit mentionne expressément qu'à défaut d'action en nullité exercée avant l'expiration du délai de six mois, le contrat sera réputé confirmé. • ***Innovation par introduction d'un procédé interrogatoire en vue de confirmer le contrat.***	-
Art. 1184. - Lorsque la cause de nullité n'affecte qu'une ou plusieurs clauses du contrat, elle n'emporte nullité de l'acte tout entier que si cette ou ces clauses ont constitué un élément déterminant de l'engagement des parties ou de l'une d'elles. Le contrat est maintenu lorsque la loi répute la clause non écrite, ou lorsque les fins de la règle méconnue exigent son maintien. • ***Consécration des solutions sur l'étendue de la nullité.***	-
Art. 1185. - L'exception de nullité ne se prescrit pas si elle se rapporte à un contrat qui n'a reçu aucune exécution. • ***Consécration du caractère perpétuel de l'exception de nullité, sous condition.***	-

Rédaction issue de l'ordonnance n° 2016-131 du 10 février 2016 ou de la loi n° 2018-287 du 20 avril 2018	Rédaction antérieure à l'ordonnance n° 2016-131 du 10 février 2016
SOUS-SECTION 2. - LA CADUCITÉ	
Art. 1186. - Un contrat valablement formé devient caduc si l'un de ses éléments essentiels disparaît. Lorsque l'exécution de plusieurs contrats est nécessaire à la réalisation d'une même opération et que l'un d'eux disparaît, sont caducs les contrats dont l'exécution est rendue impossible par cette disparition et ceux pour lesquels l'exécution du contrat disparu était une condition déterminante du consentement d'une partie. La caducité n'intervient toutefois que si le contractant contre lequel elle est invoquée connaissait l'existence de l'opération d'ensemble lorsqu'il a donné son consentement. • ***Introduction d'une définition de la caducité du contrat et extension dans le cas particulier des contrats formant un ensemble contractuel.***	-
Art. 1187. - La caducité met fin au contrat. Elle peut donner lieu à restitution dans les conditions prévues aux articles 1352 à 1352-9. • ***Formulation des effets de la caducité.***	-
CHAPITRE III. - L'INTERPRÉTATION DU CONTRAT	
Art. 1188. - Le contrat s'interprète d'après la commune intention des parties plutôt qu'en s'arrêtant au sens littéral de ses termes. Lorsque cette intention ne peut être décelée, le contrat s'interprète selon le sens que lui donnerait une personne raisonnable placée dans la même situation. • ***Reformulation du principe d'interprétation selon la commune intention des parties, et ajout d'une référence subsidiaire à la personne raisonnable.***	**Art. 1156**. - On doit dans les conventions rechercher quelle a été la commune intention des parties contractantes, plutôt que de s'arrêter au sens littéral des termes.
Art. 1189. - Toutes les clauses d'un contrat s'interprètent les unes par rapport aux autres, en donnant à chacune le sens qui respecte la cohérence de l'acte tout entier. Lorsque, dans l'intention commune des parties, plusieurs contrats concourent à une même opération, ils s'interprètent en fonction de celle-ci. • ***Reprise de la règle d'interprétation des clauses au regard de l'acte et ajout pour le cas d'une opération contractuelle.***	**Art. 1161**. - Toutes les clauses des conventions s'interprètent les unes par les autres en donnant à chacune le sens qui résulte de l'acte entier.

Rédaction issue de l'ordonnance n° 2016-131 du 10 février 2016 ou de la loi n° 2018-287 du 20 avril 2018	Rédaction antérieure à l'ordonnance n° 2016-131 du 10 février 2016
Art. 1190. - Dans le doute, le contrat de gré à gré s'interprète contre le créancier et en faveur du débiteur, et le contrat d'adhésion contre celui qui l'a proposé. • ***Reformulation de l'interprétation en faveur du débiteur de l'obligation, limitée au contrat de gré à gré, et ajout d'une règle spéciale pour le contrat d'adhésion.***	**Art. 1162**. - Dans le doute, la convention s'interprète contre celui qui a stipulé, et en faveur de celui qui a contracté l'obligation.
Art. 1191. - Lorsqu'une clause est susceptible de deux sens, celui qui lui confère un effet l'emporte sur celui qui ne lui en fait produire aucun. • ***Reformulation de la règle d'interprétation d'une clause susceptible de deux sens.***	**Art. 1157**. - Lorsqu'une clause est susceptible de deux sens, on doit plutôt l'entendre dans celui avec lequel elle peut avoir quelque effet, que dans le sens avec lequel elle n'en pourrait produire aucun.
Art. 1192. - On ne peut interpréter les clauses claires et précises à peine de dénaturation. • ***Consécration expresse de l'interdiction de la dénaturation.***	-
CHAPITRE IV. - LES EFFETS DU CONTRAT	
SECTION I. - LES EFFETS DU CONTRAT ENTRE LES PARTIES	
SOUS-SECTION 1. - FORCE OBLIGATOIRE	
Art. 1193. - Les contrats ne peuvent être modifiés ou révoqués que du consentement mutuel des parties, ou pour les causes que la loi autorise. • ***Reformulation fractionnée du principe de la force obligatoire du contrat. V. aussi art. 1103 et 1104.***	**Art. 1134**. - Les conventions légalement formées tiennent lieu de loi à ceux qui les ont faites. Elles ne peuvent être révoquées que de leur consentement mutuel, ou pour les causes que la loi autorise. Elles doivent être exécutées de bonne foi.
Art. 1194. - Les contrats obligent non seulement à ce qui y est exprimé, mais encore à toutes les suites que leur donnent l'équité, l'usage ou la loi. • ***Reprise des suites du contrat selon l'équité et l'usage.***	**Art. 1135**. - Les conventions obligent non seulement à ce qui y est exprimé, mais encore à toutes les suites que l'équité, l'usage ou la loi donnent à l'obligation d'après sa nature.

Rédaction issue de l'ordonnance n° 2016-131 du 10 février 2016 ou de la loi n° 2018-287 du 20 avril 2018	Rédaction antérieure à l'ordonnance n° 2016-131 du 10 février 2016
Art. 1195. - Si un changement de circonstances imprévisible lors de la conclusion du contrat rend l'exécution excessivement onéreuse pour une partie qui n'avait pas accepté d'en assumer le risque, celle-ci peut demander une renégociation du contrat à son cocontractant. Elle continue à exécuter ses obligations durant la renégociation. En cas de refus ou d'échec de la renégociation, les parties peuvent convenir de la résolution du contrat, à la date et aux conditions qu'elles déterminent, ou demander d'un commun accord au juge de procéder à son adaptation. À défaut d'accord dans un délai raisonnable, le juge peut, à la demande d'une partie, réviser le contrat ou y mettre fin, à la date et aux conditions qu'il fixe. • ***Introduction d'un mécanisme de prise en compte de l'imprévision, avec un pouvoir ultime de révision du contrat par le juge. Renversement de la solution jurisprudentielle traditionnelle.***	-
SOUS-SECTION 2. - EFFET TRANSLATIF	
Art. 1196. - Dans les contrats ayant pour objet l'aliénation de la propriété ou la cession d'un autre droit, le transfert s'opère lors de la conclusion du contrat. Ce transfert peut être différé par la volonté des parties, la nature des choses ou par l'effet de la loi. Le transfert de propriété emporte transfert des risques de la chose. Toutefois le débiteur de l'obligation de délivrer en retrouve la charge à compter de sa mise en demeure, conformément à l'article 1344-2 et sous réserve des règles prévues à l'article 1351-1. • ***Reformulation du principe du transfert instantané de la propriété et de la charge des risques.***	**Art. 1138**. - L'obligation de livrer la chose est parfaite par le seul consentement des parties contractantes. Elle rend le créancier propriétaire et met la chose à ses risques dès l'instant où elle a dû être livrée, encore que la tradition n'en ait point été faite, à moins que le débiteur ne soit en demeure de la livrer ; auquel cas la chose reste aux risques de ce dernier.
Art. 1197. - L'obligation de délivrer la chose emporte obligation de la conserver jusqu'à la délivrance, en y apportant tous les soins d'une personne raisonnable. • ***Reformulation de l'obligation de conservation jusqu'à la délivrance.***	**Art. 1136**. - L'obligation de donner emporte celle de livrer la chose et de la conserver jusqu'à la livraison, à peine de dommages et intérêts envers le créancier. **Art. 1137**. - L'obligation de veiller à la conservation de la chose, soit que la convention n'ait pour objet que l'utilité de l'une des parties, soit qu'elle ait pour objet leur utilité commune, soumet celui qui en est chargé à y apporter tous les soins raisonnables.

Rédaction issue de l'ordonnance n° 2016-131 du 10 février 2016 ou de la loi n° 2018-287 du 20 avril 2018	Rédaction antérieure à l'ordonnance n° 2016-131 du 10 février 2016
Art. 1198. – Lorsque deux acquéreurs successifs d'un même meuble corporel tiennent leur droit d'une même personne, celui qui a pris possession de ce meuble en premier est préféré, même si son droit est postérieur, à condition qu'il soit de bonne foi. Lorsque deux acquéreurs successifs de droits portant sur un même immeuble tiennent leur droit d'une même personne, celui qui a, le premier, publié son titre d'acquisition passé en la forme authentique au fichier immobilier est préféré, même si son droit est postérieur, à condition qu'il soit de bonne foi. • ***Reformulation de la solution du conflit entre acquéreurs successifs d'un meuble corporel, avec extension en matière immobilière y compris l'ajout d'une condition de bonne foi.***	**Art. 1141**. – Si la chose qu'on s'est obligé de donner ou de livrer à deux personnes successivement, est purement mobilière, celle des deux qui en a été mise en possession réelle est préférée et en demeure propriétaire, encore que son titre soit postérieur en date, pourvu toutefois que la possession soit de bonne foi.
SECTION II. – LES EFFETS DU CONTRAT À L'ÉGARD DES TIERS	
SOUS-SECTION 1. – DISPOSITIONS GÉNÉRALES	
Art. 1199. – Le contrat ne crée d'obligations qu'entre les parties. Les tiers ne peuvent ni demander l'exécution du contrat ni se voir contraints de l'exécuter, sous réserve des dispositions de la présente section et de celles du chapitre III du titre IV. • ***Reformulation du principe de l'effet relatif des contrats.***	**Art. 1165**. – Les conventions n'ont d'effet qu'entre les parties contractantes ; elles ne nuisent point au tiers, et elles ne lui profitent que dans le cas prévu par l'article 1121.
Art. 1200. – Les tiers doivent respecter la situation juridique créée par le contrat. Ils peuvent s'en prévaloir notamment pour apporter la preuve d'un fait. • ***Consécration du principe d'opposabilité du contrat aux tiers et par les tiers.***	–
Art. 1201. – Lorsque les parties ont conclu un contrat apparent qui dissimule un contrat occulte, ce dernier, appelé aussi contre-lettre, produit effet entre les parties. Il n'est pas opposable aux tiers, qui peuvent néanmoins s'en prévaloir. • ***Reformulation de l'effet des contre-lettres.***	**Art. 1321**. – Les contre-lettres ne peuvent avoir leur effet qu'entre les parties contractantes ; elles n'ont point d'effet contre les tiers.

Rédaction issue de l'ordonnance n° 2016-131 du 10 février 2016 ou de la loi n° 2018-287 du 20 avril 2018	Rédaction antérieure à l'ordonnance n° 2016-131 du 10 février 2016
Art. 1202. - Est nulle toute contre-lettre ayant pour objet une augmentation du prix stipulé dans le traité de cession d'un office ministériel. Est également nul tout contrat ayant pour but de dissimuler une partie du prix, lorsqu'elle porte sur une vente d'immeubles, une cession de fonds de commerce ou de clientèle, une cession d'un droit à un bail, ou le bénéfice d'une promesse de bail portant sur tout ou partie d'un immeuble et tout ou partie de la soulte d'un échange ou d'un partage comprenant des biens immeubles, un fonds de commerce ou une clientèle. • ***Reformulation de la nullité de certaines contre-lettres.***	**Art. 1321-1.** - Est nulle et de nul effet toute contre-lettre ayant pour objet une augmentation du prix stipulé dans le traité de cession d'un office ministériel et toute convention ayant pour but de dissimuler partie du prix d'une vente d'immeubles ou d'une cession de fonds de commerce ou de clientèle ou d'une cession d'un droit à un bail ou du bénéfice d'une promesse de bail portant sur tout ou partie d'un immeuble et tout ou partie de la soulte d'un échange ou d'un partage comprenant des biens immeubles, un fonds de commerce ou une clientèle.
SOUS-SECTION 2. - LE PORTE-FORT ET LA STIPULATION POUR AUTRUI	
Art. 1203. - On ne peut s'engager en son propre nom que pour soi-même. • ***Reprise du principe de l'engagement pour soi seulement.***	**Art. 1119.** - On ne peut, en général s'engager, ni stipuler en son propre nom, que pour soi-même.
Art. 1204. - On peut se porter fort en promettant le fait d'un tiers. Le promettant est libéré de toute obligation si le tiers accomplit le fait promis. Dans le cas contraire, il peut être condamné à des dommages et intérêts. Lorsque le porte-fort a pour objet la ratification d'un engagement, celui-ci est rétroactivement validé à la date à laquelle le porte-fort a été souscrit. • ***Reprise, en les développant, des solutions sur le porte-fort.***	**Art. 1120.** - Néanmoins, on peut se porter fort pour un tiers, en promettant le fait de celui-ci ; sauf l'indemnité contre celui qui s'est porté fort ou qui a promis de faire ratifier, si le tiers refuse de tenir l'engagement.
Art. 1205. - On peut stipuler pour autrui. L'un des contractants, le stipulant, peut faire promettre à l'autre, le promettant, d'accomplir une prestation au profit d'un tiers, le bénéficiaire. Ce dernier peut être une personne future mais doit être précisément désigné ou pouvoir être déterminé lors de l'exécution de la promesse. • ***Consécration des solutions jurisprudentielles sur les conditions de la stipulation pour autrui.***	**Art. 1121.** - On peut pareillement stipuler au profit d'un tiers, lorsque telle est la condition d'une stipulation que l'on fait pour soi-même ou d'une donation que l'on fait à un autre. Celui qui a fait cette stipulation ne peut plus la révoquer, si le tiers a déclaré vouloir en profiter.

Rédaction issue de l'ordonnance n° 2016-131 du 10 février 2016 ou de la loi n° 2018-287 du 20 avril 2018	Rédaction antérieure à l'ordonnance n° 2016-131 du 10 février 2016
Art. 1206. - Le bénéficiaire est investi d'un droit direct à la prestation contre le promettant dès la stipulation. Néanmoins le stipulant peut librement révoquer la stipulation tant que le bénéficiaire ne l'a pas acceptée. La stipulation devient irrévocable au moment où l'acceptation parvient au stipulant ou au promettant. • ***Consécration de la solution jurisprudentielle sur le droit direct du tiers. Reprise des règles sur la révocation et l'acceptation de la stipulation pour autrui.***	**Art. 1121**. - On peut pareillement stipuler au profit d'un tiers, lorsque telle est la condition d'une stipulation que l'on fait pour soi-même ou d'une donation que l'on fait à un autre. Celui qui a fait cette stipulation ne peut plus la révoquer, si le tiers a déclaré vouloir en profiter.
Art. 1207. - La révocation ne peut émaner que du stipulant ou, après son décès, de ses héritiers. Ces derniers ne peuvent y procéder qu'à l'expiration d'un délai de trois mois à compter du jour où ils ont mis le bénéficiaire en demeure de l'accepter. Si elle n'est pas assortie de la désignation d'un nouveau bénéficiaire, la révocation profite, selon le cas, au stipulant ou à ses héritiers. La révocation produit effet dès lors que le tiers bénéficiaire ou le promettant en a eu connaissance. Lorsqu'elle est faite par testament, elle prend effet au moment du décès. Le tiers initialement désigné est censé n'avoir jamais bénéficié de la stipulation faite à son profit. • ***Introduction de précisions sur les modalités et les effets de la révocation de la stipulation.***	-
Art. 1208. - L'acceptation peut émaner du bénéficiaire ou, après son décès, de ses héritiers. Elle peut être expresse ou tacite. Elle peut intervenir même après le décès du stipulant ou du promettant. • ***Introduction de précisions sur les modalités de l'acceptation, même après décès.***	-
Art. 1209. - Le stipulant peut lui-même exiger du promettant l'exécution de son engagement envers le bénéficiaire. • ***Intégration de la solution jurisprudentielle sur l'action du stipulant en exécution de son engagement.***	-

Rédaction issue de l'ordonnance n° 2016-131 du 10 février 2016 ou de la loi n° 2018-287 du 20 avril 2018	Rédaction antérieure à l'ordonnance n° 2016-131 du 10 février 2016
SECTION III. - LA DURÉE DU CONTRAT	
Art. 1210. - Les engagements perpétuels sont prohibés. Chaque contractant peut y mettre fin dans les conditions prévues pour le contrat à durée indéterminée. • ***Consécration du principe de prohibition des engagements perpétuels. Conséquence sous forme d'une faculté de résiliation. Rappr. art. 1780.***	-
Art. 1211. - Lorsque le contrat est conclu pour une durée indéterminée, chaque partie peut y mettre fin à tout moment, sous réserve de respecter le délai de préavis contractuellement prévu ou, à défaut, un délai raisonnable. • ***Consécration de la faculté de résiliation des contrats à durée indéterminée.***	-
Art. 1212. - Lorsque le contrat est conclu pour une durée déterminée, chaque partie doit l'exécuter jusqu'à son terme. Nul ne peut exiger le renouvellement du contrat. • ***Formulation expresse des conséquences de la conclusion d'un contrat pour une durée déterminée. Silence sur les droits au renouvellement prévus par des textes spéciaux.***	-
Art. 1213. - Le contrat peut être prorogé si les contractants en manifestent la volonté avant son expiration. La prorogation ne peut porter atteinte aux droits des tiers. • ***Introduction de dispositions sur la prorogation du contrat.***	-
Art. 1214. - Le contrat à durée déterminée peut être renouvelé par l'effet de la loi ou par l'accord des parties. Le renouvellement donne naissance à un nouveau contrat dont le contenu est identique au précédent mais dont la durée est indéterminée. • ***Intégration, en partie, de solutions sur le renouvellement du contrat à durée déterminée. Silence sur les dispositions légales ou la possibilité de stipulations contractuelles contraires.***	-

Rédaction issue de l'ordonnance n° 2016-131 du 10 février 2016 ou de la loi n° 2018-287 du 20 avril 2018	Rédaction antérieure à l'ordonnance n° 2016-131 du 10 février 2016
Art. 1215. - Lorsqu'à l'expiration du terme d'un contrat conclu à durée déterminée, les contractants continuent d'en exécuter les obligations, il y a tacite reconduction. Celle-ci produit les mêmes effets que le renouvellement du contrat. • ***Formulation de la notion et des effets de la tacite reconduction.***	-
SECTION IV. - LA CESSION DE CONTRAT	
Art. 1216. - Un contractant, le cédant, peut céder sa qualité de partie au contrat à un tiers, le cessionnaire, avec l'accord de son cocontractant, le cédé. Cet accord peut être donné par avance, notamment dans le contrat conclu entre les futurs cédant et cédé, auquel cas la cession produit effet à l'égard du cédé lorsque le contrat conclu entre le cédant et le cessionnaire lui est notifié ou lorsqu'il en prend acte. La cession doit être constatée par écrit, à peine de nullité. • ***Consécration générale de la cession de contrat, sous la condition de l'accord du cédé et de la rédaction d'un écrit.***	-
Art. 1216-1. - Si le cédé y a expressément consenti, la cession de contrat libère le cédant pour l'avenir. À défaut, et sauf clause contraire, le cédant est tenu solidairement à l'exécution du contrat. • ***Condition de la libération du cédant.***	-
Art. 1216-2. - Le cessionnaire peut opposer au cédé les exceptions inhérentes à la dette, telles que la nullité, l'exception d'inexécution, la résolution ou la compensation de dettes connexes. Il ne peut lui opposer les exceptions personnelles au cédant. Le cédé peut opposer au cessionnaire toutes les exceptions qu'il aurait pu opposer au cédant. • ***Opposabilité des exceptions inhérentes à la dette, inopposabilité des exceptions personnelles au cédant.***	-

Rédaction issue de l'ordonnance n° 2016-131 du 10 février 2016 ou de la loi n° 2018-287 du 20 avril 2018	Rédaction antérieure à l'ordonnance n° 2016-131 du 10 février 2016
Art. 1216-3 *(Rédaction en vigueur jusqu'au 30 septembre 2018). - Si le cédant n'est pas libéré par le cédé, les sûretés qui ont pu être consenties subsistent. Dans le cas contraire, les sûretés consenties par des tiers ne subsistent qu'avec leur accord. Si le cédant est libéré, ses codébiteurs solidaires restent tenus déduction faite de sa part dans la dette.* **Art. 1216-3** ***(Rédaction en vigueur à compter du 1er octobre 2018)***. - Si le cédant n'est pas libéré par le cédé, les sûretés qui ont pu être consenties subsistent. Dans le cas contraire, les sûretés consenties par le cédant ou par des tiers ne subsistent qu'avec leur accord. Si le cédant est libéré, ses codébiteurs solidaires restent tenus déduction faite de sa part dans la dette. • ***Sort des sûretés (même celles consenties par le cédant, selon une précision apportée par la loi de ratification, avec un caractère interprétatif) et des codébiteurs solidaires après la cession.***	-
SECTION V. - L'INEXÉCUTION DU CONTRAT	
Art. 1217 *(Rédaction en vigueur jusqu'au 30 septembre 2018). - La partie envers laquelle l'engagement n'a pas été exécuté, ou l'a été imparfaitement, peut : - refuser d'exécuter ou suspendre l'exécution de sa propre obligation ; - poursuivre l'exécution forcée en nature de l'obligation ; - solliciter une réduction du prix ; - provoquer la résolution du contrat ; - demander réparation des conséquences de l'inexécution. Les sanctions qui ne sont pas incompatibles peuvent être cumulées ; des dommages et intérêts peuvent toujours s'y ajouter.* **Art. 1217** ***(Rédaction en vigueur à compter du 1er octobre 2018)***. - La partie envers laquelle l'engagement n'a pas été exécuté, ou l'a été imparfaitement, peut : - refuser d'exécuter ou suspendre l'exécution de sa propre obligation ; - poursuivre l'exécution forcée en nature de l'obligation ; - obtenir une réduction du prix ; - provoquer la résolution du contrat ; - demander réparation des conséquences de l'inexécution. Les sanctions qui ne sont pas incompatibles peuvent être cumulées ; des dommages et intérêts peuvent toujours s'y ajouter. • ***Énumération des sanctions de l'inexécution, avec une précision à caractère interprétatif (au sujet de la réduction du prix) apportée par la loi de ratification.***	-

Rédaction issue de l'ordonnance n° 2016-131 du 10 février 2016 ou de la loi n° 2018-287 du 20 avril 2018	Rédaction antérieure à l'ordonnance n° 2016-131 du 10 février 2016
Art. 1218. – Il y a force majeure en matière contractuelle lorsqu'un événement échappant au contrôle du débiteur, qui ne pouvait être raisonnablement prévu lors de la conclusion du contrat et dont les effets ne peuvent être évités par des mesures appropriées, empêche l'exécution de son obligation par le débiteur. Si l'empêchement est temporaire, l'exécution de l'obligation est suspendue à moins que le retard qui en résulterait ne justifie la résolution du contrat. Si l'empêchement est définitif, le contrat est résolu de plein droit et les parties sont libérées de leurs obligations dans les conditions prévues aux articles 1351 et 1351-1. • ***Formulation d'une définition de la force majeure en matière contractuelle et de ses effets, avec intégration d'une distinction selon le caractère temporaire ou définitif de l'empêchement.***	**Art. 1148**. – Il n'y a lieu à aucun dommage et intérêt lorsque, par suite d'une force majeure ou d'un cas fortuit, le débiteur a été empêché de donner ou de faire ce à quoi il était obligé, ou a fait ce qui lui était interdit. **Art. 1184**. – La condition résolutoire est toujours sous-entendue dans les contrats synallagmatiques, pour le cas où l'une des deux parties ne satisfera point à son engagement. Dans ce cas, le contrat n'est point résolu de plein droit. La partie envers laquelle l'engagement n'a point été exécuté a le choix ou de forcer l'autre à l'exécution de la convention lorsqu'elle est possible, ou d'en demander la résolution avec dommages et intérêts. La résolution doit être demandée en justice, et il peut être accordé au défendeur un délai selon les circonstances.
SOUS-SECTION 1. – L'EXCEPTION D'INEXÉCUTION	
Art. 1219. – Une partie peut refuser d'exécuter son obligation, alors même que celle-ci est exigible, si l'autre n'exécute pas la sienne et si cette inexécution est suffisamment grave. • ***Consécration de l'exception d'inexécution.***	–
Art. 1220. – Une partie peut suspendre l'exécution de son obligation dès lors qu'il est manifeste que son cocontractant ne s'exécutera pas à l'échéance et que les conséquences de cette inexécution sont suffisamment graves pour elle. Cette suspension doit être notifiée dans les meilleurs délais. • ***Introduction d'une faculté de soulever une exception d'inexécution par anticipation.***	–

Rédaction issue de l'ordonnance n° 2016-131 du 10 février 2016 ou de la loi n° 2018-287 du 20 avril 2018	Rédaction antérieure à l'ordonnance n° 2016-131 du 10 février 2016
SOUS-SECTION 2. - L'EXÉCUTION FORCÉE EN NATURE	
Art. 1221 *(Rédaction en vigueur jusqu'au 30 septembre 2018). - Le créancier d'une obligation peut, après mise en demeure, en poursuivre l'exécution en nature sauf si cette exécution est impossible ou s'il existe une disproportion manifeste entre son coût pour le débiteur et son intérêt pour le créancier.* **Art. 1221** ***(Rédaction en vigueur à compter du 1er octobre 2018)***. - Le créancier d'une obligation peut, après mise en demeure, en poursuivre l'exécution en nature sauf si cette exécution est impossible ou s'il existe une disproportion manifeste entre son coût pour le débiteur de bonne foi et son intérêt pour le créancier. • ***Consécration expresse du principe de l'exécution forcée en nature ; introduction d'une limite (Comp. ci-dessous, art. 1341), toutefois soumise par la loi de ratification à une condition de bonne foi (avec un caractère interprétatif).***	**Art. 1142**. - Toute obligation de faire ou de ne pas faire se résout en dommages et intérêts, en cas d'inexécution de la part du débiteur. **Art. 1184, al. 2**. - Dans ce cas, le contrat n'est point résolu de plein droit. La partie envers laquelle l'engagement n'a point été exécuté a le choix ou de forcer l'autre à l'exécution de la convention lorsqu'elle est possible, ou d'en demander la résolution avec dommages et intérêts.
Art. 1222. - Après mise en demeure, le créancier peut aussi, dans un délai et à un coût raisonnables, faire exécuter lui-même l'obligation ou, sur autorisation préalable du juge, détruire ce qui a été fait en violation de celle-ci. Il peut demander au débiteur le remboursement des sommes engagées à cette fin. Il peut aussi demander en justice que le débiteur avance les sommes nécessaires à cette exécution ou à cette destruction. • ***Reformulation de la faculté d'exécution en nature par le créancier lui-même.***	**Art. 1143**. - Néanmoins, le créancier a le droit de demander que ce qui aurait été fait par contravention à l'engagement soit détruit ; et il peut se faire autoriser à le détruire aux dépens du débiteur, sans préjudice des dommages et intérêts, s'il y a lieu. **Art. 1144**. - Le créancier peut aussi, en cas d'inexécution, être autorisé à faire exécuter lui-même l'obligation aux dépens du débiteur. Celui-ci peut être condamné à faire l'avance des sommes nécessaires à cette exécution.

Rédaction issue de l'ordonnance n° 2016-131 du 10 février 2016 ou de la loi n° 2018-287 du 20 avril 2018	Rédaction antérieure à l'ordonnance n° 2016-131 du 10 février 2016
SOUS-SECTION 3. – LA RÉDUCTION DU PRIX	
Art. 1223 *(Rédaction en vigueur jusqu'au 30 septembre 2018). – Le créancier peut, après mise en demeure, accepter une exécution imparfaite du contrat et solliciter une réduction proportionnelle du prix.* *S'il n'a pas encore payé, le créancier notifie sa décision de réduire le prix dans les meilleurs délais.* **Art. 1223** ***(Rédaction en vigueur à compter du 1er octobre 2018).*** – En cas d'exécution imparfaite de la prestation, le créancier peut, après mise en demeure et s'il n'a pas encore payé tout ou partie de la prestation, notifier dans les meilleurs délais au débiteur sa décision d'en réduire de manière proportionnelle le prix. L'acceptation par le débiteur de la décision de réduction de prix du créancier doit être rédigée par écrit. Si le créancier a déjà payé, à défaut d'accord entre les parties, il peut demander au juge la réduction de prix. • ***Introduction d'une possibilité générale de réduction du prix en cas d'exécution imparfaite (même par voie unilatérale si le prix n'a pas encore été intégralement payé) selon des modalités concrètes reformulées par la loi de ratification. Comp. art. 1617, 1619 et 1644.***	–
SOUS-SECTION 4. – LA RÉSOLUTION	
Art. 1224. – La résolution résulte soit de l'application d'une clause résolutoire soit, en cas d'inexécution suffisamment grave, d'une notification du créancier au débiteur ou d'une décision de justice. • ***Présentation de trois voies de la résolution.***	**Art. 1184**. – La condition résolutoire est toujours sous-entendue dans les contrats synallagmatiques, pour le cas où l'une des deux parties ne satisfera point à son engagement. Dans ce cas, le contrat n'est point résolu de plein droit. La partie envers laquelle l'engagement n'a point été exécuté a le choix ou de forcer l'autre à l'exécution de la convention lorsqu'elle est possible, ou d'en demander la résolution avec dommages et intérêts. La résolution doit être demandée en justice, et il peut être accordé au défendeur un délai selon les circonstances.

Rédaction issue de l'ordonnance n° 2016-131 du 10 février 2016 ou de la loi n° 2018-287 du 20 avril 2018	Rédaction antérieure à l'ordonnance n° 2016-131 du 10 février 2016
Art. 1225. - La clause résolutoire précise les engagements dont l'inexécution entraînera la résolution du contrat. La résolution est subordonnée à une mise en demeure infructueuse, s'il n'a pas été convenu que celle-ci résulterait du seul fait de l'inexécution. La mise en demeure ne produit effet que si elle mentionne expressément la clause résolutoire. • ***Consécration de la possibilité de stipuler une clause résolutoire et précisions sur ses modalités de mise en œuvre.***	-
Art. 1226. - Le créancier peut, à ses risques et périls, résoudre le contrat par voie de notification. Sauf urgence, il doit préalablement mettre en demeure le débiteur défaillant de satisfaire à son engagement dans un délai raisonnable. La mise en demeure mentionne expressément qu'à défaut pour le débiteur de satisfaire à son obligation, le créancier sera en droit de résoudre le contrat. Lorsque l'inexécution persiste, le créancier notifie au débiteur la résolution du contrat et les raisons qui la motivent. Le débiteur peut à tout moment saisir le juge pour contester la résolution. Le créancier doit alors prouver la gravité de l'inexécution. • ***Intégration et organisation de la faculté de résolution unilatérale par le créancier à ses risques et périls. Introduction d'une condition de mise en demeure.***	-
Art. 1227. - La résolution peut, en toute hypothèse, être demandée en justice. • ***Remplacement d'une obligation expresse par une faculté de demander la résolution en justice.***	**Art. 1184, al. 3**. - La résolution doit être demandée en justice, et il peut être accordé au défendeur un délai selon les circonstances.
Art. 1228. - Le juge peut, selon les circonstances, constater ou prononcer la résolution ou ordonner l'exécution du contrat, en accordant éventuellement un délai au débiteur, ou allouer seulement des dommages et intérêts. • ***Reprise du rôle du juge dans la résolution judiciaire.***	

Rédaction issue de l'ordonnance n° 2016-131 du 10 février 2016 ou de la loi n° 2018-287 du 20 avril 2018	Rédaction antérieure à l'ordonnance n° 2016-131 du 10 février 2016
Art. 1229. - La résolution met fin au contrat. La résolution prend effet, selon les cas, soit dans les conditions prévues par la clause résolutoire, soit à la date de la réception par le débiteur de la notification faite par le créancier, soit à la date fixée par le juge ou, à défaut, au jour de l'assignation en justice. Lorsque les prestations échangées ne pouvaient trouver leur utilité que par l'exécution complète du contrat résolu, les parties doivent restituer l'intégralité de ce qu'elles se sont procuré l'une à l'autre. Lorsque les prestations échangées ont trouvé leur utilité au fur et à mesure de l'exécution réciproque du contrat, il n'y a pas lieu à restitution pour la période antérieure à la dernière prestation n'ayant pas reçu sa contrepartie ; dans ce cas, la résolution est qualifiée de résiliation. Les restitutions ont lieu dans les conditions prévues aux articles 1352 à 1352-9. • ***Introduction de précisions sur le moment et les effets de la résolution. Consécration de la notion de résiliation.***	-
Art. 1230. - La résolution n'affecte ni les clauses relatives au règlement des différends, ni celles destinées à produire effet même en cas de résolution, telles les clauses de confidentialité et de non-concurrence. • ***Intégration d'exceptions à l'effet rétroactif de la résolution.***	-
SOUS-SECTION 5. - LA RÉPARATION DU PRÉJUDICE RÉSULTANT DE L'INEXÉCUTION DU CONTRAT	
Art. 1231. - À moins que l'inexécution soit définitive, les dommages et intérêts ne sont dus que si le débiteur a préalablement été mis en demeure de s'exécuter dans un délai raisonnable. • ***Reprise de l'exigence du principe d'une mise en demeure avec introduction d'un délai raisonnable. Silence sur l'inexécution de l'obligation de ne pas faire.***	**Art. 1145**. - Si l'obligation est de ne pas faire, celui qui y contrevient doit des dommages et intérêts par le seul fait de la contravention. **Art. 1146**. - Les dommages et intérêts ne sont dus que lorsque le débiteur est en demeure de remplir son obligation, excepté néanmoins lorsque la chose que le débiteur s'était obligé de donner ou de faire ne pouvait être donnée ou faite que dans un certain temps qu'il a laissé passer. La mise en demeure peut résulter d'une lettre missive, s'il en ressort une interpellation suffisante.

Rédaction issue de l'ordonnance n° 2016-131 du 10 février 2016 ou de la loi n° 2018-287 du 20 avril 2018	Rédaction antérieure à l'ordonnance n° 2016-131 du 10 février 2016
Art. 1231-1. - Le débiteur est condamné, s'il y a lieu, au paiement de dommages et intérêts soit à raison de l'inexécution de l'obligation, soit à raison du retard dans l'exécution, s'il ne justifie pas que l'exécution a été empêchée par la force majeure. • ***Reprise du principe de la condamnation à des dommages et intérêts, sauf exonération par la force majeure.***	**Art. 1147**. - Le débiteur est condamné, s'il y a lieu, au paiement de dommages et intérêts, soit à raison de l'inexécution de l'obligation, soit à raison du retard dans l'exécution, toutes les fois qu'il ne justifie pas que l'inexécution provient d'une cause étrangère qui ne peut lui être imputée, encore qu'il n'y ait aucune mauvaise foi de sa part.
Art. 1231-2. - Les dommages et intérêts dus au créancier sont, en général, de la perte qu'il a faite et du gain dont il a été privé, sauf les exceptions et modifications ci-après. • ***Reprise pure et simple de la mesure des dommages et intérêts.***	**Art. 1149**. - Les dommages et intérêts dus au créancier sont, en général, de la perte qu'il a faite et du gain dont il a été privé, sauf les exceptions et modifications ci-après.
Art. 1231-3. - Le débiteur n'est tenu que des dommages et intérêts qui ont été prévus ou qui pouvaient être prévus lors de la conclusion du contrat, sauf lorsque l'inexécution est due à une faute lourde ou dolosive. • ***Reprise du principe de limitation au dommage prévisible ; assimilation de la faute lourde au dol.***	**Art. 1150**. - Le débiteur n'est tenu que des dommages et intérêts qui ont été prévus ou qu'on a pu prévoir lors du contrat, lorsque ce n'est point par son dol que l'obligation n'est point exécutée.
Art. 1231-4. - Dans le cas même où l'inexécution du contrat résulte d'une faute lourde ou dolosive, les dommages et intérêts ne comprennent que ce qui est une suite immédiate et directe de l'inexécution. • ***Reprise de la condition de lien de causalité direct ; assimilation de la faute lourde au dol.***	**Art. 1151**. - Dans le cas même où l'inexécution de la convention résulte du dol du débiteur, les dommages et intérêts ne doivent comprendre, à l'égard de la perte éprouvée par le créancier et du gain dont il a été privé, que ce qui est une suite immédiate et directe de l'inexécution de la convention.

Rédaction issue de l'ordonnance n° 2016-131 du 10 février 2016 ou de la loi n° 2018-287 du 20 avril 2018	Rédaction antérieure à l'ordonnance n° 2016-131 du 10 février 2016
Art. 1231-5. - Lorsque le contrat stipule que celui qui manquera de l'exécuter paiera une certaine somme à titre de dommages et intérêts, il ne peut être alloué à l'autre partie une somme plus forte ni moindre. Néanmoins, le juge peut, même d'office, modérer ou augmenter la pénalité ainsi convenue si elle est manifestement excessive ou dérisoire. Lorsque l'engagement a été exécuté en partie, la pénalité convenue peut être diminuée par le juge, même d'office, à proportion de l'intérêt que l'exécution partielle a procuré au créancier, sans préjudice de l'application de l'alinéa précédent. Toute stipulation contraire aux deux alinéas précédents est réputée non écrite. Sauf inexécution définitive, la pénalité n'est encourue que lorsque le débiteur est mis en demeure. • ***Reformulation en un seul article des dispositions sur la clause pénale, avec le caractère d'ordre public pour le pouvoir modérateur du juge.***	**Art. 1152.** - Lorsque la convention porte que celui qui manquera de l'exécuter payera une certaine somme à titre de dommages-intérêts, il ne peut être alloué à l'autre partie une somme plus forte, ni moindre. Néanmoins, le juge peut même d'office modérer ou augmenter la peine qui avait été convenue, si elle est manifestement excessive ou dérisoire. Toute stipulation contraire sera réputée non écrite. **Art. 1231.** - Lorsque l'engagement a été exécuté en partie, la peine convenue peut, même d'office, être diminuée par le juge à proportion de l'intérêt que l'exécution partielle a procuré au créancier, sans préjudice de l'application de l'article 1152. Toute stipulation contraire sera réputée non écrite.
Art. 1231-6. - Les dommages et intérêts dus à raison du retard dans le paiement d'une obligation de somme d'argent consistent dans l'intérêt au taux légal, à compter de la mise en demeure. Ces dommages et intérêts sont dus sans que le créancier soit tenu de justifier d'aucune perte. Le créancier auquel son débiteur en retard a causé, par sa mauvaise foi, un préjudice indépendant de ce retard, peut obtenir des dommages et intérêts distincts de l'intérêt moratoire. • ***Reprise du principe de limitation des dommages et intérêts moratoires à l'intérêt au taux légal.***	**Art. 1153.** - Dans les obligations qui se bornent au paiement d'une certaine somme, les dommages-intérêts résultant du retard dans l'exécution ne consistent jamais que dans la condamnation aux intérêts au taux légal, sauf les règles particulières au commerce et au cautionnement. Ces dommages et intérêts sont dus sans que le créancier soit tenu de justifier d'aucune perte. Ils ne sont dus que du jour de la sommation de payer ou d'un autre acte équivalent telle une lettre missive s'il en ressort une interpellation suffisante, excepté dans le cas où la loi les fait courir de plein droit. Le créancier auquel son débiteur en retard a causé, par sa mauvaise foi, un préjudice indépendant de ce retard peut obtenir des dommages et intérêts distincts des intérêts moratoires de la créance.

Rédaction issue de l'ordonnance n° 2016-131 du 10 février 2016 ou de la loi n° 2018-287 du 20 avril 2018	Rédaction antérieure à l'ordonnance n° 2016-131 du 10 février 2016
Art. 1231-7. - En toute matière, la condamnation à une indemnité emporte intérêts au taux légal même en l'absence de demande ou de disposition spéciale du jugement. Sauf disposition contraire de la loi, ces intérêts courent à compter du prononcé du jugement à moins que le juge n'en décide autrement. En cas de confirmation pure et simple par le juge d'appel d'une décision allouant une indemnité en réparation d'un dommage, celle-ci porte de plein droit intérêt au taux légal à compter du jugement de première instance. Dans les autres cas, l'indemnité allouée en appel porte intérêt à compter de la décision d'appel. Le juge d'appel peut toujours déroger aux dispositions du présent alinéa. • ***Reprise du point de départ du cours des intérêts des jugements de condamnation à une indemnité.***	**Art. 1153-1**. - En toute matière, la condamnation à une indemnité emporte intérêts au taux légal même en l'absence de demande ou de disposition spéciale du jugement. Sauf disposition contraire de la loi, ces intérêts courent à compter du prononcé du jugement à moins que le juge n'en décide autrement. En cas de confirmation pure et simple par le juge d'appel d'une décision allouant une indemnité en réparation d'un dommage, celle-ci porte de plein droit intérêt au taux légal à compter du jugement de première instance. Dans les autres cas, l'indemnité allouée en appel porte intérêt à compter de la décision d'appel. Le juge d'appel peut toujours déroger aux dispositions du présent alinéa.
SOUS-TITRE II. - LA RESPONSABILITÉ EXTRACONTRACTUELLE	
CHAPITRE Ier. - LA RESPONSABILITÉ EXTRACONTRACTUELLE EN GÉNÉRAL	
Art. 1240. - Tout fait quelconque de l'homme, qui cause à autrui un dommage, oblige celui par la faute duquel il est arrivé à le réparer. • ***Renumérotation.***	**Art. 1382**. - Tout fait quelconque de l'homme, qui cause à autrui un dommage, oblige celui par la faute duquel il est arrivé à le réparer.
Art. 1241. - Chacun est responsable du dommage qu'il a causé non seulement par son fait, mais encore par sa négligence ou par son imprudence. • ***Renumérotation.***	**Art. 1383**. - Chacun est responsable du dommage qu'il a causé non seulement par son fait, mais encore par sa négligence ou par son imprudence.

Rédaction issue de l'ordonnance n° 2016-131 du 10 février 2016 ou de la loi n° 2018-287 du 20 avril 2018	Rédaction antérieure à l'ordonnance n° 2016-131 du 10 février 2016
Art. 1242. - On est responsable non seulement du dommage que l'on cause par son propre fait, mais encore de celui qui est causé par le fait des personnes dont on doit répondre, ou des choses que l'on a sous sa garde. Toutefois, celui qui détient, à un titre quelconque, tout ou partie de l'immeuble ou des biens mobiliers dans lesquels un incendie a pris naissance ne sera responsable, vis-à-vis des tiers, des dommages causés par cet incendie que s'il est prouvé qu'il doit être attribué à sa faute ou à la faute des personnes dont il est responsable. Cette disposition ne s'applique pas aux rapports entre propriétaires et locataires, qui demeurent régis par les articles 1733 et 1734 du Code civil. Le père et la mère, en tant qu'ils exercent l'autorité parentale, sont solidairement responsables du dommage causé par leurs enfants mineurs habitant avec eux. Les maîtres et les commettants, du dommage causé par leurs domestiques et préposés dans les fonctions auxquelles ils les ont employés. Les instituteurs et les artisans, du dommage causé par leurs élèves et apprentis pendant le temps qu'ils sont sous leur surveillance. La responsabilité ci-dessus a lieu, à moins que les père et mère et les artisans ne prouvent qu'ils n'ont pu empêcher le fait qui donne lieu à cette responsabilité. En ce qui concerne les instituteurs, les fautes, imprudences ou négligences invoquées contre eux comme ayant causé le fait dommageable, devront être prouvées, conformément au droit commun, par le demandeur, à l'instance. • ***Renumérotation.***	**Art. 1384**. - On est responsable non seulement du dommage que l'on cause par son propre fait, mais encore de celui qui est causé par le fait des personnes dont on doit répondre, ou des choses que l'on a sous sa garde. Toutefois, celui qui détient à un titre quelconque tout ou partie de l'immeuble ou des biens mobiliers dans lesquels un incendie a pris naissance ne sera responsable vis-à-vis des tiers des dommages causés par cet incendie que s'il est prouvé qu'il doit être attribué à sa faute ou à la faute des personnes dont il est responsable. Cette disposition ne s'applique pas aux rapports entre propriétaires et locataires qui demeurent régis par les articles 1733 et 1734 du Code civil. Le père et la mère, en tant qu'ils exercent l'autorité parentale, sont solidairement responsables du dommage causé par leurs enfants mineurs habitant avec eux. Les maîtres et les commettants, du dommage causé par leurs domestiques et préposés dans les fonctions auxquelles ils les ont employés. Les instituteurs et les artisans, du dommage causé par leurs élèves et apprentis pendant le temps qu'ils sont sous leur surveillance. La responsabilité ci-dessus a lieu, à moins que les père et mère et les artisans ne prouvent qu'ils n'ont pu empêcher le fait qui donne lieu à cette responsabilité. En ce qui concerne les instituteurs, les fautes, imprudences ou négligences invoquées contre eux comme ayant causé le fait dommageable, devront être prouvées, conformément au droit commun, par le demandeur à l'instance.
Art. 1243. - Le propriétaire d'un animal, ou celui qui s'en sert, pendant qu'il est à son usage, est responsable du dommage que l'animal a causé, soit que l'animal fût sous sa garde, soit qu'il fût égaré ou échappé. • ***Renumérotation.***	**Art. 1385**. - Le propriétaire d'un animal, ou celui qui s'en sert, pendant qu'il est à son usage, est responsable du dommage que l'animal a causé, soit que l'animal fût sous sa garde, soit qu'il fût égaré ou échappé.
Art. 1244. - Le propriétaire d'un bâtiment est responsable du dommage causé par sa ruine, lorsqu'elle est arrivée par une suite du défaut d'entretien ou par le vice de sa construction. • ***Renumérotation.***	**Art. 1386**. - Le propriétaire d'un bâtiment est responsable du dommage causé par sa ruine, lorsqu'elle est arrivée par suite du défaut d'entretien ou par le vice de sa construction.

Rédaction issue de l'ordonnance n° 2016-131 du 10 février 2016 ou de la loi n° 2018-287 du 20 avril 2018	Rédaction antérieure à l'ordonnance n° 2016-131 du 10 février 2016
CHAPITRE II. - LA RESPONSABILITÉ DU FAIT DES PRODUITS DÉFECTUEUX	
Art. 1245. - Le producteur est responsable du dommage causé par un défaut de son produit, qu'il soit ou non lié par un contrat avec la victime. • ***Renumérotation.***	**Art. 1386-1**. - Le producteur est responsable du dommage causé par un défaut de son produit, qu'il soit ou non lié par un contrat avec la victime.
Art. 1245-1. - Les dispositions du présent chapitre s'appliquent à la réparation du dommage qui résulte d'une atteinte à la personne. Elles s'appliquent également à la réparation du dommage supérieur à un montant déterminé par décret, qui résulte d'une atteinte à un bien autre que le produit défectueux lui-même. • ***Renumérotation.***	**Art. 1386-2**. - Les dispositions du présent titre s'appliquent à la réparation du dommage qui résulte d'une atteinte à la personne. Elles s'appliquent également à la réparation du dommage supérieur à un montant déterminé par décret (9), qui résulte d'une atteinte à un bien autre que le produit défectueux lui-même.
Art. 1245-2. - Est un produit tout bien meuble, même s'il est incorporé dans un immeuble, y compris les produits du sol, de l'élevage, de la chasse et de la pêche. L'électricité est considérée comme un produit. • ***Renumérotation.***	**Art. 1386-3**. - Est un produit tout bien meuble, même s'il est incorporé dans un immeuble, y compris les produits du sol, de l'élevage, de la chasse et de la pêche. L'électricité est considérée comme un produit.
Art. 1245-3. - Un produit est défectueux au sens du présent chapitre lorsqu'il n'offre pas la sécurité à laquelle on peut légitimement s'attendre. Dans l'appréciation de la sécurité à laquelle on peut légitimement s'attendre, il doit être tenu compte de toutes les circonstances et notamment de la présentation du produit, de l'usage qui peut en être raisonnablement attendu et du moment de sa mise en circulation. Un produit ne peut être considéré comme défectueux par le seul fait qu'un autre, plus perfectionné, a été mis postérieurement en circulation. • ***Renumérotation.***	**Art. 1386-4**. - Un produit est défectueux au sens du présent titre lorsqu'il n'offre pas la sécurité à laquelle on peut légitimement s'attendre. Dans l'appréciation de la sécurité à laquelle on peut légitimement s'attendre, il doit être tenu compte de toutes les circonstances et notamment de la présentation du produit, de l'usage qui peut en être raisonnablement attendu et du moment de sa mise en circulation. Un produit ne peut être considéré comme défectueux par le seul fait qu'un autre, plus perfectionné, a été mis postérieurement en circulation.
Art. 1245-4. - Un produit est mis en circulation lorsque le producteur s'en est dessaisi volontairement. Un produit ne fait l'objet que d'une seule mise en circulation. • ***Renumérotation.***	**Art. 1386-5**. - Un produit est mis en circulation lorsque le producteur s'en est dessaisi volontairement. Un produit ne fait l'objet que d'une seule mise en circulation.

Rédaction issue de l'ordonnance n° 2016-131 du 10 février 2016 ou de la loi n° 2018-287 du 20 avril 2018	Rédaction antérieure à l'ordonnance n° 2016-131 du 10 février 2016
Art. 1245-5. - Est producteur, lorsqu'il agit à titre professionnel, le fabricant d'un produit fini, le producteur d'une matière première, le fabricant d'une partie composante. Est assimilée à un producteur pour l'application du présent chapitre toute personne agissant à titre professionnel : 1° Qui se présente comme producteur en apposant sur le produit son nom, sa marque ou un autre signe distinctif ; 2° Qui importe un produit dans la Communauté européenne en vue d'une vente, d'une location, avec ou sans promesse de vente, ou de toute autre forme de distribution. Ne sont pas considérées comme producteurs, au sens du présent chapitre, les personnes dont la responsabilité peut être recherchée sur le fondement des articles 1792 à 1792-6 et 1646-1. • ***Renumérotation.***	**Art. 1386-6**. - Est producteur, lorsqu'il agit à titre professionnel, le fabricant d'un produit fini, le producteur d'une matière première, le fabricant d'une partie composante. Est assimilée à un producteur pour l'application du présent titre toute personne agissant à titre professionnel : 1° Qui se présente comme producteur en apposant sur le produit son nom, sa marque ou un autre signe distinctif ; 2° Qui importe un produit dans la Communauté européenne en vue d'une vente, d'une location, avec ou sans promesse de vente, ou de toute autre forme de distribution. 3° *(Aj. L. n° 2016-138, 11 févr. 2016)* Qui fait don d'un produit vendu sous marque de distributeur en tant que fabricant lié à une entreprise ou à un groupe d'entreprises, au sens de l'article L. 112-6 du Code de la consommation Ne sont pas considérées comme producteurs, au sens du présent titre, les personnes dont la responsabilité peut être recherchée sur le fondement des articles 1792 à 1792-6 et 1646-1.
Art. 1245-6. - Si le producteur ne peut être identifié, le vendeur, le loueur, à l'exception du crédit-bailleur ou du loueur assimilable au crédit-bailleur, ou tout autre fournisseur professionnel, est responsable du défaut de sécurité du produit, dans les mêmes conditions que le producteur, à moins qu'il ne désigne son propre fournisseur ou le producteur, dans un délai de trois mois à compter de la date à laquelle la demande de la victime lui a été notifiée. Le recours du fournisseur contre le producteur obéit aux mêmes règles que la demande émanant de la victime directe du défaut. Toutefois, il doit agir dans l'année suivant la date de sa citation en justice. • ***Renumérotation.***	**Art. 1386-7**. - Si le producteur ne peut être identifié, le vendeur, le loueur, à l'exception du crédit-bailleur ou du loueur assimilable au crédit-bailleur, ou tout autre fournisseur professionnel, est responsable du défaut de sécurité du produit, dans les mêmes conditions que le producteur, à moins qu'il ne désigne son propre fournisseur ou le producteur, dans un délai de trois mois à compter de la date à laquelle la demande de la victime lui a été notifiée. Le recours du fournisseur contre le producteur obéit aux mêmes règles que la demande émanant de la victime directe du défaut. Toutefois, il doit agir dans l'année suivant la date de sa citation en justice.
Art. 1245-7. - En cas de dommage causé par le défaut d'un produit incorporé dans un autre, le producteur de la partie composante et celui qui a réalisé l'incorporation sont solidairement responsables. • ***Renumérotation.***	**Art. 1386-8**. - En cas de dommage causé par le défaut d'un produit incorporé dans un autre, le producteur de la partie composante et celui qui a réalisé l'incorporation sont solidairement responsables.

Rédaction issue de l'ordonnance n° 2016-131 du 10 février 2016 ou de la loi n° 2018-287 du 20 avril 2018	Rédaction antérieure à l'ordonnance n° 2016-131 du 10 février 2016
Art. 1245-8. - Le demandeur doit prouver le dommage, le défaut et le lien de causalité entre le défaut et le dommage. • ***Renumérotation.***	**Art. 1386-9**. - Le demandeur doit prouver le dommage, le défaut et le lien de causalité entre le défaut et le dommage.
Art. 1245-9. - Le producteur peut être responsable du défaut alors même que le produit a été fabriqué dans le respect des règles de l'art ou de normes existantes ou qu'il a fait l'objet d'une autorisation administrative. • ***Renumérotation.***	**Art. 1386-10**. - Le producteur peut être responsable du défaut alors même que le produit a été fabriqué dans le respect des règles de l'art ou de normes existantes ou qu'il a fait l'objet d'une autorisation administrative.
Art. 1245-10. - Le producteur est responsable de plein droit à moins qu'il ne prouve : 1° Qu'il n'avait pas mis le produit en circulation ; 2° Que, compte tenu des circonstances, il y a lieu d'estimer que le défaut ayant causé le dommage n'existait pas au moment où le produit a été mis en circulation par lui ou que ce défaut est né postérieurement ; 3° Que le produit n'a pas été destiné à la vente ou à toute autre forme de distribution ; 4° Que l'état des connaissances scientifiques et techniques, au moment où il a mis le produit en circulation, n'a pas permis de déceler l'existence du défaut ; 5° Ou que le défaut est dû à la conformité du produit avec des règles impératives d'ordre législatif ou réglementaire. Le producteur de la partie composante n'est pas non plus responsable s'il établit que le défaut est imputable à la conception du produit dans lequel cette partie a été incorporée ou aux instructions données par le producteur de ce produit. • ***Renumérotation.***	**Art. 1386-11**. - Le producteur est responsable de plein droit à moins qu'il ne prouve : 1° Qu'il n'avait pas mis le produit en circulation ; 2° Que, compte tenu des circonstances, il y a lieu d'estimer que le défaut ayant causé le dommage n'existait pas au moment où le produit a été mis en circulation par lui ou que ce défaut est né postérieurement ; 3° Que le produit n'a pas été destiné à la vente ou à toute autre forme de distribution ; 4° Que l'état des connaissances scientifiques et techniques, au moment où il a mis le produit en circulation, n'a pas permis de déceler l'existence du défaut ; 5° Ou que le défaut est dû à la conformité du produit avec des règles impératives d'ordre législatif ou réglementaire. Le producteur de la partie composante n'est pas non plus responsable s'il établit que le défaut est imputable à la conception du produit dans lequel cette partie a été incorporée ou aux instructions données par le producteur de ce produit.
Art. 1245-11. - Le producteur ne peut invoquer la cause d'exonération prévue au 4° de l'article 1245-10 lorsque le dommage a été causé par un élément du corps humain ou par les produits issus de celui-ci. • ***Renumérotation.***	**Art. 1386-12**. - Le producteur ne peut invoquer la cause d'exonération prévue au 4° de l'article 1386-11 lorsque le dommage a été causé par un élément du corps humain ou par les produits issus de celui-ci.

Rédaction issue de l'ordonnance n° 2016-131 du 10 février 2016 ou de la loi n° 2018-287 du 20 avril 2018	Rédaction antérieure à l'ordonnance n° 2016-131 du 10 février 2016
Art. 1245-12. - La responsabilité du producteur peut être réduite ou supprimée, compte tenu de toutes les circonstances, lorsque le dommage est causé conjointement par un défaut du produit et par la faute de la victime ou d'une personne dont la victime est responsable. • ***Renumérotation.***	**Art. 1386-13**. - La responsabilité du producteur peut être réduite ou supprimée, compte tenu de toutes les circonstances, lorsque le dommage est causé conjointement par un défaut du produit et par la faute de la victime ou d'une personne dont la victime est responsable.
Art. 1245-13. - La responsabilité du producteur envers la victime n'est pas réduite par le fait d'un tiers ayant concouru à la réalisation du dommage. • ***Renumérotation.***	**Art. 1386-14**. - La responsabilité du producteur envers la victime n'est pas réduite par le fait d'un tiers ayant concouru à la réalisation du dommage.
Art. 1245-14. - Les clauses qui visent à écarter ou à limiter la responsabilité du fait des produits défectueux sont interdites et réputées non écrites. Toutefois, pour les dommages causés aux biens qui ne sont pas utilisés par la victime principalement pour son usage ou sa consommation privée, les clauses stipulées entre professionnels sont valables. • ***Renumérotation.***	**Art. 1386-15**. - Les clauses qui visent à écarter ou à limiter la responsabilité du fait des produits défectueux sont interdites et réputées non écrites. Toutefois, pour les dommages causés aux biens qui ne sont pas utilisés par la victime principalement pour son usage ou sa consommation privée, les clauses stipulées entre professionnels sont valables.
Art. 1245-15. - Sauf faute du producteur, la responsabilité de celui-ci, fondée sur les dispositions du présent chapitre, est éteinte dix ans après la mise en circulation du produit même qui a causé le dommage à moins que, durant cette période, la victime n'ait engagé une action en justice. • ***Renumérotation.***	**Art. 1386-16**. - Sauf faute du producteur, la responsabilité de celui-ci, fondée sur les dispositions du présent titre, est éteinte dix ans après la mise en circulation du produit même qui a causé le dommage à moins que, durant cette période, la victime n'ait engagé une action en justice.
Art. 1245-16. - L'action en réparation fondée sur les dispositions du présent chapitre se prescrit dans un délai de trois ans à compter de la date à laquelle le demandeur a eu ou aurait dû avoir connaissance du dommage, du défaut et de l'identité du producteur. • ***Renumérotation.***	**Art. 1386-17**. - L'action en réparation fondée sur les dispositions du présent titre se prescrit dans un délai de trois ans à compter de la date à laquelle le demandeur a eu ou aurait dû avoir connaissance du dommage, du défaut et de l'identité du producteur.
Art. 1245-17. - Les dispositions du présent chapitre ne portent pas atteinte aux droits dont la victime d'un dommage peut se prévaloir au titre du droit de la responsabilité contractuelle ou extracontractuelle ou au titre d'un régime spécial de responsabilité. Le producteur reste responsable des conséquences de sa faute et de celle des personnes dont il répond. • ***Renumérotation.***	**Art. 1386-18**. - Les dispositions du présent titre ne portent pas atteinte aux droits dont la victime d'un dommage peut se prévaloir au titre du droit de la responsabilité contractuelle ou extracontractuelle ou au titre d'un régime spécial de responsabilité. Le producteur reste responsable des conséquences de sa faute et de celle des personnes dont il répond.

Rédaction issue de l'ordonnance n° 2016-131 du 10 février 2016 ou de la loi n° 2018-287 du 20 avril 2018	Rédaction antérieure à l'ordonnance n° 2016-131 du 10 février 2016
CHAPITRE III. - LA RÉPARATION DU PRÉJUDICE ÉCOLOGIQUE ***(Chapitre créé à compter du 1er octobre 2016, L. n° 2016-1087, 8 août 2016)***	
Art. 1246 *(Créé à compter du 1er octobre 2016, L. n° 2016-1087, 8 août 2016).* - Toute personne responsable d'un préjudice écologique est tenue de le réparer. **Art. 1247** *(Créé à compter du 1er octobre 2016, L. n° 2016-1087, 8 août 2016).* - Est réparable, dans les conditions prévues au présent titre, le préjudice écologique consistant en une atteinte non négligeable aux éléments ou aux fonctions des écosystèmes ou aux bénéfices collectifs tirés par l'homme de l'environnement. **Art. 1248** *(Créé à compter du 1er octobre 2016, L. n° 2016-1087, 8 août 2016).* - L'action en réparation du préjudice écologique est ouverte à toute personne ayant qualité et intérêt à agir, telle que l'État, l'Agence française pour la biodiversité, les collectivités territoriales et leurs groupements dont le territoire est concerné, ainsi que les établissements publics et les associations agréées ou créées depuis au moins cinq ans à la date d'introduction de l'instance qui ont pour objet la protection de la nature et la défense de l'environnement. **Art. 1249** *(Créé à compter du 1er octobre 2016, L. n° 2016-1087, 8 août 2016).* - La réparation du préjudice écologique s'effectue par priorité en nature. En cas d'impossibilité de droit ou de fait ou d'insuffisance des mesures de réparation, le juge condamne le responsable à verser des dommages et intérêts, affectés à la réparation de l'environnement, au demandeur ou, si celui-ci ne peut prendre les mesures utiles à cette fin, à l'État. L'évaluation du préjudice tient compte, le cas échéant, des mesures de réparation déjà intervenues, en particulier dans le cadre de la mise en œuvre du titre VI du livre Ier du Code de l'environnement. **Art. 1250** *(Créé à compter du 1er octobre 2016, L. n° 2016-1087, 8 août 2016).* - En cas d'astreinte, celle-ci est liquidée par le juge au profit du demandeur, qui l'affecte à la réparation de l'environnement ou, si le demandeur ne peut prendre les mesures utiles à cette fin, au profit de l'État, qui l'affecte à cette même fin. Le juge se réserve le pouvoir de la liquider.	-

Rédaction issue de l'ordonnance n° 2016-131 du 10 février 2016 ou de la loi n° 2018-287 du 20 avril 2018	Rédaction antérieure à l'ordonnance n° 2016-131 du 10 février 2016
Art. 1251 *(Créé à compter du 1er octobre 2016, L. n° 2016-1087, 8 août 2016).* - Les dépenses exposées pour prévenir la réalisation imminente d'un dommage, pour éviter son aggravation ou pour en réduire les conséquences constituent un préjudice réparable. **Art. 1252** *(Créé à compter du 1er octobre 2016, L. n° 2016-1087, 8 août 2016).* - Indépendamment de la réparation du préjudice écologique, le juge, saisi d'une demande en ce sens par une personne mentionnée à l'article 1248, peut prescrire les mesures raisonnables propres à prévenir ou faire cesser le dommage.	-
SOUS-TITRE III. - AUTRES SOURCES D'OBLIGATIONS	
Art. 1300. - Les quasi-contrats sont des faits purement volontaires dont il résulte un engagement de celui qui en profite sans y avoir droit, et parfois un engagement de leur auteur envers autrui. Les quasi-contrats régis par le présent sous-titre sont la gestion d'affaire, le paiement de l'indu et l'enrichissement injustifié. • ***Reprise de l'ébauche de définition des quasi-contrats, avec modifications, et énumération.***	**Art. 1371**. - Les quasi-contrats sont les faits purement volontaires de l'homme, dont il résulte un engagement quelconque envers un tiers, et quelquefois un engagement réciproque des deux parties.
CHAPITRE Ier. - LA GESTION D'AFFAIRES	
Art. 1301. - Celui qui, sans y être tenu, gère sciemment et utilement l'affaire d'autrui, à l'insu ou sans opposition du maître de cette affaire, est soumis, dans l'accomplissement des actes juridiques et matériels de sa gestion, à toutes les obligations d'un mandataire. • ***Définition de la gestion d'affaires et obligations du gérant d'affaires.***	**Art. 1372**. - Lorsque volontairement on gère l'affaire d'autrui, soit que le propriétaire connaisse la gestion, soit qu'il l'ignore, celui qui gère contracte l'engagement tacite de continuer la gestion qu'il a commencée, et de l'achever jusqu'à ce que le propriétaire soit en état d'y pourvoir lui-même ; il doit se charger également de toutes les dépendances de cette même affaire. Il se soumet à toutes les obligations qui résulteraient d'un mandat exprès que lui aurait donné le propriétaire.

Rédaction issue de l'ordonnance n° 2016-131 du 10 février 2016 ou de la loi n° 2018-287 du 20 avril 2018	Rédaction antérieure à l'ordonnance n° 2016-131 du 10 février 2016
Art. 1301-1. - Il est tenu d'apporter à la gestion de l'affaire tous les soins d'une personne raisonnable ; il doit poursuivre la gestion jusqu'à ce que le maître de l'affaire ou son successeur soit en mesure d'y pourvoir. Le juge peut, selon les circonstances, modérer l'indemnité due au maître de l'affaire en raison des fautes ou de la négligence du gérant. • ***Reprise des obligations du gérant d'affaires.***	**Art. 1373.** - Il est obligé de continuer sa gestion, encore que le maître vienne à mourir avant que l'affaire soit consommée, jusqu'à ce que l'héritier ait pu en prendre la direction. **Art. 1374.** - Il est tenu d'apporter à la gestion de l'affaire tous les soins raisonnables. Néanmoins, les circonstances qui l'ont conduit à se charger de l'affaire peuvent autoriser le juge à modérer les dommages et intérêts qui résulteraient des fautes ou de la négligence du gérant.
Art. 1301-2. - Celui dont l'affaire a été utilement gérée doit remplir les engagements contractés dans son intérêt par le gérant. Il rembourse au gérant les dépenses faites dans son intérêt et l'indemnise des dommages qu'il a subis en raison de sa gestion. Les sommes avancées par le gérant portent intérêt du jour du paiement. • ***Reprise des obligations du maître de l'affaire avec modification.***	**Art. 1375.** - Le maître dont l'affaire a été bien administrée doit remplir les engagements que le gérant a contractés en son nom, l'indemniser de tous les engagements personnels qu'il a pris, et lui rembourser toutes les dépenses utiles ou nécessaires qu'il a faites.
Art. 1301-3. - La ratification de la gestion par le maître vaut mandat. • ***Intégration de l'effet de la ratification par le maître de l'affaire.***	-
Art. 1301-4. - L'intérêt personnel du gérant à se charger de l'affaire d'autrui n'exclut pas l'application des règles de la gestion d'affaires. Dans ce cas, la charge des engagements, des dépenses et des dommages se répartit à proportion des intérêts de chacun dans l'affaire commune. • ***Introduction d'une règle sur la gestion d'une affaire commune et la répartition des charges en ce cas.***	-
Art. 1301-5. - Si l'action du gérant ne répond pas aux conditions de la gestion d'affaires mais profite néanmoins au maître de cette affaire, celui-ci doit indemniser le gérant selon les règles de l'enrichissement injustifié. • ***Application le cas échéant des règles de l'enrichissement injustifié.***	-

Rédaction issue de l'ordonnance n° 2016-131 du 10 février 2016 ou de la loi n° 2018-287 du 20 avril 2018	Rédaction antérieure à l'ordonnance n° 2016-131 du 10 février 2016
CHAPITRE II. - LE PAIEMENT DE L'INDU	
Art. 1302. - Tout paiement suppose une dette ; ce qui a été reçu sans être dû est sujet à restitution. La restitution n'est pas admise à l'égard des obligations naturelles qui ont été volontairement acquittées. • ***Reprise de la définition du paiement indu, source d'obligation de restitution, avec modification terminologique.***	**Art. 1235**. - Tout paiement suppose une dette : ce qui a été payé sans être dû est sujet à répétition. La répétition n'est pas admise à l'égard des obligations naturelles qui ont été volontairement acquittées.
Art. 1302-1. - Celui qui reçoit par erreur ou sciemment ce qui ne lui est pas dû doit le restituer à celui de qui il l'a indûment reçu. • ***Reprise de l'indu objectif.***	**Art. 1376**. - Celui qui reçoit par erreur ou sciemment ce qui ne lui est pas dû, s'oblige à restituer à celui de qui il l'a indûment reçu.
Art. 1302-2. - Celui qui par erreur ou sous la contrainte a acquitté la dette d'autrui peut agir en restitution contre le créancier. Néanmoins ce droit cesse dans le cas où le créancier, par suite du paiement, a détruit son titre ou abandonné les sûretés qui garantissaient sa créance. La restitution peut aussi être demandée à celui dont la dette a été acquittée par erreur. • ***Reprise des règles de l'indu subjectif, avec un ajout.***	**Art. 1377**. - Lorsqu'une personne qui, par erreur, se croyait débitrice, a acquitté une dette, elle a le droit de répétition contre le créancier. Néanmoins, ce droit cesse dans le cas où le créancier a supprimé son titre par suite du paiement, sauf le recours de celui qui a payé contre le véritable débiteur.
Art. 1302-3. - La restitution est soumise aux règles fixées aux articles 1352 à 1352-9. Elle peut être réduite si le paiement procède d'une faute. • ***Modalités de la restitution ; introduction d'une réduction en cas de faute.***	-
CHAPITRE III. - L'ENRICHISSEMENT INJUSTIFIÉ	
Art. 1303. - En dehors des cas de gestion d'affaires et de paiement de l'indu, celui qui bénéficie d'un enrichissement injustifié au détriment d'autrui doit, à celui qui s'en trouve appauvri, une indemnité égale à la moindre des deux valeurs de l'enrichissement et de l'appauvrissement. • ***Consécration de l'enrichissement sans cause, sous le nom d'enrichissement injustifié, source d'une obligation d'indemnisation.***	-

Rédaction issue de l'ordonnance n° 2016-131 du 10 février 2016 ou de la loi n° 2018-287 du 20 avril 2018	Rédaction antérieure à l'ordonnance n° 2016-131 du 10 février 2016
Art. 1303-1. - L'enrichissement est injustifié lorsqu'il ne procède ni de l'accomplissement d'une obligation par l'appauvri ni de son intention libérale. • ***Conditions de l'enrichissement injustifié.***	-
Art. 1303-2. - Il n'y a pas lieu à indemnisation si l'appauvrissement procède d'un acte accompli par l'appauvri en vue d'un profit personnel. L'indemnisation peut être modérée par le juge si l'appauvrissement procède d'une faute de l'appauvri. • ***Conditions de l'enrichissement injustifié et pouvoir modérateur du juge en cas de faute de l'appauvri.***	-
Art. 1303-3. - L'appauvri n'a pas d'action sur ce fondement lorsqu'une autre action lui est ouverte ou se heurte à un obstacle de droit, tel que la prescription. • ***Consécration du principe de subsidiarité de cette source d'obligation.***	-
Art. 1303-4. - L'appauvrissement constaté au jour de la dépense, et l'enrichissement tel qu'il subsiste au jour de la demande, sont évalués au jour du jugement. En cas de mauvaise foi de l'enrichi, l'indemnité due est égale à la plus forte de ces deux valeurs. • ***Consécration de la solution jurisprudentielle sur calcul de l'indemnité due, avec modification de la date d'évaluation, et introduction d'une règle différente de calcul en cas de mauvaise foi de l'enrichi.***	-
TITRE IV. - DU RÉGIME GÉNÉRAL DES OBLIGATIONS • ***Remplacement du titre IV « Des engagements qui se forment sans convention ».***	

Rédaction issue de l'ordonnance n° 2016-131 du 10 février 2016 ou de la loi n° 2018-287 du 20 avril 2018	Rédaction antérieure à l'ordonnance n° 2016-131 du 10 février 2016
CHAPITRE Ier. - LES MODALITÉS DE L'OBLIGATION	
SECTION I. - L'OBLIGATION CONDITIONNELLE	
Art. 1304. - L'obligation est conditionnelle lorsqu'elle dépend d'un événement futur et incertain. La condition est suspensive lorsque son accomplissement rend l'obligation pure et simple. Elle est résolutoire lorsque son accomplissement entraîne l'anéantissement de l'obligation. • ***Reprise de la définition de la condition ; présentation de la condition suspensive et de la condition résolutoire.***	**Art. 1168**. - L'obligation est conditionnelle lorsqu'on la fait dépendre d'un événement futur et incertain, soit en la suspendant jusqu'à ce que l'événement arrive, soit en la résiliant, selon que l'événement arrivera ou n'arrivera pas. **Art. 1183**. - La condition résolutoire est celle qui, lorsqu'elle s'accomplit, opère la révocation de l'obligation, et qui remet les choses au même état que si l'obligation n'avait pas existé. Elle ne suspend point l'exécution de l'obligation ; elle oblige seulement le créancier à restituer ce qu'il a reçu, dans le cas où l'événement prévu par la condition arrive.
Art. 1304-1. - La condition doit être licite. À défaut, l'obligation est nulle. • ***Reprise de l'exigence de licéité avec modifications. Suppression de l'exigence de possibilité et de la référence aux bonnes mœurs.***	**Art. 1172**. - Toute condition d'une chose impossible, ou contraire aux bonnes mœurs, ou prohibée par la loi, est nulle, et rend nulle la convention qui en dépend.
Art. 1304-2. - Est nulle l'obligation contractée sous une condition dont la réalisation dépend de la seule volonté du débiteur. Cette nullité ne peut être invoquée lorsque l'obligation a été exécutée en connaissance de cause. • ***Reformulation de la nullité de la condition purement potestative.***	**Art. 1170**. - La condition potestative est celle qui fait dépendre l'exécution de la convention d'un événement qu'il est au pouvoir de l'une ou de l'autre des parties contractantes de faire arriver ou d'empêcher. **Art. 1174**. - Toute obligation est nulle lorsqu'elle a été contractée sous une condition potestative de la part de celui qui s'oblige.
Art. 1304-3. - La condition suspensive est réputée accomplie si celui qui y avait intérêt en a empêché l'accomplissement. La condition résolutoire est réputée défaillie si son accomplissement a été provoqué par la partie qui y avait intérêt. • ***Reformulation des conséquences de la déloyauté dans le jeu de la condition, avec application expresse aussi à la condition résolutoire.***	**Art. 1178**. - La condition est réputée accomplie lorsque c'est le débiteur, obligé sous cette condition, qui en a empêché l'accomplissement.

Rédaction issue de l'ordonnance n° 2016-131 du 10 février 2016 ou de la loi n° 2018-287 du 20 avril 2018	Rédaction antérieure à l'ordonnance n° 2016-131 du 10 février 2016
Art. 1304-4 *(Rédaction en vigueur jusqu'au 30 septembre 2018). - Une partie est libre de renoncer à la condition stipulée dans son intérêt exclusif, tant que celle-ci n'est pas accomplie.* **Art. 1304-4** ***(Rédaction en vigueur à compter du 1er octobre 2018).*** - Une partie est libre de renoncer à la condition stipulée dans son intérêt exclusif, tant que celle-ci n'est pas accomplie ou n'a pas défailli. • ***Consécration partielle de la faculté de renoncer à la condition stipulée dans l'intérêt exclusif d'une partie. Suppression expresse, par la loi de ratification (avec un caractère interprétatif), de la possibilité pour cette partie de renoncer à cette défaillance.***	-
Art. 1304-5. - Avant que la condition suspensive ne soit accomplie, le débiteur doit s'abstenir de tout acte qui empêcherait la bonne exécution de l'obligation ; le créancier peut accomplir tout acte conservatoire et attaquer les actes du débiteur accomplis en fraude de ses droits. Ce qui a été payé peut être répété tant que la condition suspensive ne s'est pas accomplie. • ***Reprise ou intégration des solutions relatives aux droits et obligations des parties tant que la condition suspensive est pendante.***	**Art. 1180**. - Le créancier peut, avant que la condition soit accomplie, exercer tous les actes conservatoires de son droit.
Art. 1304-6. - L'obligation devient pure et simple à compter de l'accomplissement de la condition suspensive. Toutefois, les parties peuvent prévoir que l'accomplissement de la condition rétroagira au jour du contrat. La chose, objet de l'obligation, n'en demeure pas moins aux risques du débiteur, qui en conserve l'administration et a droit aux fruits jusqu'à l'accomplissement de la condition. En cas de défaillance de la condition suspensive, l'obligation est réputée n'avoir jamais existé. • ***Renversement du principe de rétroactivité de l'accomplissement de la condition suspensive.***	**Art. 1179**. - La condition accomplie a un effet rétroactif au jour auquel l'engagement a été contracté. Si le créancier est mort avant l'accomplissement de la condition, ses droits passent à son héritier. **Art. 1182**. - Lorsque l'obligation a été contractée sous une condition suspensive, la chose qui fait la matière de la convention demeure aux risques du débiteur qui ne s'est obligé de la livrer que dans le cas de l'événement de la condition. Si la chose est entièrement périe sans la faute du débiteur, l'obligation est éteinte. Si la chose s'est détériorée sans la faute du débiteur, le créancier a le choix ou de résoudre l'obligation, ou d'exiger la chose dans l'état où elle se trouve, sans diminution du prix. Si la chose s'est détériorée par la faute du débiteur, le créancier a le droit ou de résoudre l'obligation, ou d'exiger la chose dans l'état où elle se trouve, avec des dommages et intérêts.

Rédaction issue de l'ordonnance n° 2016-131 du 10 février 2016 ou de la loi n° 2018-287 du 20 avril 2018	Rédaction antérieure à l'ordonnance n° 2016-131 du 10 février 2016
Art. 1304-7. - L'accomplissement de la condition résolutoire éteint rétroactivement l'obligation, sans remettre en cause, le cas échéant, les actes conservatoires et d'administration. La rétroactivité n'a pas lieu si telle est la convention des parties ou si les prestations échangées ont trouvé leur utilité au fur et à mesure de l'exécution réciproque du contrat. • ***Maintien du principe de rétroactivité de l'accomplissement de la condition résolutoire, avec survie de certains actes.***	**Art. 1183**. - La condition résolutoire est celle qui, lorsqu'elle s'accomplit, opère la révocation de l'obligation, et qui remet les choses au même état que si l'obligation n'avait pas existé. Elle ne suspend point l'exécution de l'obligation ; elle oblige seulement le créancier à restituer ce qu'il a reçu, dans le cas où l'événement prévu par la condition arrive.
SECTION II. - L'OBLIGATION À TERME	
Art. 1305. - L'obligation est à terme lorsque son exigibilité est différée jusqu'à la survenance d'un événement futur et certain, encore que la date en soit incertaine. • ***Définition du terme affectant une obligation, limitée au terme suspensif.***	**Art. 1185**. - Le terme diffère de la condition, en ce qu'il ne suspend point l'engagement, dont il retarde seulement l'exécution.
Art. 1305-1. - Le terme peut être exprès ou tacite. À défaut d'accord, le juge peut le fixer en considération de la nature de l'obligation et de la situation des parties. • ***Détermination du terme par les parties, voire par le juge.***	-
Art. 1305-2. - Ce qui n'est dû qu'à terme ne peut être exigé avant l'échéance ; mais ce qui a été payé d'avance ne peut être répété. • ***Reprise des effets du terme suspensif.***	**Art. 1186**. - Ce qui n'est dû qu'à terme, ne peut être exigé avant l'échéance du terme ; mais ce qui a été payé d'avance ne peut être répété.
Art. 1305-3. - Le terme profite au débiteur, s'il ne résulte de la loi, de la volonté des parties ou des circonstances qu'il a été établi en faveur du créancier ou des deux parties. La partie au bénéfice exclusif de qui le terme a été fixé peut y renoncer sans le consentement de l'autre. • ***Détermination de la partie bénéficiaire du terme et possibilité de renonciation.***	**Art. 1187**. - Le terme est toujours présumé stipulé en faveur du débiteur, à moins qu'il ne résulte de la stipulation, ou des circonstances, qu'il a été convenu en faveur du créancier.

Rédaction issue de l'ordonnance n° 2016-131 du 10 février 2016 ou de la loi n° 2018-287 du 20 avril 2018	Rédaction antérieure à l'ordonnance n° 2016-131 du 10 février 2016
Art. 1305-4. - Le débiteur ne peut réclamer le bénéfice du terme s'il ne fournit pas les sûretés promises au créancier ou s'il diminue celles qui garantissent l'obligation. • ***Reformulation des hypothèses de perte du bénéfice du terme.***	**Art. 1188**. - Le débiteur ne peut plus réclamer le bénéfice du terme lorsque par son fait il a diminué les sûretés qu'il avait données par le contrat à son créancier.
Art. 1305-5 *(Rédaction en vigueur jusqu'au 30 septembre 2018). - La déchéance du terme encourue par un débiteur est inopposable à ses coobligés, même solidaires.* **Art. 1305-5** ***(Rédaction en vigueur à compter du 1er octobre 2018)***. - La déchéance du terme encourue par un débiteur est inopposable à ses coobligés, même solidaires, et à ses cautions. • ***Inopposabilité de la déchéance du terme aux codébiteurs et, précision apportée (avec un caractère interprétatif) par la loi de ratification, aux cautions.***	-
SECTION III. - L'OBLIGATION PLURALE	
SOUS-SECTION 1. - LA PLURALITÉ D'OBJETS	
§ 1. - L'OBLIGATION CUMULATIVE	
Art. 1306. - L'obligation est cumulative lorsqu'elle a pour objet plusieurs prestations et que seule l'exécution de la totalité de celles-ci libère le débiteur. • ***Définition de l'obligation cumulative.***	-
§ 2. - L'OBLIGATION ALTERNATIVE	
Art. 1307. - L'obligation est alternative lorsqu'elle a pour objet plusieurs prestations et que l'exécution de l'une d'elles libère le débiteur. • ***Reprise de la définition de l'obligation alternative, avec modification.***	**Art. 1189**. - Le débiteur d'une obligation alternative est libéré par la délivrance de l'une des deux choses qui étaient comprises dans l'obligation.

Rédaction issue de l'ordonnance n° 2016-131 du 10 février 2016 ou de la loi n° 2018-287 du 20 avril 2018	Rédaction antérieure à l'ordonnance n° 2016-131 du 10 février 2016
Art. 1307-1. - Le choix entre les prestations appartient au débiteur. Si le choix n'est pas exercé dans le temps convenu ou dans un délai raisonnable, l'autre partie peut, après mise en demeure, exercer ce choix ou résoudre le contrat. Le choix exercé est définitif et fait perdre à l'obligation son caractère alternatif. • ***Reprise des modalités de choix de la prestation à exécuter au titre de l'obligation alternative, avec complément.***	**Art. 1190**. - Le choix appartient au débiteur, s'il n'a pas été expressément accordé au créancier.
Art. 1307-2. - Si elle procède d'un cas de force majeure, l'impossibilité d'exécuter la prestation choisie libère le débiteur. • ***Libération en cas de force majeure empêchant l'exécution de la prestation choisie.***	**Art. 1193**. - L'obligation alternative devient pure et simple, si l'une des choses promises périt et ne peut être livrée, même par la faute du débiteur. Le prix de cette chose ne peut pas être offert à sa place. Si toutes deux sont péries, et que le débiteur soit en faute à l'égard de l'une d'elles, il doit payer le prix de celle qui a péri la dernière.
Art. 1307-3. - Le débiteur qui n'a pas fait connaître son choix doit, si l'une des prestations devient impossible, exécuter l'une des autres. • ***Pas de libération par la force majeure si la prestation n'a pas encore été choisie.***	**Art. 1194**. - Lorsque, dans les cas prévus par l'article précédent, le choix avait été déféré par la convention au créancier, Ou l'une des choses seulement est périe ; et alors, si c'est sans la faute du débiteur, le créancier doit avoir celle qui reste ; si le débiteur est en faute, le créancier peut demander la chose qui reste, ou le prix de celle qui est périe ; Ou les deux choses sont péries ; et alors, si le débiteur est en faute à l'égard des deux, ou même à l'égard de l'une d'elles seulement, le créancier peut demander le prix de l'une ou de l'autre à son choix.
Art. 1307-4. - Le créancier qui n'a pas fait connaître son choix doit, si l'une des prestations devient impossible à exécuter par suite d'un cas de force majeure, se contenter de l'une des autres. • ***Reformulation de l'incidence de la force majeure, en cas de choix revenant au créancier.***	
Art. 1307-5. - Lorsque les prestations deviennent impossibles, le débiteur n'est libéré que si l'impossibilité procède, pour chacune, d'un cas de force majeure. • ***Reprise de la libération du débiteur en cas force majeure empêchant l'exécution de toutes les prestations.***	**Art. 1195**. - Si les deux choses sont péries sans la faute du débiteur, et avant qu'il soit en demeure, l'obligation est éteinte, conformément à l'article 1302.

Rédaction issue de l'ordonnance n° 2016-131 du 10 février 2016 ou de la loi n° 2018-287 du 20 avril 2018	Rédaction antérieure à l'ordonnance n° 2016-131 du 10 février 2016
§ 3. - L'OBLIGATION FACULTATIVE	
Art. 1308. - L'obligation est facultative lorsqu'elle a pour objet une certaine prestation mais que le débiteur a la faculté, pour se libérer, d'en fournir une autre. L'obligation facultative est éteinte si l'exécution de la prestation initialement convenue devient impossible pour cause de force majeure. • ***Introduction d'une définition de l'obligation facultative et extinction en cas de force majeure.***	-
SOUS-SECTION 2. - LA PLURALITÉ DE SUJETS	
Art. 1309. - L'obligation qui lie plusieurs créanciers ou débiteurs se divise de plein droit entre eux. La division a lieu également entre leurs successeurs, l'obligation fût-elle solidaire. Si elle n'est pas réglée autrement par la loi ou par le contrat, la division a lieu par parts égales. Chacun des créanciers n'a droit qu'à sa part de la créance commune ; chacun des débiteurs n'est tenu que de sa part de la dette commune. Il n'en va autrement, dans les rapports entre les créanciers et les débiteurs, que si l'obligation est solidaire ou si la prestation due est indivisible. • ***Formulation du principe de division de l'obligation liant plusieurs créanciers ou débiteurs, et reprise de la division entre les successeurs même pour une obligation solidaire.***	**Art. 1220**. - L'obligation qui est susceptible de division doit être exécutée entre le créancier et le débiteur comme si elle était indivisible. La divisibilité n'a d'application qu'à l'égard de leurs héritiers, qui ne peuvent demander la dette ou qui ne sont tenus de la payer que pour les parts dont ils sont saisis ou dont ils sont tenus comme représentant le créancier ou le débiteur.
§ 1. - L'OBLIGATION SOLIDAIRE	
Art. 1310. - La solidarité est légale ou conventionnelle ; elle ne se présume pas. • ***Reformulation de l'énumération des sources de la solidarité. Reprise de l'absence de présomption.***	**Art. 1202**. - La solidarité ne se présume point ; il faut qu'elle soit expressément stipulée. Cette règle ne cesse que dans les cas où la solidarité a lieu de plein droit, en vertu d'une disposition de la loi.

Rédaction issue de l'ordonnance n° 2016-131 du 10 février 2016 ou de la loi n° 2018-287 du 20 avril 2018	Rédaction antérieure à l'ordonnance n° 2016-131 du 10 février 2016
Art. 1311. - La solidarité entre créanciers permet à chacun d'eux d'exiger et de recevoir le paiement de toute la créance. Le paiement fait à l'un d'eux, qui en doit compte aux autres, libère le débiteur à l'égard de tous. Le débiteur peut payer l'un ou l'autre des créanciers solidaires tant qu'il n'est pas poursuivi par l'un d'eux. • ***Effets de la solidarité active entre plusieurs créanciers.***	**Art. 1197.** - L'obligation est solidaire entre plusieurs créanciers, lorsque le titre donne expressément à chacun d'eux le droit de demander le paiement du total de la créance, et que le paiement fait à l'un d'eux libère le débiteur, encore que le bénéfice de l'obligation soit partageable et divisible entre les divers créanciers. **Art. 1198.** - Il est au choix du débiteur de payer à l'un ou l'autre des créanciers solidaires, tant qu'il n'a pas été prévenu par les poursuites de l'un d'eux. Néanmoins, la remise qui n'est faite que par l'un des créanciers solidaires ne libère le débiteur que pour la part de ce créancier.
Art. 1312. - Tout acte qui interrompt ou suspend la prescription à l'égard de l'un des créanciers solidaires, profite aux autres créanciers. • ***Reprise des effets de la solidarité active sur l'interruption de la prescription, et ajout de la suspension.***	**Art. 1199.** - Tout acte qui interrompt la prescription à l'égard de l'un des créanciers solidaires, profite aux autres créanciers.
Art. 1313. - La solidarité entre les débiteurs oblige chacun d'eux à toute la dette. Le paiement fait par l'un d'eux les libère tous envers le créancier. Le créancier peut demander le paiement au débiteur solidaire de son choix. Les poursuites exercées contre l'un des débiteurs solidaires n'empêchent pas le créancier d'en exercer de pareilles contre les autres. • ***Reformulation de l'obligation à la dette de chacun des codébiteurs solidaires.***	**Art. 1200.** - Il y a solidarité de la part des débiteurs, lorsqu'ils sont obligés à une même chose, de manière que chacun puisse être contraint pour la totalité, et le paiement fait par un seul libère les autres envers le créancier. **Art. 1203.** - Le créancier d'une obligation contractée solidairement peut s'adresser à celui des débiteurs qu'il veut choisir, sans que celui-ci puisse lui opposer le bénéfice de division. **Art. 1204.** - Les poursuites faites contre l'un des débiteurs n'empêchent pas le créancier d'en exercer de pareilles contre les autres.
Art. 1314. - La demande d'intérêts formée contre l'un des débiteurs solidaires fait courir les intérêts à l'égard de tous. • ***Reprise de l'effet de la solidarité passive sur le cours des intérêts.***	**Art. 1207.** - La demande d'intérêts formée contre l'un des débiteurs solidaires fait courir les intérêts à l'égard de tous.

Rédaction issue de l'ordonnance n° 2016-131 du 10 février 2016 ou de la loi n° 2018-287 du 20 avril 2018	Rédaction antérieure à l'ordonnance n° 2016-131 du 10 février 2016
Art. 1315. - Le débiteur solidaire poursuivi par le créancier peut opposer les exceptions qui sont communes à tous les codébiteurs, telles que la nullité ou la résolution, et celles qui lui sont personnelles. Il ne peut opposer les exceptions qui sont personnelles à d'autres codébiteurs, telle que l'octroi d'un terme. Toutefois, lorsqu'une exception personnelle à un autre codébiteur éteint la part divise de celui-ci, notamment en cas de compensation ou de remise de dette, il peut s'en prévaloir pour la faire déduire du total de la dette. • ***Reprise de l'opposabilité des exceptions, avec complément.***	**Art. 1208.** - Le codébiteur solidaire poursuivi par le créancier peut opposer toutes les exceptions qui résultent de la nature de l'obligation, et toutes celles qui lui sont personnelles, ainsi que celles qui sont communes à tous les codébiteurs. Il ne peut opposer les exceptions qui sont purement personnelles à quelques-uns des autres débiteurs.
Art. 1316. - Le créancier qui reçoit paiement de l'un des codébiteurs solidaires et lui consent une remise de solidarité conserve sa créance contre les autres, déduction faite de la part du débiteur qu'il a déchargé. • ***Reformulation de l'effet de la remise de la solidarité par le créancier à l'un des codébiteurs qui l'a partiellement payé.***	**Art. 1210.** - Le créancier qui consent à la division de la dette à l'égard de l'un des codébiteurs, conserve son action solidaire contre les autres, mais sous la déduction de la part du débiteur qu'il a déchargé de la solidarité.
Art. 1317. - Entre eux, les codébiteurs solidaires ne contribuent à la dette que chacun pour sa part. Celui qui a payé au-delà de sa part dispose d'un recours contre les autres à proportion de leur propre part. Si l'un d'eux est insolvable, sa part se répartit, par contribution, entre les codébiteurs solvables, y compris celui qui a fait le paiement et celui qui a bénéficié d'une remise de solidarité. • ***Reformulation des règles de contribution à la dette entre les codébiteurs solidaires en fonction de la part de chacun.***	**Art. 1213.** - L'obligation contractée solidairement envers le créancier se divise de plein droit entre les débiteurs, qui n'en sont tenus entre eux que chacun pour sa part et portion. **Art. 1214.** - Le codébiteur d'une dette solidaire, qui l'a payée en entier, ne peut répéter contre les autres que les part et portion de chacun d'eux. Si l'un d'eux se trouve insolvable, la perte qu'occasionne son insolvabilité se répartit, par contribution, entre tous les autres codébiteurs solvables et celui qui a fait le paiement. **Art. 1215.** - Dans le cas où le créancier a renoncé à l'action solidaire envers l'un des débiteurs, si l'un ou plusieurs des autres codébiteurs deviennent insolvables, la portion des insolvables sera contributoirement répartie entre tous les débiteurs, même entre ceux précédemment déchargés de la solidarité par le créancier.

Rédaction issue de l'ordonnance n° 2016-131 du 10 février 2016 ou de la loi n° 2018-287 du 20 avril 2018	Rédaction antérieure à l'ordonnance n° 2016-131 du 10 février 2016
Art. 1318. - Si la dette procède d'une affaire qui ne concerne que l'un des codébiteurs solidaires, celui-ci est seul tenu de la dette à l'égard des autres. S'il l'a payée, il ne dispose d'aucun recours contre ses codébiteurs. Si ceux-ci l'ont payée, ils disposent d'un recours contre lui. • ***Reprise de l'hypothèse particulière où l'affaire ne concerne qu'un seul des codébiteurs solidaires.***	**Art. 1216**. - Si l'affaire pour laquelle la dette a été contractée solidairement ne concernait que l'un des coobligés solidaires, celui-ci serait tenu de toute la dette vis-à-vis des autres codébiteurs, qui ne seraient considérés par rapport à lui que comme ses cautions.
Art. 1319. - Les codébiteurs solidaires répondent solidairement de l'inexécution de l'obligation. La charge en incombe à titre définitif à ceux auxquels l'inexécution est imputable. • ***Introduction d'une règle sur les conséquences entre les codébiteurs d'une inexécution de l'obligation solidaire.***	-
§ 2. - L'OBLIGATION À PRESTATION INDIVISIBLE	
Art. 1320. - Chacun des créanciers d'une obligation à prestation indivisible, par nature ou par contrat, peut en exiger et en recevoir le paiement intégral, sauf à rendre compte aux autres ; mais il ne peut seul disposer de la créance ni recevoir le prix au lieu de la chose. Chacun des débiteurs d'une telle obligation en est tenu pour le tout ; mais il a ses recours en contribution contre les autres. Il en va de même pour chacun des successeurs de ces créanciers et débiteurs. • ***Reformulation, de façon condensée, des effets de l'obligation à prestation indivisible.***	**Art. 1217**. - L'obligation est divisible ou indivisible selon qu'elle a pour objet une chose qui dans sa livraison, ou un fait qui dans l'exécution, est ou n'est pas susceptible de division soit matérielle, soit intellectuelle. **Art. 1218**. - L'obligation est indivisible, quoique la chose ou le fait qui en est l'objet soit divisible par sa nature, si le rapport sous lequel elle est considérée dans l'obligation ne la rend pas susceptible d'exécution partielle. **Art. 1222**. - Chacun de ceux qui ont contracté conjointement une dette indivisible en est tenu pour le total, encore que l'obligation n'ait pas été contractée solidairement. **Art. 1223**. - Il en est de même à l'égard des héritiers de celui qui a contracté une pareille obligation. **Art. 1224**. - Chaque héritier du créancier peut exiger en totalité l'exécution de l'obligation indivisible. Il ne peut seul faire la remise de la totalité de la dette ; il ne peut recevoir seul le prix au lieu de la chose. Si l'un des héritiers a seul remis la dette ou reçu le prix de la chose, son cohéritier ne peut demander la chose indivisible qu'en tenant compte de la portion du cohéritier qui a fait la remise ou qui a reçu le prix.

Rédaction issue de l'ordonnance n° 2016-131 du 10 février 2016 ou de la loi n° 2018-287 du 20 avril 2018	Rédaction antérieure à l'ordonnance n° 2016-131 du 10 février 2016
CHAPITRE II. - LES OPÉRATIONS SUR OBLIGATIONS	
SECTION I. - LA CESSION DE CRÉANCE	
Art. 1321. - La cession de créance est un contrat par lequel le créancier cédant transmet, à titre onéreux ou gratuit, tout ou partie de sa créance contre le débiteur cédé à un tiers appelé le cessionnaire. Elle peut porter sur une ou plusieurs créances présentes ou futures, déterminées ou déterminables. Elle s'étend aux accessoires de la créance. Le consentement du débiteur n'est pas requis, à moins que la créance ait été stipulée incessible. • ***Définition élargie de la cession de créance, couvrant la transmission non seulement à titre onéreux, mais aussi à titre gratuit.***	**Art. 1692**. - La vente ou cession d'une créance comprend les accessoires de la créance, tels que caution, privilège et hypothèque.
Art. 1322. - La cession de créance doit être constatée par écrit, à peine de nullité. • ***Abandon des formalités à fins d'opposabilité aux tiers. Remplacement par une règle de forme.***	**Art. 1690**. - Le cessionnaire n'est saisi à l'égard des tiers que par la signification du transport faite au débiteur. Néanmoins, le cessionnaire peut être également saisi par l'acceptation du transport faite par le débiteur dans un acte authentique.
Art. 1323. - Entre les parties, le transfert de la créance s'opère à la date de l'acte. Il est opposable aux tiers dès ce moment. En cas de contestation, la preuve de la date de la cession incombe au cessionnaire, qui peut la rapporter par tout moyen. Toutefois, le transfert d'une créance future n'a lieu qu'au jour de sa naissance, tant entre les parties que vis-à-vis des tiers. • ***Innovations concernant la date d'effet du transfert entre les parties et son opposabilité aux tiers.***	**Art. 1689**. - Dans le transport d'une créance, d'un droit ou d'une action sur un tiers, la délivrance s'opère entre le cédant et le cessionnaire par la remise du titre.
Art. 1324. - La cession n'est opposable au débiteur, s'il n'y a déjà consenti, que si elle lui a été notifiée ou s'il en a pris acte. Le débiteur peut opposer au cessionnaire les exceptions inhérentes à la dette, telles que la nullité, l'exception d'inexécution, la résolution ou la compensation des dettes connexes. Il peut également opposer les exceptions nées de ses rapports avec le cédant avant que la cession lui soit devenue opposable, telles que l'octroi d'un terme, la remise de dette ou la compensation de dettes non connexes.	**Art. 1690**. - Le cessionnaire n'est saisi à l'égard des tiers que par la signification du transport faite au débiteur. Néanmoins, le cessionnaire peut être également saisi par l'acceptation du transport faite par le débiteur dans un acte authentique.

Rédaction issue de l'ordonnance n° 2016-131 du 10 février 2016 ou de la loi n° 2018-287 du 20 avril 2018	Rédaction antérieure à l'ordonnance n° 2016-131 du 10 février 2016
Le cédant et le cessionnaire sont solidairement tenus de tous les frais supplémentaires occasionnés par la cession dont le débiteur n'a pas à faire l'avance. Sauf clause contraire, la charge de ces frais incombe au cessionnaire. • ***Modification des conditions d'opposabilité au débiteur de la créance. Intégration de règles sur l'opposabilité des exceptions par le débiteur.***	-
Art. 1325. - Le concours entre cessionnaires successifs d'une créance se résout en faveur du premier en date ; il dispose d'un recours contre celui auquel le débiteur aurait fait un paiement. • ***Modification du règlement du concours entre cessionnaires successifs.***	**Art. 1690**. - Le cessionnaire n'est saisi à l'égard des tiers que par la signification du transport faite au débiteur. Néanmoins, le cessionnaire peut être également saisi par l'acceptation du transport faite par le débiteur dans un acte authentique.
Art. 1326. - Celui qui cède une créance à titre onéreux garantit l'existence de la créance et de ses accessoires, à moins que le cessionnaire l'ait acquise à ses risques et périls ou qu'il ait connu le caractère incertain de la créance. Il ne répond de la solvabilité du débiteur que lorsqu'il s'y est engagé, et jusqu'à concurrence du prix qu'il a pu retirer de la cession de sa créance. Lorsque le cédant a garanti la solvabilité du débiteur, cette garantie ne s'entend que de la solvabilité actuelle ; elle peut toutefois s'étendre à la solvabilité à l'échéance, mais à la condition que le cédant l'ait expressément spécifié. • ***Reprise de la garantie due par le cédant en cas de cession de créance à titre onéreux.***	**Art. 1693**. - Celui qui vend une créance ou autre droit incorporel doit en garantir l'existence au temps du transport, quoi qu'il soit fait sans garantie. **Art. 1694**. - Il ne répond de la solvabilité du débiteur que lorsqu'il s'y est engagé, et jusqu'à concurrence seulement du prix qu'il a retiré de la créance. **Art. 1695**. - Lorsqu'il a promis la garantie de la solvabilité du débiteur, cette promesse ne s'entend que de la solvabilité actuelle, et ne s'étend pas au temps à venir, si le cédant ne l'a expressément stipulé.
SECTION II. - LA CESSION DE DETTE	
Art. 1327 *(Rédaction en vigueur jusqu'au 30 septembre 2018). - Un débiteur peut, avec l'accord du créancier, céder sa dette.* **Art. 1327** ***(Rédaction en vigueur à compter du 1er octobre 2018)***. - Un débiteur peut, avec l'accord du créancier, céder sa dette. La cession doit être constatée par écrit, à peine de nullité. • ***Admission de la cession directe de dette, sous condition de l'accord du créancier. Validité soumise à l'exigence d'un écrit.***	-

Rédaction issue de l'ordonnance n° 2016-131 du 10 février 2016 ou de la loi n° 2018-287 du 20 avril 2018	Rédaction antérieure à l'ordonnance n° 2016-131 du 10 février 2016
Art. 1327-1 *(Rédaction en vigueur jusqu'au 30 septembre 2018). - Le créancier, s'il a par avance donné son accord à la cession ou n'y est pas intervenu, ne peut se la voir opposer ou s'en prévaloir que du jour où elle lui a été notifiée ou dès qu'il en a pris acte.* **Art. 1327-1** ***(Rédaction en vigueur à compter du 1er octobre 2018).*** - Le créancier, s'il a par avance donné son accord à la cession et n'y est pas intervenu, ne peut se la voir opposer ou s'en prévaloir que du jour où elle lui a été notifiée ou dès qu'il en a pris acte. • ***Conditions d'opposabilité de la cession au cédant qui y a consenti par avance et n'y est pas ensuite intervenu. Correction (à caractère interprétatif) par la loi de ratification d'une erreur initiale de rédaction.***	-
Art. 1327-2. - Si le créancier y consent expressément, le débiteur originaire est libéré pour l'avenir. À défaut, et sauf clause contraire, il est tenu solidairement au paiement de la dette. • ***Libération du cédant subordonnée à un consentement exprès du créancier ; sinon, solidarité passive.***	-
Art. 1328. - Le débiteur substitué, et le débiteur originaire s'il reste tenu, peuvent opposer au créancier les exceptions inhérentes à la dette, telles que la nullité, l'exception d'inexécution, la résolution ou la compensation de dettes connexes. Chacun peut aussi opposer les exceptions qui lui sont personnelles. • ***Opposabilité des différentes catégories d'exceptions au créancier.***	-

Rédaction issue de l'ordonnance n° 2016-131 du 10 février 2016 ou de la loi n° 2018-287 du 20 avril 2018	Rédaction antérieure à l'ordonnance n° 2016-131 du 10 février 2016
Art. 1328-1 *(Rédaction en vigueur jusqu'au 30 septembre 2018). - Lorsque le débiteur originaire n'est pas déchargé par le créancier, les sûretés subsistent. Dans le cas contraire, les sûretés consenties par des tiers ne subsistent qu'avec leur accord.* *Si le cédant est déchargé, ses codébiteurs solidaires restent tenus déduction faite de sa part dans la dette.* **Art. 1328-1** ***(Rédaction en vigueur à compter du 1er octobre 2018)***. - Lorsque le débiteur originaire n'est pas déchargé par le créancier, les sûretés subsistent. Dans le cas contraire, les sûretés consenties par le débiteur originaire ou par des tiers ne subsistent qu'avec leur accord. Si le cédant est déchargé, ses codébiteurs solidaires restent tenus déduction faite de sa part dans la dette. • ***Sort des sûretés selon que le cédant est ou non déchargé. Précision apportée par la loi de ratification (avec caractère interprétatif) sur les sûretés consenties par le cédant.***	-
SECTION III. - LA NOVATION	
Art. 1329. - La novation est un contrat qui a pour objet de substituer à une obligation, qu'elle éteint, une obligation nouvelle qu'elle crée. Elle peut avoir lieu par substitution d'obligation entre les mêmes parties, par changement de débiteur ou par changement de créancier. • ***Reformulation, dans une définition, des hypothèses de novation.***	**Art. 1271**. - La novation s'opère de trois manières : 1° Lorsque le débiteur contracte envers son créancier une nouvelle dette qui est substituée à l'ancienne, laquelle est éteinte ; 2° Lorsqu'un nouveau débiteur est substitué à l'ancien qui est déchargé par le créancier ; 3° Lorsque, par l'effet d'un nouvel engagement, un nouveau créancier est substitué à l'ancien, envers lequel le débiteur se trouve déchargé.
Art. 1330. - La novation ne se présume pas ; la volonté de l'opérer doit résulter clairement de l'acte. • ***Reprise de l'absence de présomption de novation.***	**Art. 1273**. - La novation ne se présume point ; il faut que la volonté de l'opérer résulte clairement de l'acte.
Art. 1331. - La novation n'a lieu que si l'obligation ancienne et l'obligation nouvelle sont l'une et l'autre valables, à moins qu'elle n'ait pour objet déclaré de substituer un engagement valable à un engagement entaché d'un vice. • ***Intégration de la condition de validité de l'obligation ancienne et de l'obligation nouvelle.***	-

Rédaction issue de l'ordonnance n° 2016-131 du 10 février 2016 ou de la loi n° 2018-287 du 20 avril 2018	Rédaction antérieure à l'ordonnance n° 2016-131 du 10 février 2016
Art. 1332. - La novation par changement de débiteur peut s'opérer sans le concours du premier débiteur. • ***Reprise de la novation par changement de débiteur, même sans consentement du débiteur originaire.***	**Art. 1274.** - La novation par la substitution d'un nouveau débiteur peut s'opérer sans le concours du premier débiteur.
Art. 1333. - La novation par changement de créancier requiert le consentement du débiteur. Celui-ci peut, par avance, accepter que le nouveau créancier soit désigné par le premier. La novation est opposable aux tiers à la date de l'acte. En cas de contestation de la date de la novation, la preuve en incombe au nouveau créancier, qui peut l'apporter par tout moyen. • ***Nécessité du consentement du débiteur dans la novation par changement de créancier et admission de son acceptation anticipée.***	-
Art. 1334. - L'extinction de l'obligation ancienne s'étend à tous ses accessoires. Par exception, les sûretés d'origine peuvent être réservées pour la garantie de la nouvelle obligation avec le consentement des tiers garants. • ***Reprise des effets de la novation sur les accessoires.***	**Art. 1278.** - Les privilèges et hypothèques de l'ancienne créance ne passent point à celle qui lui est substituée, à moins que le créancier ne les ait expressément réservés.
Art. 1335. - La novation convenue entre le créancier et l'un des codébiteurs solidaires libère les autres. La novation convenue entre le créancier et une caution ne libère pas le débiteur principal. Elle libère les autres cautions à concurrence de la part contributive de celle dont l'obligation a fait l'objet de la novation. • ***Reprise des effets de la novation à l'égard des codébiteurs solidaires et cautions, avec introduction d'une limite à la libération des cofidéjusseurs.***	**Art. 1281.** - Par la novation faite entre le créancier et l'un des débiteurs solidaires, les codébiteurs sont libérés. La novation opérée à l'égard du débiteur principal libère les cautions. Néanmoins, si le créancier a exigé, dans le premier cas, l'accession des codébiteurs, ou, dans le second, celle des cautions, l'ancienne créance subsiste, si les codébiteurs ou les cautions refusent d'accéder au nouvel arrangement.

Rédaction issue de l'ordonnance n° 2016-131 du 10 février 2016 ou de la loi n° 2018-287 du 20 avril 2018	Rédaction antérieure à l'ordonnance n° 2016-131 du 10 février 2016
SECTION IV. - LA DÉLÉGATION	
Art. 1336. - La délégation est une opération par laquelle une personne, le délégant, obtient d'une autre, le délégué, qu'elle s'oblige envers une troisième, le délégataire, qui l'accepte comme débiteur. Le délégué ne peut, sauf stipulation contraire, opposer au délégataire aucune exception tirée de ses rapports avec le délégant ou des rapports entre ce dernier et le délégataire. • ***Reformulation de la définition de la délégation et intégration de l'inopposabilité des exceptions.***	**Art. 1275.** - La délégation par laquelle un débiteur donne au créancier un autre débiteur qui s'oblige envers le créancier, n'opère point de novation, si le créancier n'a expressément déclaré qu'il entendait décharger son débiteur qui a fait la délégation.
Art. 1337. - Lorsque le délégant est débiteur du délégataire et que la volonté du délégataire de décharger le délégant résulte expressément de l'acte, la délégation opère novation. Toutefois, le délégant demeure tenu s'il s'est expressément engagé à garantir la solvabilité future du délégué ou si ce dernier se trouve soumis à une procédure d'apurement de ses dettes lors de la délégation. • ***Conditions et effets de la délégation parfaite.***	**Art. 1276.** - Le créancier qui a déchargé le débiteur par qui a été faite la délégation, n'a point de recours contre ce débiteur, si le délégué devient insolvable, à moins que l'acte n'en contienne une réserve expresse, ou que le délégué ne fût déjà en faillite ouverte, ou tombé en déconfiture au moment de la délégation.
Art. 1338. - Lorsque le délégant est débiteur du délégataire mais que celui-ci ne l'a pas déchargé de sa dette, la délégation donne au délégataire un second débiteur. Le paiement fait par l'un des deux débiteurs libère l'autre, à due concurrence. • ***Conséquence de la délégation imparfaite.***	**Art. 1275.** - La délégation par laquelle un débiteur donne au créancier un autre débiteur qui s'oblige envers le créancier, n'opère point de novation, si le créancier n'a expressément déclaré qu'il entendait décharger son débiteur qui a fait la délégation.

Rédaction issue de l'ordonnance n° 2016-131 du 10 février 2016 ou de la loi n° 2018-287 du 20 avril 2018	Rédaction antérieure à l'ordonnance n° 2016-131 du 10 février 2016
Art. 1339. - Lorsque le délégant est créancier du délégué, sa créance ne s'éteint que par l'exécution de l'obligation du délégué envers le délégataire et à due concurrence. Jusque-là, le délégant ne peut en exiger ou en recevoir le paiement que pour la part qui excéderait l'engagement du délégué. Il ne recouvre ses droits qu'en exécutant sa propre obligation envers le délégataire. La cession ou la saisie de la créance du délégant ne produisent effet que sous les mêmes limitations. Toutefois, si le délégataire a libéré le délégant, le délégué est lui-même libéré à l'égard du délégant, à concurrence du montant de son engagement envers le délégataire. • ***Introduction de dispositions sur les effets de la délégation dans les relations entre le délégant et le délégué.***	-
Art. 1340. - La simple indication faite par le débiteur d'une personne désignée pour payer à sa place n'emporte ni novation, ni délégation. Il en est de même de la simple indication faite, par le créancier, d'une personne désignée pour recevoir le paiement pour lui. • ***Reprise des deux sortes d'indication de paiement.***	**Art. 1277**. - La simple indication, faite par le débiteur, d'une personne qui doit payer à sa place, n'opère point novation. Il en est de même de la simple indication faite, par le créancier, d'une personne qui doit recevoir pour lui.
CHAPITRE III. - LES ACTIONS OUVERTES AU CRÉANCIER	
Art. 1341. - Le créancier a droit à l'exécution de l'obligation ; il peut y contraindre le débiteur dans les conditions prévues par la loi. • ***Consécration du droit à l'exécution forcée.***	-
Art. 1341-1. - Lorsque la carence du débiteur dans l'exercice de ses droits et actions à caractère patrimonial compromet les droits de son créancier, celui-ci peut les exercer pour le compte de son débiteur, à l'exception de ceux qui sont exclusivement rattachés à sa personne. • ***Reformulation des conditions de l'action oblique.***	**Art. 1166**. - Néanmoins, les créanciers peuvent exercer tous les droits et actions de leur débiteur, à l'exception de ceux qui sont exclusivement attachés à la personne.

Rédaction issue de l'ordonnance n° 2016-131 du 10 février 2016 ou de la loi n° 2018-287 du 20 avril 2018	Rédaction antérieure à l'ordonnance n° 2016-131 du 10 février 2016
Art. 1341-2. - Le créancier peut aussi agir en son nom personnel pour faire déclarer inopposables à son égard les actes faits par son débiteur en fraude de ses droits, à charge d'établir, s'il s'agit d'un acte à titre onéreux, que le tiers cocontractant avait connaissance de la fraude. • ***Reformulation des conditions de l'action paulienne.***	**Art. 1167**. - Ils peuvent aussi, en leur nom personnel, attaquer les actes faits par leur débiteur en fraude de leurs droits. Ils doivent néanmoins, quant à leurs droits énoncés au titre « Des successions » et au titre « Du contrat de mariage et des régimes matrimoniaux », se conformer aux règles qui y sont prescrites.
Art. 1341-3. - Dans les cas déterminés par la loi, le créancier peut agir directement en paiement de sa créance contre un débiteur de son débiteur. • ***Évocation des actions directes en paiement prévues par des textes particuliers.***	-
CHAPITRE IV. - L'EXTINCTION DE L'OBLIGATION	
SECTION I. - LE PAIEMENT	
SOUS-SECTION 1. - DISPOSITIONS GÉNÉRALES	
Art. 1342. - Le paiement est l'exécution volontaire de la prestation due. Il doit être fait sitôt que la dette devient exigible. Il libère le débiteur à l'égard du créancier et éteint la dette, sauf lorsque la loi ou le contrat prévoit une subrogation dans les droits du créancier. • ***Introduction d'une définition du paiement de l'obligation et d'une présentation de ses effets.***	-
Art. 1342-1. - Le paiement peut être fait même par une personne qui n'y est pas tenue, sauf refus légitime du créancier. • ***Reformulation du principe d'indifférence de la personnalité de l'auteur du paiement.***	**Art. 1236**. - Une obligation peut être acquittée par toute personne qui y est intéressée, telle qu'un coobligé ou une caution. L'obligation peut même être acquittée par un tiers qui n'y est point intéressé, pourvu que ce tiers agisse au nom et en l'acquit du débiteur, ou que, s'il agit en son nom propre, il ne soit pas subrogé aux droits du créancier. **Art. 1237**. - L'obligation de faire ne peut être acquittée par un tiers contre le gré du créancier, lorsque ce dernier a intérêt qu'elle soit remplie par le débiteur lui-même.

Rédaction issue de l'ordonnance n° 2016-131 du 10 février 2016 ou de la loi n° 2018-287 du 20 avril 2018	Rédaction antérieure à l'ordonnance n° 2016-131 du 10 février 2016
Art. 1342-2. - Le paiement doit être fait au créancier ou à la personne désignée pour le recevoir. Le paiement fait à une personne qui n'avait pas qualité pour le recevoir est néanmoins valable si le créancier le ratifie ou s'il en a profité. Le paiement fait à un créancier dans l'incapacité de contracter n'est pas valable, s'il n'en a tiré profit. • ***Reformulation des conditions de validité du paiement tenant à la personne de l'accipiens.***	**Art. 1239.** - Le paiement doit être fait au créancier, ou à quelqu'un ayant pouvoir de lui, ou qui soit autorisé par justice ou par la loi à recevoir pour lui. Le paiement fait à celui qui n'aurait pas pouvoir de recevoir pour le créancier, est valable, si celui-ci le ratifie ou s'il en a profité. **Art. 1241.** - Le paiement fait au créancier n'est point valable, s'il était incapable de le recevoir, à moins que le débiteur ne prouve que la chose payée a tourné au profit du créancier.
Art. 1342-3. - Le paiement fait de bonne foi à un créancier apparent est valable. • ***Reprise expresse de la théorie de l'apparence appliquée au paiement.***	**Art. 1240.** - Le paiement fait de bonne foi à celui qui est en possession de la créance est valable, encore que le possesseur en soit par la suite évincé.
Art. 1342-4. - Le créancier peut refuser un paiement partiel même si la prestation est divisible. Il peut accepter de recevoir en paiement autre chose que ce qui lui est dû. • ***Reformulation du droit du créancier de refuser un paiement partiel ou portant sur une autre chose que celle qui est due.***	**Art. 1243.** - Le créancier ne peut être contraint de recevoir une autre chose que celle qui lui est due, quoique la valeur de la chose offerte soit égale ou même plus grande. **Art. 1244.** - Le débiteur ne peut forcer le créancier à recevoir en partie le paiement d'une dette, même divisible.
Art. 1342-5. - Le débiteur d'une obligation de remettre un corps certain est libéré par sa remise au créancier en l'état, sauf à prouver, en cas de détérioration, que celle-ci n'est pas due à son fait ou à celui de personnes dont il doit répondre. • ***Reprise des règles sur le paiement par remise d'un corps certain et la charge des risques. Sur la qualité attendue d'une chose de genre, V. art. 1166.***	**Art. 1245.** - Le débiteur d'un corps certain et déterminé est libéré par la remise de la chose en l'état où elle se trouve lors de la livraison, pourvu que les détériorations qui y sont survenues ne viennent point de son fait ou de sa faute, ni de celle des personnes dont il est responsable, ou qu'avant ces détériorations il ne fût pas en demeure. **Art. 1246.** - Si la dette est d'une chose qui ne soit déterminée que par son espèce, le débiteur ne sera pas tenu, pour être libéré, de la donner de la meilleure espèce ; mais il ne pourra l'offrir de la plus mauvaise.

Rédaction issue de l'ordonnance n° 2016-131 du 10 février 2016 ou de la loi n° 2018-287 du 20 avril 2018	Rédaction antérieure à l'ordonnance n° 2016-131 du 10 février 2016
Art. 1342-6. - À défaut d'une autre désignation par la loi, le contrat ou le juge, le paiement doit être fait au domicile du débiteur. • ***Reprise partielle des règles de détermination du lieu du paiement. - V. aussi, art. 1343-4.***	**Art. 1247**. - Le paiement doit être exécuté dans le lieu désigné par la convention. Si le lieu n'y est pas désigné, le paiement, lorsqu'il s'agit d'un corps certain et déterminé, doit être fait dans le lieu où était, au temps de l'obligation, la chose qui en fait l'objet. Les aliments alloués en justice doivent être versés, sauf décision contraire du juge, au domicile ou à la résidence de celui qui doit les recevoir. Hors ces cas, le paiement doit être fait au domicile du débiteur.
Art. 1342-7. - Les frais du paiement sont à la charge du débiteur. • ***Reprise de l'attribution des frais de paiement au débiteur.***	**Art. 1248**. - Les frais de paiement sont à la charge du débiteur.
Art. 1342-8. - Le paiement se prouve par tout moyen. • ***Consécration de la liberté de preuve du paiement.***	-
Art. 1342-9. - La remise volontaire par le créancier au débiteur de l'original sous signature privée ou de la copie exécutoire du titre de sa créance vaut présomption simple de libération. La même remise à l'un des codébiteurs solidaires produit le même effet à l'égard de tous. • ***Renversement de la jurisprudence sur la force de la présomption de libération en cas de remise du titre de la créance.***	**Art. 1282**. - La remise volontaire du titre original sous signature privée, par le créancier au débiteur, fait preuve de la libération.
Art. 1342-10. - Le débiteur de plusieurs dettes peut indiquer, lorsqu'il paie, celle qu'il entend acquitter. À défaut d'indication par le débiteur, l'imputation a lieu comme suit : d'abord sur les dettes échues ; parmi celles-ci, sur les dettes que le débiteur avait le plus d'intérêt d'acquitter. À égalité d'intérêt, l'imputation se fait sur la plus ancienne ; toutes choses égales, elle se fait proportionnellement. • ***Reformulation des règles d'imputation des paiements en cas de pluralité de dettes.***	**Art. 1253**. - Le débiteur de plusieurs dettes a le droit de déclarer, lorsqu'il paye, quelle dette il entend acquitter. **Art. 1255**. - Lorsque le débiteur de diverses dettes a accepté une quittance par laquelle le créancier a imputé ce qu'il a reçu sur l'une de ces dettes spécialement, le débiteur ne peut plus demander l'imputation sur une dette différente, à moins qu'il n'y ait eu dol ou surprise de la part du créancier. **Art. 1256**. - Lorsque la quittance ne porte aucune imputation, le paiement doit être imputé sur la dette que le débiteur avait pour lors le plus d'intérêt d'acquitter entre celles qui sont pareillement échues ; sinon, sur la dette échue, quoique moins onéreuse que celles qui ne le sont point. Si les dettes sont d'égale nature, l'imputation se fait sur la plus ancienne ; toutes choses égales, elle se fait proportionnellement.

Rédaction issue de l'ordonnance n° 2016-131 du 10 février 2016 ou de la loi n° 2018-287 du 20 avril 2018	Rédaction antérieure à l'ordonnance n° 2016-131 du 10 février 2016
SOUS-SECTION 2. - DISPOSITIONS PARTICULIÈRES AUX OBLIGATIONS DE SOMMES D'ARGENT	
Art. 1343. - Le débiteur d'une obligation de somme d'argent se libère par le versement de son montant nominal. Le montant de la somme due peut varier par le jeu de l'indexation. Le débiteur d'une dette de valeur se libère par le versement de la somme d'argent résultant de sa liquidation. • ***Détermination du montant du paiement d'une obligation de somme d'argent : consécration du principe du nominalisme, sauf le jeu possible d'une indexation ou du mécanisme d'une dette de valeur.***	-
Art. 1343-1. - Lorsque l'obligation de somme d'argent porte intérêt, le débiteur se libère en versant le principal et les intérêts. Le paiement partiel s'impute d'abord sur les intérêts. L'intérêt est accordé par la loi ou stipulé dans le contrat. Le taux de l'intérêt conventionnel doit être fixé par écrit. Il est réputé annuel par défaut. • ***Formulation générale des conditions de la production d'intérêts, avec exigence d'un écrit pour le taux conventionnel (rappr. art. 1907). Reprise de la règle d'imputation d'un paiement partiel sur les intérêts.***	**Art. 1254**. - Le débiteur d'une dette qui porte intérêt ou produit des arrérages, ne peut point, sans le consentement du créancier, imputer le paiement qu'il fait sur le capital par préférence aux arrérages ou intérêts : le paiement fait sur le capital et intérêts, mais qui n'est point intégral, s'impute d'abord sur les intérêts.
Art. 1343-2. - Les intérêts échus, dus au moins pour une année entière, produisent intérêt si le contrat l'a prévu ou si une décision de justice le précise. • ***Reformulation des conditions de l'anatocisme.***	**Art. 1154**. - Les intérêts échus des capitaux peuvent produire des intérêts, ou par une demande judiciaire, ou par une convention spéciale, pourvu que, soit dans la demande, soit dans la convention, il s'agisse d'intérêts dus au moins pour une année entière.

Rédaction issue de l'ordonnance n° 2016-131 du 10 février 2016 ou de la loi n° 2018-287 du 20 avril 2018	Rédaction antérieure à l'ordonnance n° 2016-131 du 10 février 2016
Art. 1343-3 *(Rédaction en vigueur jusqu'au 30 septembre 2018). - Le paiement, en France, d'une obligation de somme d'argent s'effectue en euros. Toutefois, le paiement peut avoir lieu en une autre devise si l'obligation ainsi libellée procède d'un contrat international ou d'un jugement étranger.* **Art. 1343-3** ***(Rédaction en vigueur à compter du 1er octobre 2018)***. - Le paiement, en France, d'une obligation de somme d'argent s'effectue en euros. Toutefois, le paiement peut avoir lieu en une autre monnaie si l'obligation ainsi libellée procède d'une opération à caractère international ou d'un jugement étranger. Les parties peuvent convenir que le paiement aura lieu en devise s'il intervient entre professionnels, lorsque l'usage d'une monnaie étrangère est communément admis pour l'opération concernée. • ***Introduction de règles sur la détermination de la monnaie de paiement : cours légal exclusif de l'euro, sauf exceptions ; ajout d'une exception par la loi de ratification.***	-
Art. 1343-4. - À défaut d'une autre désignation par la loi, le contrat ou le juge, le lieu du paiement de l'obligation de somme d'argent est le domicile du créancier. • ***Inversion de la règle subsidiaire de détermination du lieu du paiement d'une somme d'argent : substitution du caractère portable au caractère quérable du paiement (comp. art. 1342-6).***	**Art. 1247**. - Le paiement doit être exécuté dans le lieu désigné par la convention. Si le lieu n'y est pas désigné, le paiement, lorsqu'il s'agit d'un corps certain et déterminé, doit être fait dans le lieu où était, au temps de l'obligation, la chose qui en fait l'objet. Les aliments alloués en justice doivent être versés, sauf décision contraire du juge, au domicile ou à la résidence de celui qui doit les recevoir. Hors ces cas, le paiement doit être fait au domicile du débiteur.

Rédaction issue de l'ordonnance n° 2016-131 du 10 février 2016 ou de la loi n° 2018-287 du 20 avril 2018	Rédaction antérieure à l'ordonnance n° 2016-131 du 10 février 2016
Art. 1343-5. - Le juge peut, compte tenu de la situation du débiteur et en considération des besoins du créancier, reporter ou échelonner, dans la limite de deux années, le paiement des sommes dues. Par décision spéciale et motivée, il peut ordonner que les sommes correspondant aux échéances reportées porteront intérêt à un taux réduit au moins égal au taux légal, ou que les paiements s'imputeront d'abord sur le capital. Il peut subordonner ces mesures à l'accomplissement par le débiteur d'actes propres à faciliter ou à garantir le paiement de la dette. La décision du juge suspend les procédures d'exécution qui auraient été engagées par le créancier. Les majorations d'intérêts ou les pénalités prévues en cas de retard ne sont pas encourues pendant le délai fixé par le juge. Toute stipulation contraire est réputée non écrite. Les dispositions du présent article ne sont pas applicables aux dettes d'aliment. • ***Reprise du pouvoir du juge d'accorder un délai de grâce au débiteur.***	**Art. 1244-1**. - Toutefois, compte tenu de la situation du débiteur et en considération des besoins du créancier, le juge peut, dans la limite de deux années, reporter ou échelonner le paiement des sommes dues. Par décision spéciale et motivée, le juge peut prescrire que les sommes correspondant aux échéances reportées porteront intérêt à un taux réduit qui ne peut être inférieur au taux légal ou que les paiements s'imputeront d'abord sur le capital. En outre, il peut subordonner ces mesures à l'accomplissement, par le débiteur, d'actes propres à faciliter ou à garantir le paiement de la dette. Les dispositions du présent article ne s'appliquent pas aux dettes d'aliments. **Art. 1244-2**. - La décision du juge, prise en application de l'article 1244-1, suspend les procédures d'exécution qui auraient été engagées par le créancier. Les majorations d'intérêts ou les pénalités encourues à raison du retard cessent d'être dues pendant le délai fixé par le juge. **Art. 1244-3**. - Toute stipulation contraire aux dispositions des articles 1244-1 et 1244-2 est réputée non écrite.
SOUS-SECTION 3. - LA MISE EN DEMEURE	
§ 1. - LA MISE EN DEMEURE DU DÉBITEUR	
Art. 1344. - Le débiteur est mis en demeure de payer soit par une sommation ou un acte portant interpellation suffisante, soit, si le contrat le prévoit, par la seule exigibilité de l'obligation. • ***Reprise des modalités de la mise en demeure.***	**Art. 1139**. - Le débiteur est constitué en demeure, soit par une sommation ou par autre acte équivalent, telle une lettre missive lorsqu'il ressort de ses termes une interpellation suffisante, soit par l'effet de la convention, lorsqu'elle porte que, sans qu'il soit besoin d'acte et par la seule échéance du terme, le débiteur sera en demeure.

Rédaction issue de l'ordonnance n° 2016-131 du 10 février 2016 ou de la loi n° 2018-287 du 20 avril 2018	Rédaction antérieure à l'ordonnance n° 2016-131 du 10 février 2016
Art. 1344-1. - La mise en demeure de payer une obligation de somme d'argent fait courir l'intérêt moratoire, au taux légal, sans que le créancier soit tenu de justifier d'un préjudice. • ***Reprise de la mise en demeure, seule condition du cours des intérêts moratoires pour toute obligation de somme d'argent.***	**Art. 1153**. - Dans les obligations qui se bornent au paiement d'une certaine somme, les dommages-intérêts résultant du retard dans l'exécution ne consistent jamais que dans la condamnation aux intérêts au taux légal, sauf les règles particulières au commerce et au cautionnement. Ces dommages et intérêts sont dus sans que le créancier soit tenu de justifier d'aucune perte. Ils ne sont dus que du jour de la sommation de payer, ou d'un autre acte équivalent telle une lettre missive s'il en ressort une interpellation suffisante, excepté dans le cas où la loi les fait courir de plein droit. Le créancier auquel son débiteur en retard a causé, par sa mauvaise foi, un préjudice indépendant de ce retard peut obtenir des dommages et intérêts distincts des intérêts moratoires de la créance.
Art. 1344-2. - La mise en demeure de délivrer une chose met les risques à la charge du débiteur, s'ils n'y sont déjà. • ***Reprise, avec modification, de l'effet d'une mise en demeure sur la charge des risques.***	**Art. 1138**. - L'obligation de livrer la chose est parfaite par le seul consentement des parties contractantes. Elle rend le créancier propriétaire et met la chose à ses risques dès l'instant où elle a dû être livrée, encore que la tradition n'en ait point été faite, à moins que le débiteur ne soit en demeure de la livrer ; auquel cas la chose reste aux risques de ce dernier. **Art. 1302 (al. 1 à 3)**. - Lorsque le corps certain et déterminé qui était l'objet de l'obligation vient à périr, est mis hors du commerce, ou se perd de manière qu'on en ignore absolument l'existence, l'obligation est éteinte si la chose a péri ou a été perdue sans la faute du débiteur, et avant qu'il fût en demeure. Lors même que le débiteur est en demeure, et s'il ne s'est pas chargé des cas fortuits, l'obligation est éteinte dans le cas où la chose fût également périe chez le créancier si elle lui eût été livrée. Le débiteur est tenu de prouver le cas fortuit qu'il allègue.

Rédaction issue de l'ordonnance n° 2016-131 du 10 février 2016 ou de la loi n° 2018-287 du 20 avril 2018	Rédaction antérieure à l'ordonnance n° 2016-131 du 10 février 2016
§ 2. - LA MISE EN DEMEURE DU CRÉANCIER	
Art. 1345. - Lorsque le créancier, à l'échéance et sans motif légitime, refuse de recevoir le paiement qui lui est dû ou l'empêche par son fait, le débiteur peut le mettre en demeure d'en accepter ou d'en permettre l'exécution. La mise en demeure du créancier arrête le cours des intérêts dus par le débiteur et met les risques de la chose à la charge du créancier, s'ils n'y sont déjà, sauf faute lourde ou dolosive du débiteur. Elle n'interrompt pas la prescription. • ***Introduction de dispositions sur la mise en demeure du créancier de recevoir le paiement.***	-
Art. 1345-1. - Si l'obstruction n'a pas pris fin dans les deux mois de la mise en demeure, le débiteur peut, lorsque l'obligation porte sur une somme d'argent, la consigner à la Caisse des dépôts et consignations ou, lorsque l'obligation porte sur la livraison d'une chose, séquestrer celle-ci auprès d'un gardien professionnel. Si le séquestre de la chose est impossible ou trop onéreux, le juge peut en autoriser la vente amiable ou aux enchères publiques. Déduction faite des frais de la vente, le prix en est consigné à la Caisse des dépôts et consignations. La consignation ou le séquestre libère le débiteur à compter de leur notification au créancier. • ***Remplacement des offres réelles par une procédure de consignation ou de séquestre lorsque l'obligation porte sur une chose ou sur une somme d'argent.***	**Art. 1257**. - Lorsque le créancier refuse de recevoir son paiement, le débiteur peut lui faire des offres réelles et, au refus du créancier de les accepter, consigner la somme ou la chose offerte. Les offres réelles suivies d'une consignation libèrent le débiteur ; elles tiennent lieu à son égard de paiement, lorsqu'elles sont valablement faites, et la chose ainsi consignée demeure aux risques du créancier. **Art. 1258**. - Pour que les offres réelles soient valables, il faut : 1° Qu'elles soient faites au créancier ayant la capacité de recevoir, ou à celui qui a pouvoir de recevoir pour lui ; 2° Qu'elles soient faites par une personne capable de payer ; 3° Qu'elles soient de la totalité de la somme exigible, des arrérages ou intérêts dus, des frais liquidés, et d'une somme pour les frais non liquidés, sauf à la parfaire ; 4° Que le terme soit échu, s'il a été stipulé en faveur du créancier ; 5° Que la condition sous laquelle la dette a été contractée soit arrivée ; 6° Que les offres soient faites au lieu dont on est convenu pour le paiement, et que, s'il n'y a pas de convention spéciale sur le lieu du paiement, elles soient faites ou à la personne du créancier, ou à son domicile, ou au domicile élu pour l'exécution de la convention ; 7° Que les offres soient faites par un officier ministériel ayant caractère pour ces sortes d'actes.

Rédaction issue de l'ordonnance n° 2016-131 du 10 février 2016 ou de la loi n° 2018-287 du 20 avril 2018	Rédaction antérieure à l'ordonnance n° 2016-131 du 10 février 2016
Art. 1345-2. - Lorsque l'obligation porte sur un autre objet, le débiteur est libéré si l'obstruction n'a pas cessé dans les deux mois de la mise en demeure. • ***Libération du débiteur passé deux mois si l'obligation porte sur un autre objet (qu'une somme d'argent ou une chose).***	-
Art. 1345-3. - Les frais de la mise en demeure et de la consignation ou du séquestre sont à la charge du créancier. • ***Reprise de la charge des frais pour le créancier.***	**Art. 1260**. - Les frais des offres réelles et de la consignation sont à la charge du créancier, si elles sont valables.
SOUS-SECTION 4. - LE PAIEMENT AVEC SUBROGATION	
Art. 1346. - La subrogation a lieu par le seul effet de la loi au profit de celui qui, y ayant un intérêt légitime, paie dès lors que son paiement libère envers le créancier celui sur qui doit peser la charge définitive de tout ou partie de la dette. • ***Formulation générale de la subrogation légale sans reprise de divers cas, mais sous condition d'un intérêt légitime.***	**Art. 1249**. - La subrogation dans les droits du créancier au profit d'une tierce personne qui le paye, est ou conventionnelle ou légale. **Art. 1251**. - La subrogation a lieu de plein droit : 1° Au profit de celui qui étant lui-même créancier paie un autre créancier qui lui est préférable à raison de ses privilèges ou hypothèques ; 2° Au profit de l'acquéreur d'un immeuble, qui emploie le prix de son acquisition au paiement des créanciers auxquels cet héritage était hypothéqué ; 3° Au profit de celui qui, étant tenu avec d'autres ou pour d'autres au paiement de la dette, avait intérêt de l'acquitter ; 4° Au profit de l'héritier acceptant à concurrence de l'actif net qui a payé de ses deniers les dettes de la succession ; 5° Au profit de celui qui a payé de ses deniers les frais.
Art. 1346-1. - La subrogation conventionnelle s'opère à l'initiative du créancier lorsque celui-ci, recevant son paiement d'une tierce personne, la subroge dans ses droits contre le débiteur. Cette subrogation doit être expresse. Elle doit être consentie en même temps que le paiement, à moins que, dans un acte antérieur, le subrogeant n'ait manifesté la volonté que son cocontractant lui soit subrogé lors du paiement. La concomitance de la subrogation et du paiement peut être prouvée par tous moyens. • ***Reprise de la subrogation conventionnelle, consentie par le créancier, avec modification de la formulation et complément.***	**Art. 1250**. - Cette subrogation est conventionnelle : 1° Lorsque le créancier recevant son paiement d'une tierce personne la subroge dans ses droits, actions, privilèges ou hypothèques contre le débiteur : cette subrogation doit être expresse et faite en même temps que le paiement ;

Rédaction issue de l'ordonnance n° 2016-131 du 10 février 2016 ou de la loi n° 2018-287 du 20 avril 2018	Rédaction antérieure à l'ordonnance n° 2016-131 du 10 février 2016
Art. 1346-2. - La subrogation a lieu également lorsque le débiteur, empruntant une somme à l'effet de payer sa dette, subroge le prêteur dans les droits du créancier avec le concours de celui-ci. En ce cas, la subrogation doit être expresse et la quittance donnée par le créancier doit indiquer l'origine des fonds. La subrogation peut être consentie sans le concours du créancier, mais à la condition que la dette soit échue ou que le terme soit en faveur du débiteur. Il faut alors que l'acte d'emprunt et la quittance soient passés devant notaire, que dans l'acte d'emprunt il soit déclaré que la somme a été empruntée pour faire le paiement, et que dans la quittance il soit déclaré que le paiement a été fait des sommes versées à cet effet par le nouveau créancier. • ***Reprise de la subrogation conventionnelle consentie par le débiteur, avec diversification et modification.***	**Art. 1250**. - Cette subrogation est conventionnelle : 1° Lorsque le créancier recevant son paiement d'une tierce personne la subroge dans ses droits, actions, privilèges ou hypothèques contre le débiteur : cette subrogation doit être expresse et faite en même temps que le paiement ; 2° Lorsque le débiteur emprunte une somme à l'effet de payer sa dette, et de subroger le prêteur dans les droits du créancier. Il faut pour que cette subrogation soit valable, que l'acte d'emprunt et la quittance soient passés devant notaires ; que dans l'acte d'emprunt il soit déclaré que la somme a été empruntée pour faire le paiement, et que dans la quittance il soit déclaré que le paiement a été fait des deniers fournis à cet effet par le nouveau créancier. Cette subrogation s'opère sans le concours de la volonté du créancier.
Art. 1346-3. - La subrogation ne peut nuire au créancier lorsqu'il n'a été payé qu'en partie ; en ce cas, il peut exercer ses droits, pour ce qui lui reste dû, par préférence à celui dont il n'a reçu qu'un paiement partiel. • ***Reprise de la règle traditionnelle en cas de paiement partiel.***	**Art. 1252**. - La subrogation établie par les articles précédents a lieu, tant contre les cautions que contre les débiteurs : elle ne peut nuire au créancier lorsqu'il n'a été payé qu'en partie ; en ce cas, il peut exercer ses droits, pour ce qui lui reste dû, par préférence à celui dont il n'a reçu qu'un paiement partiel.
Art. 1346-4. - La subrogation transmet à son bénéficiaire, dans la limite de ce qu'il a payé, la créance et ses accessoires, à l'exception des droits exclusivement attachés à la personne du créancier. Toutefois, le subrogé n'a droit qu'à l'intérêt légal à compter d'une mise en demeure, s'il n'a convenu avec le débiteur d'un nouvel intérêt. Ces intérêts sont garantis par les sûretés attachées à la créance, dans les limites, lorsqu'elles ont été constituées par des tiers, de leurs engagements initiaux s'ils ne consentent à s'obliger au-delà. • ***Intégration de solutions sur les effets de la subrogation : transmission de la créance et de ses accessoires, à hauteur du paiement ; limites du droit aux intérêts du subrogé.***	-

Rédaction issue de l'ordonnance n° 2016-131 du 10 février 2016 ou de la loi n° 2018-287 du 20 avril 2018	Rédaction antérieure à l'ordonnance n° 2016-131 du 10 février 2016
Art. 1346-5. - Le débiteur peut invoquer la subrogation dès qu'il en a connaissance mais elle ne peut lui être opposée que si elle lui a été notifiée ou s'il en a pris acte. La subrogation est opposable aux tiers dès le paiement. Le débiteur peut opposer au créancier subrogé les exceptions inhérentes à la dette, telles que la nullité, l'exception d'inexécution, la résolution ou la compensation de dettes connexes. Il peut également lui opposer les exceptions nées de ses rapports avec le subrogeant avant que la subrogation lui soit devenue opposable, telles que l'octroi d'un terme, la remise de dette ou la compensation de dettes non connexes. • ***Conséquences de la subrogation à l'égard du débiteur, du créancier et des tiers.***	-
SECTION II. - LA COMPENSATION	
SOUS-SECTION 1. - RÈGLES GÉNÉRALES	
Art. 1347. - La compensation est l'extinction simultanée d'obligations réciproques entre deux personnes. Elle s'opère, sous réserve d'être invoquée, à due concurrence, à la date où ses conditions se trouvent réunies. • ***Reformulation de la définition de la compensation, avec précisions sur la manière dont elle s'opère et sa date d'effet.***	**Art. 1289**. - Lorsque deux personnes se trouvent débitrices l'une envers l'autre, il s'opère entre elles une compensation qui éteint les deux dettes, de la manière et dans les cas ci-après exprimés. **Art. 1290**. - La compensation s'opère de plein droit par la seule force de la loi, même à l'insu des débiteurs ; les deux dettes s'éteignent réciproquement, à l'instant où elles se trouvent exister à la fois, jusqu'à concurrence de leurs quotités respectives.
Art. 1347-1. - Sous réserve des dispositions prévues à la sous-section suivante, la compensation n'a lieu qu'entre deux obligations fongibles, certaines, liquides et exigibles. Sont fongibles les obligations de somme d'argent, même en différentes devises, pourvu qu'elles soient convertibles, ou celles qui ont pour objet une quantité de choses de même genre. • ***Reprise des conditions de la compensation légale, avec modernisation.***	**Art. 1291**. - La compensation n'a lieu qu'entre deux dettes qui ont également pour objet une somme d'argent, ou une certaine quantité de choses fongibles de la même espèce et qui sont également liquides et exigibles. Les prestations en grains et denrées, non contestées, et dont le prix est réglé par les mercuriales, peuvent se compenser avec des sommes liquides et exigibles.

Rédaction issue de l'ordonnance n° 2016-131 du 10 février 2016 ou de la loi n° 2018-287 du 20 avril 2018	Rédaction antérieure à l'ordonnance n° 2016-131 du 10 février 2016
Art. 1347-2. - Les créances insaisissables et les obligations de restitution d'un dépôt, d'un prêt à usage ou d'une chose dont le propriétaire a été injustement privé ne sont compensables que si le créancier y consent. • ***Reprise, avec modification, de l'énumération des obligations en principe non compensables.***	**Art. 1293**. - La compensation a lieu, quelles que soient les causes de l'une ou l'autre des dettes, excepté dans le cas : 1° De la demande en restitution d'une chose dont le propriétaire a été injustement dépouillé ; 2° De la demande en restitution d'un dépôt et du prêt à usage ; 3° D'une dette qui a pour cause des aliments déclarés insaisissables.
Art. 1347-3. - Le délai de grâce ne fait pas obstacle à la compensation. • ***Reprise de l'indifférence du délai de grâce quant à la compensation.***	**Art. 1292**. - Le terme de grâce n'est point un obstacle à la compensation.
Art. 1347-4. - S'il y a plusieurs dettes compensables, les règles d'imputation des paiements sont transposables. • ***Reprise des règles d'imputation en cas de pluralité de dettes compensables.***	**Art. 1297**. - Lorsqu'il y a plusieurs dettes compensables dues par la même personne, on suit, pour la compensation, les règles établies pour l'imputation par l'article 1256.
Art. 1347-5. - Le débiteur qui a pris acte sans réserve de la cession de la créance ne peut opposer au cessionnaire la compensation qu'il eût pu opposer au cédant. • ***Reprise de l'effet de l'acceptation d'une cession de créance.***	**Art. 1295**. - Le débiteur qui a accepté purement et simplement la cession qu'un créancier a faite de ses droits à un tiers, ne peut plus opposer au cessionnaire la compensation qu'il eût pu, avant l'acceptation, opposer au cédant. À l'égard de la cession qui n'a point été acceptée par le débiteur, mais qui lui a été signifiée, elle n'empêche que la compensation des créances postérieures à cette notification.
Art. 1347-6 *(Rédaction en vigueur jusqu'au 30 septembre 2018). - La caution peut opposer au créancier la compensation intervenue entre ce dernier et le débiteur principal.* *Le codébiteur solidaire peut se prévaloir de la compensation intervenue entre le créancier et l'un de ses coobligés pour faire déduire la part divise de celui-ci du total de la dette.* **Art. 1347-6** ***(Rédaction en vigueur à compter du 1er octobre 2018)***. - La caution peut opposer la compensation de ce que le créancier doit au débiteur principal. Le codébiteur solidaire peut se prévaloir de la compensation de ce que le créancier doit à l'un de ses coobligés pour faire déduire la part divise de celui-ci du total de la dette. • ***Reprise de l'opposabilité de la compensation par la caution et modification de la solution en cas de solidarité. Modification (à caractère interprétatif) de la formulation par la loi de ratification.***	**Art. 1294**. - La caution peut opposer la compensation de ce que le créancier doit au débiteur principal ; Mais le débiteur principal ne peut opposer la compensation de ce que le créancier doit à la caution. Le débiteur solidaire ne peut pareillement opposer la compensation de ce que le créancier doit à son codébiteur.

Rédaction issue de l'ordonnance n° 2016-131 du 10 février 2016 ou de la loi n° 2018-287 du 20 avril 2018	Rédaction antérieure à l'ordonnance n° 2016-131 du 10 février 2016
Art. 1347-7. - La compensation ne préjudicie pas aux droits acquis par des tiers. • ***Reprise, sous une forme condensée, de la protection des tiers.***	**Art. 1298**. - La compensation n'a pas lieu au préjudice des droits acquis à un tiers. Ainsi celui qui, étant débiteur, est devenu créancier depuis la saisie faite par un tiers entre ses mains ne peut, au préjudice du saisissant, opposer la compensation. **Art. 1299**. - Celui qui a payé une dette, qui était, de droit, éteinte par la compensation, ne peut plus, en exerçant la créance dont il n'a point opposé la compensation, se prévaloir, au préjudice des tiers, des privilèges ou hypothèques qui y étaient attachés, à moins qu'il n'ait eu une juste cause d'ignorer la créance qui devait compenser sa dette.
SOUS-SECTION 2. - RÈGLES PARTICULIÈRES	
Art. 1348. - La compensation peut être prononcée en justice, même si l'une des obligations, quoique certaine, n'est pas encore liquide ou exigible. À moins qu'il n'en soit décidé autrement, la compensation produit alors ses effets à la date de la décision. • ***Consécration de la compensation judiciaire.***	-
Art. 1348-1. - Le juge ne peut refuser la compensation de dettes connexes au seul motif que l'une des obligations ne serait pas liquide ou exigible. Dans ce cas, la compensation est réputée s'être produite au jour de l'exigibilité de la première d'entre elles. Dans le même cas, l'acquisition de droits par un tiers sur l'une des obligations n'empêche pas son débiteur d'opposer la compensation. • ***Consécration de la connexité comme substitut de la liquidité et de l'exigibilité.***	-
Art. 1348-2. - Les parties peuvent librement convenir d'éteindre toutes obligations réciproques, présentes ou futures, par une compensation ; celle-ci prend effet à la date de leur accord ou, s'il s'agit d'obligations futures, à celle de leur coexistence. • ***Consécration de la compensation conventionnelle.***	-
SECTION III. - LA CONFUSION	
Art. 1349. - La confusion résulte de la réunion des qualités de créancier et de débiteur d'une même obligation dans la même personne. Elle éteint la créance et ses accessoires, sous réserve des droits acquis par ou contre des tiers. • ***Reformulation de la définition et des effets de la confusion.***	**Art. 1300**. - Lorsque les qualités de créancier et de débiteur se réunissent dans la même personne, il se fait une confusion de droit qui éteint les deux créances.

Rédaction issue de l'ordonnance n° 2016-131 du 10 février 2016 ou de la loi n° 2018-287 du 20 avril 2018	Rédaction antérieure à l'ordonnance n° 2016-131 du 10 février 2016
Art. 1349-1. - Lorsqu'il y a solidarité entre plusieurs débiteurs ou entre plusieurs créanciers, et que la confusion ne concerne que l'un d'eux, l'extinction n'a lieu, à l'égard des autres, que pour sa part. Lorsque la confusion concerne une obligation cautionnée, la caution, même solidaire, est libérée. Lorsque la confusion concerne l'obligation d'une des cautions, le débiteur principal n'est pas libéré. Les autres cautions solidaires sont libérées à concurrence de la part de cette caution. • ***Reformulation des effets de la confusion en cas de solidarité et de cautionnement.***	**Art. 1209**. - Lorsque l'un des débiteurs devient héritier unique du créancier, ou lorsque le créancier devient l'unique héritier de l'un des débiteurs, la confusion n'éteint la créance solidaire que pour la part et portion du débiteur ou du créancier. **Art. 1301**. - La confusion qui s'opère dans la personne du débiteur principal profite à ses cautions ; Celle qui s'opère dans la personne de la caution n'entraîne point l'extinction de l'obligation principale ; Celle qui s'opère dans la personne du créancier ne profite à ses codébiteurs solidaires que pour la portion dont il était débiteur.
SECTION IV. - LA REMISE DE DETTE	
Art. 1350. - La remise de dette est le contrat par lequel le créancier libère le débiteur de son obligation. • ***Introduction d'une définition de la remise de dette.***	-
Art. 1350-1. - La remise de dette consentie à l'un des codébiteurs solidaires libère les autres à concurrence de sa part. La remise de dette faite par l'un seulement des créanciers solidaires ne libère le débiteur que pour la part de ce créancier. • ***Effet de la remise de dette en cas de solidarité.***	**Art. 1198**. - Il est au choix du débiteur de payer à l'un ou l'autre des créanciers solidaires, tant qu'il n'a pas été prévenu par les poursuites de l'un d'eux. Néanmoins, la remise qui n'est faite que par l'un des créanciers solidaires ne libère le débiteur que pour la part de ce créancier. **Art. 1285**. - La remise ou décharge conventionnelle au profit de l'un des codébiteurs solidaires libère tous les autres, à moins que le créancier n'ait expressément réservé ses droits contre ces derniers. Dans ce dernier cas, il ne peut plus répéter la dette que déduction faite de la part de celui auquel il a fait la remise. **Art. 1286**. - La remise de la chose donnée en gage ou en nantissement ne suffit point pour présumer la remise de la dette.

Rédaction issue de l'ordonnance n° 2016-131 du 10 février 2016 ou de la loi n° 2018-287 du 20 avril 2018	Rédaction antérieure à l'ordonnance n° 2016-131 du 10 février 2016
Art. 1350-2. - La remise de dette accordée au débiteur principal libère les cautions, même solidaires. La remise consentie à l'une des cautions solidaires ne libère pas le débiteur principal, mais libère les autres à concurrence de sa part. Ce que le créancier a reçu d'une caution pour la décharge de son cautionnement doit être imputé sur la dette et décharger le débiteur principal à proportion. Les autres cautions ne restent tenues que déduction faite de la part de la caution libérée ou de la valeur fournie si elle excède cette part. • ***Reformulation des effets de la remise de dette en cas de cautionnement.***	**Art. 1287**. - La remise ou décharge conventionnelle accordée au débiteur principal libère les cautions ; Celle accordée à la caution ne libère pas le débiteur principal ; Celle accordée à l'une des cautions ne libère pas les autres. **Art. 1288**. - Ce que le créancier a reçu d'une caution pour la décharge de son cautionnement, doit être imputé sur la dette, et tourner à la décharge du débiteur principal et des autres cautions.
SECTION V. - L'IMPOSSIBILITÉ D'EXÉCUTER	
Art. 1351. - L'impossibilité d'exécuter la prestation libère le débiteur à due concurrence lorsqu'elle procède d'un cas de force majeure et qu'elle est définitive, à moins qu'il n'ait convenu de s'en charger ou qu'il ait été préalablement mis en demeure. • ***Reformulation avec élargissement du principe d'extinction de l'obligation en cas de force majeure.***	**Art. 1302**. - (al. 1er) Lorsque le corps certain et déterminé qui était l'objet de l'obligation vient à périr, est mis hors du commerce, ou se perd de manière qu'on en ignore absolument l'existence, l'obligation est éteinte si la chose a péri ou a été perdue sans la faute du débiteur, et avant qu'il fût en demeure. (al. 3) Le débiteur est tenu de prouver le cas fortuit qu'il allègue. (al. 4) De quelque manière que la chose volée ait péri, ou ait été perdue, sa perte ne dispense pas celui qui l'a soustraite, de la restitution du prix.
Art. 1351-1. - Lorsque l'impossibilité d'exécuter résulte de la perte de la chose due, le débiteur mis en demeure est néanmoins libéré s'il prouve que la perte se serait pareillement produite si l'obligation avait été exécutée. Il est cependant tenu de céder à son créancier les droits et actions attachés à la chose. • ***Reprise d'une certaine possibilité de libération du débiteur même en cas de perte de la chose due après mise en demeure.***	**Art. 1302, al. 2**. - Lors même que le débiteur est en demeure, et s'il ne s'est pas chargé des cas fortuits, l'obligation est éteinte dans le cas où la chose fût également périe chez le créancier si elle lui eût été livrée. **Art. 1303**. - Lorsque la chose est périe, mise hors du commerce ou perdue, sans la faute du débiteur, il est tenu, s'il y a quelques droits ou actions en indemnité par rapport à cette chose, de les céder à son créancier.

Rédaction issue de l'ordonnance n° 2016-131 du 10 février 2016 ou de la loi n° 2018-287 du 20 avril 2018	Rédaction antérieure à l'ordonnance n° 2016-131 du 10 février 2016
CHAPITRE V. - LES RESTITUTIONS	
Art. 1352. - La restitution d'une chose autre que d'une somme d'argent a lieu en nature ou, lorsque cela est impossible, en valeur, estimée au jour de la restitution. • ***Reprise avec généralisation du principe de la restitution en nature et subsidiairement, en cas d'impossibilité, en valeur.***	**Art. 1379**. - Si la chose indûment reçue est un immeuble ou un meuble corporel, celui qui l'a reçue s'oblige à la restituer en nature, si elle existe, ou sa valeur, si elle est périe ou détériorée par sa faute ; il est même garant de sa perte par cas fortuit, s'il l'a reçue de mauvaise foi.
Art. 1352-1. - Celui qui restitue la chose répond des dégradations et détériorations qui en ont diminué la valeur, à moins qu'il ne soit de bonne foi et que celles-ci ne soient pas dues à sa faute. • ***Intégration d'une règle sur les conséquences des dégradations de la chose restituée en nature.***	-
Art. 1352-2. - Celui qui l'ayant reçue de bonne foi a vendu la chose ne doit restituer que le prix de la vente. S'il l'a reçue de mauvaise foi, il en doit la valeur au jour de la restitution lorsqu'elle est supérieure au prix. • ***Reprise de l'hypothèse où la chose à restituer a été vendue.***	**Art. 1380**. - Si celui qui a reçu de bonne foi a vendu la chose, il ne doit restituer que le prix de la vente.
Art. 1352-3. - La restitution inclut les fruits et la valeur de la jouissance que la chose a procurée. La valeur de la jouissance est évaluée par le juge au jour où il se prononce. Sauf stipulation contraire, la restitution des fruits, s'ils ne se retrouvent pas en nature, a lieu selon une valeur estimée à la date du remboursement, suivant l'état de la chose au jour du paiement de l'obligation. • ***Introduction d'une règle sur la restitution des fruits et de la valeur de la jouissance de la chose à restituer.***	-

Rédaction issue de l'ordonnance n° 2016-131 du 10 février 2016 ou de la loi n° 2018-287 du 20 avril 2018	Rédaction antérieure à l'ordonnance n° 2016-131 du 10 février 2016
Art. 1352-4 *(Rédaction en vigueur jusqu'au 30 septembre 2018). - Les restitutions dues à un mineur non émancipé ou à un majeur protégé sont réduites à proportion du profit qu'il a retiré de l'acte annulé.* **Art. 1352-4** ***(Rédaction en vigueur à compter du 1er octobre 2018).*** - Les restitutions dues par un mineur non émancipé ou par un majeur protégé sont réduites à hauteur du profit qu'il a retiré de l'acte annulé. • ***Reformulation, avec inversion de la présentation, de la règle sur les restitutions dues par une personne protégée ; réduction selon le profit retiré. Rectification par la loi de ratification (avec un caractère interprétatif) d'une erreur de rédaction par l'ordonnance.***	**Art. 1312**. - Lorsque les mineurs ou les majeurs en tutelle sont admis, en ces qualités, à se faire restituer contre leurs engagements, le remboursement de ce qui aurait été, en conséquence de ces engagements, payé pendant la minorité ou la tutelle des majeurs, ne peut en être exigé, à moins qu'il ne soit prouvé que ce qui a été payé a tourné à leur profit.
Art. 1352-5. - Pour fixer le montant des restitutions, il est tenu compte à celui qui doit restituer des dépenses nécessaires à la conservation de la chose et de celles qui en ont augmenté la valeur, dans la limite de la plus-value estimée au jour de la restitution. • ***Généralisation de la règle sur le sort de dépenses nécessaires ou utiles.***	**Art. 1381**. - Celui auquel la chose est restituée, doit tenir compte, même au possesseur de mauvaise foi, de toutes les dépenses nécessaires et utiles qui ont été faites pour la conservation de la chose.
Art. 1352-6. - La restitution d'une somme d'argent inclut les intérêts au taux légal et les taxes acquittées entre les mains de celui qui l'a reçue. • ***Intégration d'une règle sur les intérêts d'une somme d'argent à restituer.***	-
Art. 1352-7. - Celui qui a reçu de mauvaise foi doit les intérêts, les fruits qu'il a perçus ou la valeur de la jouissance à compter du paiement. Celui qui a reçu de bonne foi ne les doit qu'à compter du jour de la demande. • ***Reformulation de l'incidence de la bonne ou mauvaise foi du débiteur d'une restitution.***	**Art. 1378**. - S'il y a eu mauvaise foi de la part de celui qui a reçu, il est tenu de restituer, tant le capital que les intérêts ou les fruits, du jour du paiement.
Art. 1352-8. - La restitution d'une prestation de service a lieu en valeur. Celle-ci est appréciée à la date à laquelle elle a été fournie. • ***Intégration d'une règle sur la restitution, en valeur, d'une prestation de service.***	-

Rédaction issue de l'ordonnance n° 2016-131 du 10 février 2016 ou de la loi n° 2018-287 du 20 avril 2018	Rédaction antérieure à l'ordonnance n° 2016-131 du 10 février 2016
Art. 1352-9. - Les sûretés constituées pour le paiement de l'obligation sont reportées de plein droit sur l'obligation de restituer sans toutefois que la caution soit privée du bénéfice du terme. • ***Intégration d'une règle sur le maintien des sûretés et leur report en garantie de la restitution.***	-
TITRE IV *BIS*. - DE LA PREUVE DES OBLIGATIONS	
CHAPITRE Ier. - DISPOSITIONS GÉNÉRALES	
Art. 1353. - Celui qui réclame l'exécution d'une obligation doit la prouver. Réciproquement, celui qui se prétend libéré doit justifier le paiement ou le fait qui a produit l'extinction de son obligation. • ***Reprise, à la lettre, des règles d'attribution de la charge de la preuve.***	**Art. 1315**. - Celui qui réclame l'exécution d'une obligation doit la prouver. Réciproquement, celui qui se prétend libéré doit justifier le paiement ou le fait qui a produit l'extinction de son obligation.
Art. 1354. - La présomption que la loi attache à certains actes ou à certains faits en les tenant pour certains dispense celui au profit duquel elle existe d'en rapporter la preuve. Elle est dite simple, lorsque la loi réserve la preuve contraire, et peut alors être renversée par tout moyen de preuve ; elle est dite mixte, lorsque la loi limite les moyens par lesquels elle peut être renversée ou l'objet sur lequel elle peut être renversée ; elle est dite irréfragable lorsqu'elle ne peut être renversée. • ***Définition de la présomption légale et présentation de ses diverses variétés.***	**Art. 1350**. - La présomption légale est celle qui est attachée par une loi spéciale à certains actes ou à certains faits ; tels sont : 1° Les actes que la loi déclare nuls, comme présumés faits en fraude de ses dispositions, d'après leur seule qualité ; 2° Les cas dans lesquels la loi déclare la propriété ou la libération résulter de certaines circonstances déterminées ; 3° L'autorité que la loi attribue à la chose jugée ; 4° La force que la loi attache à l'aveu de la partie ou à son serment. **Art. 1352**. - La présomption légale dispense de toute preuve celui au profit duquel elle existe. Nulle preuve n'est admise contre la présomption de la loi, lorsque, sur le fondement de cette présomption, elle annule certains actes ou dénie l'action en justice, à moins qu'elle n'ait réservé la preuve contraire et sauf ce qui sera dit sur le serment et l'aveu judiciaires.
Art. 1355. - L'autorité de la chose jugée n'a lieu qu'à l'égard de ce qui a fait l'objet du jugement. Il faut que la chose demandée soit la même ; que la demande soit fondée sur la même cause ; que la demande soit entre les mêmes parties, et formée par elles et contre elles en la même qualité. • ***Reprise, à la lettre, de l'autorité de la chose jugée.***	**Art. 1351**. - L'autorité de la chose jugée n'a lieu qu'à l'égard de ce qui a fait l'objet du jugement. Il faut que la chose demandée soit la même ; que la demande soit fondée sur la même cause ; que la demande soit entre les mêmes parties, et formée par elles et contre elles en la même qualité.

Rédaction issue de l'ordonnance n° 2016-131 du 10 février 2016 ou de la loi n° 2018-287 du 20 avril 2018	Rédaction antérieure à l'ordonnance n° 2016-131 du 10 février 2016
Art. 1356. - Les contrats sur la preuve sont valables lorsqu'ils portent sur des droits dont les parties ont la libre disposition. Néanmoins, ils ne peuvent contredire les présomptions irréfragables établies par la loi, ni modifier la foi attachée à l'aveu ou au serment. Ils ne peuvent davantage établir au profit de l'une des parties une présomption irréfragable. • ***Consécration du principe de validité des contrats sur la preuve.***	-
Art. 1357. - L'administration judiciaire de la preuve et les contestations qui s'y rapportent sont régies par le Code de procédure civile. • ***Renvoi au Code de procédure civile pour l'administration judiciaire de la preuve.***	-
CHAPITRE II. - L'ADMISSIBILITÉ DES MODES DE PREUVE	
Art. 1358. - Hors les cas où la loi en dispose autrement, la preuve peut être apportée par tout moyen. • ***Formulation d'un principe de liberté de preuve, là où la loi ne dit rien.***	**Art. 1348, al. 1er**. - Les règles ci-dessus reçoivent encore exception lorsque l'obligation est née d'un quasi-contrat, d'un délit ou d'un quasi-délit, ou lorsque l'une des parties, soit n'a pas eu la possibilité matérielle ou morale de se procurer une preuve littérale de l'acte juridique, soit a perdu le titre qui lui servait de preuve littérale, par suite d'un cas fortuit ou d'une force majeure.
Art. 1359. - L'acte juridique portant sur une somme ou une valeur excédant un montant fixé par décret doit être prouvé par écrit sous signature privée ou authentique. Il ne peut être prouvé outre ou contre un écrit établissant un acte juridique, même si la somme ou la valeur n'excède pas ce montant, que par un autre écrit sous signature privée ou authentique. Celui dont la créance excède le seuil mentionné au premier alinéa ne peut pas être dispensé de la preuve par écrit en restreignant sa demande. Il en est de même de celui dont la demande, même inférieure à ce montant, porte sur le solde ou sur une partie d'une créance supérieure à ce montant. • ***Reformulation du principe de la preuve par écrit des actes juridiques au-delà d'un certain seuil.***	**Art. 1341**. - Il doit être passé acte devant notaires ou sous signatures privées de toutes choses excédant une somme ou une valeur fixée par décret, même pour dépôts volontaires, et il n'est reçu aucune preuve par témoins contre et outre le contenu aux actes, ni sur ce qui serait allégué avoir été dit avant, lors ou depuis les actes, encore qu'il s'agisse d'une somme ou valeur moindre. Le tout sans préjudice de ce qui est prescrit dans les lois relatives au commerce. **Art. 1343**. - Celui qui a formé une demande excédant le chiffre prévu à l'article 1341 ne peut plus être admis à la preuve testimoniale, même en restreignant sa demande primitive. **Art. 1344**. - La preuve testimoniale, sur la demande d'une somme même inférieure à celle qui est prévue à l'article 1341 ne peut être admise lorsque cette somme est déclarée être le restant ou faire partie d'une créance plus forte qui n'est point prouvée par écrit.

Rédaction issue de l'ordonnance n° 2016-131 du 10 février 2016 ou de la loi n° 2018-287 du 20 avril 2018	Rédaction antérieure à l'ordonnance n° 2016-131 du 10 février 2016
Art. 1360. - Les règles prévues à l'article précédent reçoivent exception en cas d'impossibilité matérielle ou morale de se procurer un écrit, s'il est d'usage de ne pas établir un écrit, ou lorsque l'écrit a été perdu par force majeure. • ***Reformulation des exceptions à l'exigence d'un écrit pour la preuve d'un acte juridique.***	**Art. 1348, al. 1er**. - Les règles ci-dessus reçoivent encore exception lorsque l'obligation est née d'un quasi-contrat, d'un délit ou d'un quasi-délit, ou lorsque l'une des parties, soit n'a pas eu la possibilité matérielle ou morale de se procurer une preuve littérale de l'acte juridique, soit à perdu le titre qui lui servait de preuve littérale, par suite d'un cas fortuit ou d'une force majeure.
Art. 1361. - Il peut être suppléé à l'écrit par l'aveu judiciaire, le serment décisoire ou un commencement de preuve par écrit corroboré par un autre moyen de preuve. • ***Enumération des modes de preuve équivalents à l'écrit.***	-
Art. 1362. - Constitue un commencement de preuve par écrit tout écrit qui, émanant de celui qui conteste un acte ou de celui qu'il représente, rend vraisemblable ce qui est allégué. Peuvent être considérés par le juge comme équivalant à un commencement de preuve par écrit les déclarations faites par une partie lors de sa comparution personnelle, son refus de répondre ou son absence à la comparution. La mention d'un écrit authentique ou sous signature privée sur un registre public vaut commencement de preuve par écrit. • ***Reprise de la définition du commencement de preuve par écrit avec un complément.***	**Art. 1347**. - Les règles ci-dessus reçoivent exception lorsqu'il existe un commencement de preuve par écrit. On appelle ainsi tout acte par écrit qui est émané de celui contre lequel la demande est formée, ou de celui qu'il représente, et qui rend vraisemblable le fait allégué. Peuvent être considérées par le juge comme équivalant à un commencement de preuve par écrit les déclarations faites par une partie lors de sa comparution personnelle, son refus de répondre ou son absence à la comparution.
CHAPITRE III. - LES DIFFÉRENTS MODES DE PREUVE	
SECTION I. - LA PREUVE PAR ÉCRIT	
SOUS-SECTION 1. - DISPOSITIONS GÉNÉRALES	
Art. 1363. - Nul ne peut se constituer de titre à soi-même. • ***Consécration de la jurisprudence qui a dégagé le principe que nul ne peut se constituer une preuve à soi-même.***	-
Art. 1364. - La preuve d'un acte juridique peut être préconstituée par un écrit en la forme authentique ou sous signature privée. • ***Les deux types d'écrit probatoire.***	-

Rédaction issue de l'ordonnance n° 2016-131 du 10 février 2016 ou de la loi n° 2018-287 du 20 avril 2018	Rédaction antérieure à l'ordonnance n° 2016-131 du 10 février 2016
Art. 1365. - L'écrit consiste en une suite de lettres, de caractères, de chiffres ou de tous autres signes ou symboles dotés d'une signification intelligible, quel que soit leur support. • ***Définition de l'écrit probatoire.***	**Art. 1316**. - La preuve littérale, ou preuve par écrit, résulte d'une suite de lettres, de caractères, de chiffres ou de tous autres signes ou symboles dotés d'une signification intelligible, quels que soient leur support et leurs modalités de transmission.
Art. 1366. - L'écrit électronique a la même force probante que l'écrit sur support papier, sous réserve que puisse être dûment identifiée la personne dont il émane et qu'il soit établi et conservé dans des conditions de nature à en garantir l'intégrité. • ***Reprise de l'équivalence de l'écrit électronique et de l'écrit sur support papier.***	**Art. 1316-1**. - L'écrit sous forme électronique est admis en preuve au même titre que l'écrit sur support papier, sous réserve que puisse être dûment identifiée la personne dont il émane et qu'il soit établi et conservé dans des conditions de nature à en garantir l'intégrité. **Art. 1316-3**. - L'écrit sur support électronique a la même force probante que l'écrit sur support papier.
Art. 1367. - La signature nécessaire à la perfection d'un acte juridique identifie son auteur. Elle manifeste son consentement aux obligations qui découlent de cet acte. Quand elle est apposée par un officier public, elle confère l'authenticité à l'acte. Lorsqu'elle est électronique, elle consiste en l'usage d'un procédé fiable d'identification garantissant son lien avec l'acte auquel elle s'attache. La fiabilité de ce procédé est présumée, jusqu'à preuve contraire, lorsque la signature électronique est créée, l'identité du signataire assurée et l'intégrité de l'acte garantie, dans des conditions fixées par décret en Conseil d'État. • ***Reprise de la définition de la signature.***	**Art. 1316-4**. - La signature nécessaire à la perfection d'un acte juridique identifie celui qui l'appose. Elle manifeste le consentement des parties aux obligations qui découlent de cet acte. Quand elle est apposée par un officier public, elle confère l'authenticité à l'acte. Lorsqu'elle est électronique, elle consiste en l'usage d'un procédé fiable d'identification garantissant son lien avec l'acte auquel elle s'attache. La fiabilité de ce procédé est présumée, jusqu'à preuve contraire, lorsque la signature électronique est créée, l'identité du signataire assurée et l'intégrité de l'acte garantie, dans des conditions fixées par décret en Conseil d'État.
Art. 1368. - À défaut de dispositions ou de conventions contraires, le juge règle les conflits de preuve par écrit en déterminant par tout moyen le titre le plus vraisemblable. • ***Reprise du règlement des conflits de preuves écrites.***	**Art. 1316-2**. - Lorsque la loi n'a pas fixé d'autres principes, et à défaut de convention valable entre les parties, le juge règle les conflits de preuve littérale en déterminant par tous moyens le titre le plus vraisemblable, quel qu'en soit le support.

Rédaction issue de l'ordonnance n° 2016-131 du 10 février 2016 ou de la loi n° 2018-287 du 20 avril 2018	Rédaction antérieure à l'ordonnance n° 2016-131 du 10 février 2016
SOUS-SECTION 2. - L'ACTE AUTHENTIQUE	
Art. 1369. - L'acte authentique est celui qui a été reçu, avec les solennités requises, par un officier public ayant compétence et qualité pour instrumenter. Il peut être dressé sur support électronique s'il est établi et conservé dans des conditions fixées par décret en Conseil d'État. Lorsqu'il est reçu par un notaire, il est dispensé de toute mention manuscrite exigée par la loi. • ***Reprise de la définition de l'acte authentique et de la dispense de mention manuscrite sur un acte notarié.***	**Art. 1317**. - L'acte authentique est celui qui a été reçu par officiers publics ayant le droit d'instrumenter dans le lieu où l'acte a été rédigé, et avec les solennités requises. Il peut être dressé sur support électronique s'il est établi et conservé dans des conditions fixées par décret en Conseil d'État. **Art. 1317-1**. - L'acte reçu en la forme authentique par un notaire est, sauf disposition dérogeant expressément au présent article, dispensé de toute mention manuscrite exigée par la loi.
Art. 1370. - L'acte qui n'est pas authentique du fait de l'incompétence ou de l'incapacité de l'officier, ou par un défaut de forme, vaut comme écrit sous signature privée, s'il a été signé des parties. • ***Reprise de la conséquence d'une irrégularité dans un acte d'un officier public.***	**Art. 1318**. - L'acte qui n'est point authentique par l'incompétence ou l'incapacité de l'officier, ou par un défaut de forme, vaut comme écriture privée, s'il a été signé des parties.
Art. 1371. - L'acte authentique fait foi jusqu'à inscription de faux de ce que l'officier public dit avoir personnellement accompli ou constaté. En cas d'inscription de faux, le juge peut suspendre l'exécution de l'acte. • ***Reformulation de la force probante de l'acte authentique.***	**Art. 1319**. - L'acte authentique fait pleine foi de la convention qu'il renferme entre les parties contractantes et leurs héritiers ou ayants cause. Néanmoins, en cas de plaintes en faux principal, l'exécution de l'acte argué de faux sera suspendue par la mise en accusation ; et, en cas d'inscription de faux faite incidemment, les tribunaux pourront, suivant les circonstances, suspendre provisoirement l'exécution de l'acte.
SOUS-SECTION 3. - L'ACTE SOUS SIGNATURE PRIVÉE	
Art. 1372. - L'acte sous signature privée, reconnu par la partie à laquelle on l'oppose ou légalement tenu pour reconnu à son égard, fait foi entre ceux qui l'ont souscrit et à l'égard de leurs héritiers et ayants cause. • ***Reprise, avec modification, de la force probante de l'acte sous seing privé.***	**Art. 1322**. - L'acte sous seing privé, reconnu par celui auquel on l'oppose, ou légalement tenu pour reconnu, a, entre ceux qui l'ont souscrit et entre leurs héritiers et ayants cause, la même foi que l'acte authentique.

Rédaction issue de l'ordonnance n° 2016-131 du 10 février 2016 ou de la loi n° 2018-287 du 20 avril 2018	Rédaction antérieure à l'ordonnance n° 2016-131 du 10 février 2016
Art. 1373. - La partie à laquelle on l'oppose peut désavouer son écriture ou sa signature. Les héritiers ou ayants cause d'une partie peuvent pareillement désavouer l'écriture ou la signature de leur auteur, ou déclarer qu'ils ne les connaissent. Dans ces cas, il y a lieu à vérification d'écriture. • ***Reprise du désaveu d'écriture.***	**Art. 1323**. - Celui auquel on oppose un acte sous seing privé est obligé d'avouer ou de désavouer formellement son écriture ou sa signature. Ses héritiers ou ayants cause peuvent se contenter de déclarer qu'ils ne connaissent point l'écriture ou la signature de leur auteur. **Art. 1324**. - Dans le cas où la partie désavoue son écriture ou sa signature, et dans le cas où ses héritiers ou ayants cause déclarent ne les point connaître, la vérification en est ordonnée en justice.
Art. 1374. - L'acte sous signature privée contresigné par les avocats de chacune des parties ou par l'avocat de toutes les parties fait foi de l'écriture et de la signature des parties, tant à leur égard qu'à celui de leurs héritiers ou ayants cause. La procédure de faux prévue par le Code de procédure civile lui est applicable. Cet acte est dispensé de toute mention manuscrite exigée par la loi. • ***Intégration de l'acte contresigné par avocat.***	*[L. n° 71-1130, 31 déc. 1971* *Art. 66-3-2. - L'acte sous seing privé contresigné par les avocats de chacune des parties ou par l'avocat de toutes les parties fait pleine foi de l'écriture et de la signature de celles-ci tant à leur égard qu'à celui de leurs héritiers ou ayants cause. La procédure de faux prévue par le Code de procédure civile lui est applicable.* *Art. 66-3-3. - L'acte sous seing privé contresigné par avocat est, sauf disposition dérogeant expressément au présent article, dispensé de toute mention manuscrite exigée par la loi.]*
Art. 1375. - L'acte sous signature privée qui constate un contrat synallagmatique ne fait preuve que s'il a été fait en autant d'originaux qu'il y a de parties ayant un intérêt distinct, à moins que les parties ne soient convenues de remettre à un tiers l'unique exemplaire dressé. Chaque original doit mentionner le nombre des originaux qui en ont été faits. Celui qui a exécuté le contrat, même partiellement, ne peut opposer le défaut de la pluralité d'originaux ou de la mention de leur nombre. L'exigence d'une pluralité d'originaux est réputée satisfaite pour les contrats sous forme électronique lorsque l'acte est établi et conservé conformément aux articles 1366 et 1367, et que le procédé permet à chaque partie de disposer d'un exemplaire sur support durable ou d'y avoir accès. • ***Reformulation de règle imposant la formalité du double original.***	**Art. 1325**. - Les actes sous seing privé qui contiennent des conventions synallagmatiques ne sont valables qu'autant qu'ils ont été faits en autant d'originaux qu'il y a de parties ayant un intérêt distinct. Il suffit d'un original pour toutes les personnes ayant le même intérêt. Chaque original doit contenir la mention du nombre des originaux qui en ont été faits. Néanmoins, le défaut de mention que les originaux ont été faits doubles, triples, etc., ne peut être opposé par celui qui a exécuté de sa part la convention portée dans l'acte. L'exigence d'une pluralité d'originaux est réputée satisfaite pour les contrats sous forme électronique lorsque l'acte est établi et conservé conformément aux articles 1316-1 et 1316-4 et que le procédé permet à chaque partie de disposer d'un exemplaire ou d'y avoir accès.

Rédaction issue de l'ordonnance n° 2016-131 du 10 février 2016 ou de la loi n° 2018-287 du 20 avril 2018	Rédaction antérieure à l'ordonnance n° 2016-131 du 10 février 2016
Art. 1376. - L'acte sous signature privée par lequel une seule partie s'engage envers une autre à lui payer une somme d'argent ou à lui livrer un bien fongible ne fait preuve que s'il comporte la signature de celui qui souscrit cet engagement ainsi que la mention, écrite par lui-même, de la somme ou de la quantité en toutes lettres et en chiffres. En cas de différence, l'acte sous signature privée vaut preuve pour la somme écrite en toutes lettres. • ***Reformulation de l'exigence d'une mention en lettres et en chiffres.***	**Art. 1326.** - L'acte juridique par lequel une seule partie s'engage envers une autre à lui payer une somme d'argent ou à lui livrer un bien fongible doit être constaté dans un titre qui comporte la signature de celui qui souscrit cet engagement ainsi que la mention, écrite par lui-même, de la somme ou de la quantité en toutes lettres et en chiffres. En cas de différence, l'acte sous seing privé vaut pour la somme écrite en toutes lettres.
Art. 1377. - L'acte sous signature privée n'acquiert date certaine à l'égard des tiers que du jour où il a été enregistré, du jour de la mort d'un signataire, ou du jour où sa substance est constatée dans un acte authentique. • ***Reprise des conditions de certitude de la date de l'acte sous signature privée à l'égard des tiers.***	**Art. 1328.** - Les actes sous seing privé n'ont de date contre les tiers que du jour où ils ont été enregistrés, du jour de la mort de celui ou de l'un de ceux qui les ont souscrits, ou du jour où leur substance est constatée dans les actes dressés par des officiers publics, tels que procès-verbaux de scellés ou d'inventaire.
SOUS-SECTION 4. - AUTRES ÉCRITS	
Art. 1378. - Les registres et documents que les professionnels doivent tenir ou établir ont, contre leur auteur, la même force probante que les écrits sous signature privée ; mais celui qui s'en prévaut ne peut en diviser les mentions pour n'en retenir que celles qui lui sont favorables. • ***Reformulation de la preuve par registres des professionnels.***	**Art. 1329.** - Les registres des marchands ne font point, contre les personnes non marchandes, preuve des fournitures qui y sont portées, sauf ce qui sera dit à l'égard du serment. **Art. 1330.** - Les livres des marchands font preuve contre eux ; mais celui qui veut en tirer avantage ne peut les diviser en ce qu'ils contiennent de contraire à sa prétention.
Art. 1378-1. - Les registres et papiers domestiques ne font pas preuve au profit de celui qui les a écrits. Ils font preuve contre lui : 1° Dans tous les cas où ils énoncent formellement un paiement reçu ; 2° Lorsqu'ils contiennent la mention expresse que l'écrit a été fait pour suppléer le défaut du titre en faveur de qui ils énoncent une obligation. • ***Reprise de la preuve par des papiers domestiques contre leur auteur.***	**Art. 1331.** - Les registres et papiers domestiques ne font point un titre pour celui qui les a écrits. Ils font foi contre lui : 1° dans tous les cas où ils énoncent formellement un paiement reçu ; 2° lorsqu'ils contiennent la mention expresse que la note a été faite pour suppléer le défaut du titre en faveur de celui au profit duquel ils énoncent une obligation.

Rédaction issue de l'ordonnance n° 2016-131 du 10 février 2016 ou de la loi n° 2018-287 du 20 avril 2018	Rédaction antérieure à l'ordonnance n° 2016-131 du 10 février 2016
Art. 1378-2. - La mention d'un paiement ou d'une autre cause de libération portée par le créancier sur un titre original qui est toujours resté en sa possession vaut présomption simple de libération du débiteur. Il en est de même de la mention portée sur le double d'un titre ou d'une quittance, pourvu que ce double soit entre les mains du débiteur. • ***Reformulation de la conséquence de la mention d'une cause de libération sur un titre ou son double.***	**Art. 1332.** - L'écriture mise par le créancier à la suite, en marge ou au dos d'un titre qui est toujours resté en sa possession, fait foi, quoique non signée ni datée par lui, lorsqu'elle tend à établir la libération du débiteur. Il en est de même de l'écriture mise par le créancier au dos, ou en marge, ou à la suite du double d'un titre ou d'une quittance, pourvu que ce double soit entre les mains du débiteur.
SOUS-SECTION 5. - LES COPIES	
Art. 1379. - La copie fiable a la même force probante que l'original. La fiabilité est laissée à l'appréciation du juge. Néanmoins est réputée fiable la copie exécutoire ou authentique d'un écrit authentique. Est présumée fiable jusqu'à preuve du contraire toute copie résultant d'une reproduction à l'identique de la forme et du contenu de l'acte, et dont l'intégrité est garantie dans le temps par un procédé conforme à des conditions fixées par décret en Conseil d'État. Si l'original subsiste, sa présentation peut toujours être exigée. • ***Nouvelles règles sur la force probante des copies.***	**Art. 1334.** - Les copies, lorsque le titre original subsiste, ne font foi que de ce qui est contenu au titre, dont la représentation peut toujours être exigée. **Art. 1335.** - Lorsque le titre original n'existe plus, les copies font foi d'après les distinctions suivantes : 1° Les grosses ou premières expéditions font la même foi que l'original ; il en est de même des copies qui ont été tirées par l'autorité du magistrat, parties présentes ou dûment appelées, ou de celles qui ont été tirées en présence des parties et de leur consentement réciproque. 2° Les copies qui, sans l'autorité du magistrat, ou sans le consentement des parties, et depuis la délivrance des grosses ou premières expéditions, auront été tirées sur la minute de l'acte par le notaire qui l'a reçu, ou par l'un de ses successeurs, ou par officiers publics qui, en cette qualité, sont dépositaires des minutes, peuvent, en cas de perte de l'original, faire foi quand elles sont anciennes. Elles sont considérées comme anciennes quand elles ont plus de trente ans. Si elles ont moins de trente ans, elles ne peuvent servir que de commencement de preuve par écrit.
	3° Lorsque les copies tirées sur la minute d'un acte ne l'auront pas été par le notaire qui l'a reçu, ou par l'un de ses successeurs, ou par officiers publics qui, en cette qualité, sont dépositaires des minutes, elles ne pourront servir, quelle que soit leur ancienneté, que de commencement de preuve par écrit. 4° Les copies de copies pourront, suivant les circonstances, être considérées comme simples renseignements.

Rédaction issue de l'ordonnance n° 2016-131 du 10 février 2016 ou de la loi n° 2018-287 du 20 avril 2018	Rédaction antérieure à l'ordonnance n° 2016-131 du 10 février 2016
	Art. 1348, al. 2. - Elles reçoivent aussi exception lorsqu'une partie ou le dépositaire n'a pas conservé le titre original et présente une copie qui en est la reproduction non seulement fidèle mais aussi durable. Est réputée durable toute reproduction indélébile de l'original qui entraîne une modification irréversible du support.
SOUS-SECTION 6. - LES ACTES RÉCOGNITIFS	
Art. 1380. - L'acte récognitif ne dispense pas de la présentation du titre original sauf si sa teneur y est spécialement relatée. Ce qu'il contient de plus ou de différent par rapport au titre original n'a pas d'effet. • ***Reprise, en partie, de la force probante de l'acte récognitif.***	**Art. 1337**. - Les actes récognitifs ne dispensent point de la représentation du titre primordial, à moins que sa teneur n'y soit spécialement relatée. Ce qu'ils contiennent de plus que le titre primordial, ou ce qui s'y trouve de différent, n'a aucun effet. Néanmoins, s'il y avait plusieurs reconnaissances conformes, soutenues de la possession, et dont l'une eût trente ans de date, le créancier pourrait être dispensé de représenter le titre primordial.
SECTION II. - LA PREUVE PAR TÉMOINS	
Art. 1381. - La valeur probante des déclarations faites par un tiers dans les conditions du Code de procédure civile est laissée à l'appréciation du juge. • ***Force probante des témoignages laissée à l'appréciation du juge.***	-
SECTION III. - LA PREUVE PAR PRÉSOMPTION JUDICIAIRE	
Art. 1382. - Les présomptions qui ne sont pas établies par la loi, sont laissées à l'appréciation du juge, qui ne doit les admettre que si elles sont graves, précises et concordantes, et dans les cas seulement où la loi admet la preuve par tout moyen. • ***Reformulation de la force probante et de l'admissibilité des présomptions du fait de l'homme.***	**Art. 1353**. - Les présomptions qui ne sont point établies par la loi sont abandonnées aux lumières et à la prudence du magistrat, qui ne doit admettre que des présomptions graves, précises et concordantes, et dans les cas seulement où la loi admet des preuves testimoniales, à moins que l'acte ne soit attaqué pour cause de fraude ou de dol.
SECTION IV. - L'AVEU	
Art. 1383. - L'aveu est la déclaration par laquelle une personne reconnaît pour vrai un fait de nature à produire contre elle des conséquences juridiques. Il peut être judiciaire ou extrajudiciaire. • ***Définition de l'aveu et reprise de ses deux variétés.***	**Art. 1354**. - L'aveu qui est opposé à une partie est ou extrajudiciaire ou judiciaire.

Rédaction issue de l'ordonnance n° 2016-131 du 10 février 2016 ou de la loi n° 2018-287 du 20 avril 2018	Rédaction antérieure à l'ordonnance n° 2016-131 du 10 février 2016
Art. 1383-1. - L'aveu extrajudiciaire purement verbal n'est reçu que dans les cas où la loi permet la preuve par tout moyen. Sa valeur probante est laissée à l'appréciation du juge. • ***Admissibilité et force de l'aveu extrajudiciaire.***	**Art. 1355**. - L'allégation d'un aveu extrajudiciaire purement verbal est inutile toutes les fois qu'il s'agit d'une demande dont la preuve testimoniale ne serait point admissible.
Art. 1383-2. - L'aveu judiciaire est la déclaration que fait en justice la partie ou son représentant spécialement mandaté. Il fait foi contre celui qui l'a fait. Il ne peut être divisé contre son auteur. Il est irrévocable, sauf en cas d'erreur de fait. • ***Reprise de la force probante de l'aveu judiciaire et de ses caractères indivisible et irrévocable.***	**Art. 1356**. - L'aveu judiciaire est la déclaration que fait en justice la partie ou son fondé de pouvoir spécial. Il fait pleine foi contre celui qui l'a fait ; Il ne peut être divisé contre lui ; Il ne peut être révoqué, à moins qu'on ne prouve qu'il a été la suite d'une erreur de fait. Il ne pourrait être révoqué sous prétexte d'une erreur de droit.
SECTION V. - LE SERMENT	
Art. 1384. - Le serment peut être déféré, à titre décisoire, par une partie à l'autre pour en faire dépendre le jugement de la cause. Il peut aussi être déféré d'office par le juge à l'une des parties. • ***Reprise des deux espèces de serment judiciaire.***	**Art. 1357**. - Le serment judiciaire est de deux espèces : 1° Celui qu'une partie défère à l'autre pour en faire dépendre le jugement de la cause : il est appelé décisoire ; 2° Celui qui est déféré d'office par le juge à l'une ou à l'autre des parties.
SOUS-SECTION 1. - LE SERMENT DÉCISOIRE	
Art. 1385. - Le serment décisoire peut être déféré sur quelque espèce de contestation que ce soit et en tout état de cause. • ***Reprise de l'admissibilité du serment décisoire.***	**Art. 1358**. - Le serment décisoire peut être déféré sur quelque espèce de contestation que ce soit. **Art. 1360**. - Il peut être déféré en tout état de cause, et encore qu'il n'existe aucun commencement de preuve de la demande ou de l'exception.
Art. 1385-1. - Il ne peut être déféré que sur un fait personnel à la partie à laquelle on le défère. Il peut être référé par celle-ci, à moins que le fait qui en est l'objet ne lui soit purement personnel. • ***Objet du serment décisoire et possibilité de le référer.***	**Art. 1359**. - Il ne peut être déféré que sur un fait personnel à la partie à laquelle on le défère. **Art. 1362**. - Le serment ne peut être référé quand le fait qui en est l'objet n'est point celui des deux parties, mais est purement personnel à celui auquel le serment avait été déféré.
Art. 1385-2. - Celui à qui le serment est déféré et qui le refuse ou ne veut pas le référer, ou celui à qui il a été référé et qui le refuse, succombe dans sa prétention. • ***Reprise des conséquences du refus du serment.***	**Art. 1361**. - Celui auquel le serment est déféré, qui le refuse ou ne consent pas à le référer à son adversaire, ou l'adversaire à qui il a été référé et qui le refuse, doit succomber dans sa demande ou dans son exception.

Rédaction issue de l'ordonnance n° 2016-131 du 10 février 2016 ou de la loi n° 2018-287 du 20 avril 2018	Rédaction antérieure à l'ordonnance n° 2016-131 du 10 février 2016
Art. 1385-3. - La partie qui a déféré ou référé le serment ne peut plus se rétracter lorsque l'autre partie a déclaré qu'elle est prête à faire ce serment. Lorsque le serment déféré ou référé a été fait, l'autre partie n'est pas admise à en prouver la fausseté. • ***Reprise des effets du serment.***	**Art. 1363**. - Lorsque le serment déféré ou référé a été fait, l'adversaire n'est point recevable à en prouver la fausseté. **Art. 1364**. - La partie qui a déféré ou référé le serment, ne peut plus se rétracter lorsque l'adversaire a déclaré qu'il est prêt à faire ce serment.
Art. 1385-4. - Le serment ne fait preuve qu'au profit de celui qui l'a déféré et de ses héritiers et ayants cause, ou contre eux. Le serment déféré par l'un des créanciers solidaires au débiteur ne libère celui-ci que pour la part de ce créancier. Le serment déféré au débiteur principal libère également les cautions. Celui déféré à l'un des débiteurs solidaires profite aux codébiteurs. Celui déféré à la caution profite au débiteur principal. Dans ces deux derniers cas, le serment du codébiteur solidaire ou de la caution ne profite aux autres codébiteurs ou au débiteur principal que lorsqu'il a été déféré sur la dette, et non sur le fait de la solidarité ou du cautionnement. • ***Reprise de la portée du serment fait.***	**Art. 1365**. - Le serment ne forme preuve qu'au profit de celui qui l'a déféré ou contre lui, et au profit de ses héritiers et ayants cause ou contre eux. Néanmoins, le serment déféré par l'un des créanciers solidaires au débiteur ne libère celui-ci que pour la part de ce créancier ; Le serment déféré au débiteur principal libère également les cautions ; Celui déféré à l'un des débiteurs solidaires profite aux codébiteurs ; Et celui déféré à la caution profite au débiteur principal. Dans ces deux derniers cas, le serment du codébiteur solidaire ou de la caution ne profite aux autres codébiteurs ou au débiteur principal que lorsqu'il a été déféré sur la dette, et non sur le fait de la solidarité ou du cautionnement.
SOUS-SECTION 2. - LE SERMENT DÉFÉRÉ D'OFFICE	
Art. 1386. - Le juge peut d'office déférer le serment à l'une des parties. Ce serment ne peut être référé à l'autre partie. Sa valeur probante est laissée à l'appréciation du juge. • ***Reprise de la possibilité de déférer le serment d'office et de l'impossibilité de le référer.***	**Art. 1366**. - Le juge peut déférer à l'une des parties le serment, ou pour en faire dépendre la décision de la cause, ou seulement pour déterminer le montant de la condamnation. **Art. 1368**. - Le serment déféré d'office par le juge à l'une des parties ne peut être par elle référé à l'autre.
Art. 1386-1. - Le juge ne peut déférer d'office le serment, soit sur la demande, soit sur l'exception qui y est opposée, que si elle n'est pas pleinement justifiée ou totalement dénuée de preuves. • ***Reprise des conditions du serment déféré d'office.***	**Art. 1367**. - Le juge ne peut déférer d'office le serment, soit sur la demande, soit sur l'exception qui y est opposée, que sous les deux conditions suivantes ; il faut : 1° Que la demande ou l'exception ne soit pas pleinement justifiée ; 2° Qu'elle ne soit pas totalement dénuée de preuves. Hors ces deux cas, le juge doit ou adjuger ou rejeter purement et simplement la demande.

Tableau de rapprochement des anciens articles des titres III, IV et IV *bis* du livre III du Code civil vers les nouveaux

Rédaction antérieure à l'ordonnance n° 2016-131 du 10 février 2016	Rédaction issue de l'ordonnance n° 2016-131 du 10 février 2016 ou de la loi n° 2018-287 du 20 avril 2018
TITRE III. - DES CONTRATS OU DES OBLIGATIONS CONVENTIONNELLES EN GÉNÉRAL	
CHAPITRE Ier. - DISPOSITIONS PRÉLIMINAIRES	
Art. 1101. - Le contrat est une convention par laquelle une ou plusieurs personnes s'obligent, envers une ou plusieurs autres, à donner, à faire ou à ne pas faire quelque chose.	**Art. 1101**. - Le contrat est un accord de volontés entre deux ou plusieurs personnes destiné à créer, modifier, transmettre ou éteindre des obligations.
Art. 1102. - Le contrat est *synallagmatique* ou *bilatéral* lorsque les contractants s'obligent réciproquement les uns envers les autres.	**Art. 1106**. - Le contrat est synallagmatique lorsque les contractants s'obligent réciproquement les uns envers les autres. Il est unilatéral lorsqu'une ou plusieurs personnes s'obligent envers une ou plusieurs autres sans qu'il y ait d'engagement réciproque de celles-ci.
Art. 1103. - Il est *unilatéral* lorsqu'une ou plusieurs personnes sont obligées envers une ou plusieurs autres, sans que de la part de ces dernières il y ait d'engagement.	**Art. 1108**. - Le contrat est commutatif lorsque chacune des parties s'engage à procurer à l'autre un avantage qui est regardé comme l'équivalent de celui qu'elle reçoit. Il est aléatoire lorsque les parties acceptent de faire dépendre les effets du contrat, quant aux avantages et aux pertes qui en résulteront, d'un événement incertain.
Art. 1104. - Il est *commutatif* lorsque chacune des parties s'engage à donner ou à faire une chose qui est regardée comme l'équivalent de ce qu'on lui donne, ou de ce qu'on fait pour elle. Lorsque l'équivalent consiste dans la chance de gain ou de perte pour chacune des parties, d'après un événement incertain, le contrat est *aléatoire*.	
Art. 1105. - Le contrat de *bienfaisance* est celui dans lequel l'une des parties procure à l'autre un avantage purement gratuit.	**Art. 1107**. - Le contrat est à titre onéreux lorsque chacune des parties reçoit de l'autre un avantage en contrepartie de celui qu'elle procure. Il est à titre gratuit lorsque l'une des parties procure à l'autre un avantage sans attendre ni recevoir de contrepartie.
Art. 1106. - Le contrat à *titre onéreux* est celui qui assujettit chacune des parties à donner ou à faire quelque chose.	

Rédaction antérieure à l'ordonnance n° 2016-131 du 10 février 2016	Rédaction issue de l'ordonnance n° 2016-131 du 10 février 2016 ou de la loi n° 2018-287 du 20 avril 2018
Art. 1107. - Les contrats, soit qu'ils aient une dénomination propre, soit qu'ils n'en aient pas, sont soumis à des règles générales, qui sont l'objet du présent titre. Les règles particulières à certains contrats sont établies sous les titres relatifs à chacun d'eux ; et les règles particulières aux transactions commerciales sont établies par les lois relatives au commerce.	**Art. 1105**. - Les contrats, qu'ils aient ou non une dénomination propre, sont soumis à des règles générales, qui sont l'objet du présent sous-titre. Les règles particulières à certains contrats sont établies dans les dispositions propres à chacun d'eux. Les règles générales s'appliquent sous réserve de ces règles particulières.
CHAPITRE II. - DES CONDITIONS ESSENTIELLES POUR LA VALIDITÉ DES CONVENTIONS	
Art. 1108. - Quatre conditions sont essentielles pour la validité d'une convention : Le consentement de la partie qui s'oblige ; Sa capacité de contracter ; Un objet certain qui forme la matière de l'engagement ; Une cause licite dans l'obligation.	**Art. 1128**. - Sont nécessaires à la validité d'un contrat : 1° Le consentement des parties ; 2° Leur capacité de contracter ; 3° Un contenu licite et certain.
Art. 1108-1. - Lorsqu'un écrit est exigé pour la validité d'un acte juridique, il peut être établi et conservé sous forme électronique dans les conditions prévues aux articles 1316-1 et 1316-4 et, lorsqu'un acte authentique est requis, au second alinéa de l'article 1317. Lorsqu'est exigée une mention écrite de la main même de celui qui s'oblige, ce dernier peut l'apposer sous forme électronique si les conditions de cette apposition sont de nature à garantir qu'elle ne peut être effectuée que par lui-même.	**Art. 1174**. - Lorsqu'un écrit est exigé pour la validité d'un contrat, il peut être établi et conservé sous forme électronique dans les conditions prévues aux articles 1366 et 1367 et, lorsqu'un acte authentique est requis, au deuxième alinéa de l'article 1369. Lorsqu'est exigée une mention écrite de la main même de celui qui s'oblige, ce dernier peut l'apposer sous forme électronique si les conditions de cette apposition sont de nature à garantir qu'elle ne peut être effectuée que par lui-même.
Art. 1108-2. - Il est fait exception aux dispositions de l'article 1108-1 pour : 1° Les actes sous seing privé relatifs au droit de la famille et des successions ; 2° Les actes sous seing privé relatifs à des sûretés personnelles ou réelles, de nature civile ou commerciale, sauf s'ils sont passés par une personne pour les besoins de sa profession.	**Art. 1175**. - Il est fait exception aux dispositions de l'article précédent pour : 1° Les actes sous signature privée relatifs au droit de la famille et des successions ; 2° Les actes sous signature privée relatifs à des sûretés personnelles ou réelles, de nature civile ou commerciale, sauf s'ils sont passés par une personne pour les besoins de sa profession.

Rédaction antérieure à l'ordonnance n° 2016-131 du 10 février 2016	Rédaction issue de l'ordonnance n° 2016-131 du 10 février 2016 ou de la loi n° 2018-287 du 20 avril 2018
SECTION I. - DU CONSENTEMENT	
Art. 1109. - Il n'y a point de consentement valable, si le consentement n'a été donné que par erreur, ou s'il a été extorqué par violence ou surpris par dol.	**Art. 1130.** - L'erreur, le dol et la violence vicient le consentement lorsqu'ils sont de telle nature que, sans eux, l'une des parties n'aurait pas contracté ou aurait contracté à des conditions substantiellement différentes. Leur caractère déterminant s'apprécie eu égard aux personnes et aux circonstances dans lesquelles le consentement a été donné.
Art. 1110. - L'erreur n'est une cause de nullité de la convention que lorsqu'elle tombe sur la substance même de la chose qui en est l'objet. Elle n'est point une cause de nullité, lorsqu'elle ne tombe que sur la personne avec laquelle on a l'intention de contracter, à moins que la considération de cette personne ne soit la cause principale de la convention.	**Art. 1132.** - L'erreur de droit ou de fait, à moins qu'elle ne soit inexcusable, est une cause de nullité du contrat lorsqu'elle porte sur les qualités essentielles de la prestation due ou sur celles du cocontractant. **Art. 1133.** - Les qualités essentielles de la prestation sont celles qui ont été expressément ou tacitement convenues et en considération desquelles les parties ont contracté. L'erreur est une cause de nullité qu'elle porte sur la prestation de l'une ou de l'autre partie. L'acceptation d'un aléa sur une qualité de la prestation exclut l'erreur relative à cette qualité. **Art. 1134.** - L'erreur sur les qualités essentielles du cocontractant n'est une cause de nullité que dans les contrats conclus en considération de la personne.
Art. 1111. - La violence exercée contre celui qui a contracté l'obligation est une cause de nullité, encore qu'elle ait été exercée par un tiers autre que celui au profit duquel la convention a été faite.	**Art. 1142.** - La violence est une cause de nullité qu'elle ait été exercée par une partie ou par un tiers.
Art. 1112. - Il y a violence lorsqu'elle est de nature à faire impression sur une personne raisonnable, et qu'elle peut lui inspirer la crainte d'exposer sa personne ou sa fortune à un mal considérable et présent. On a égard, en cette matière, à l'âge, au sexe et à la condition des personnes.	**Art. 1140.** - Il y a violence lorsqu'une partie s'engage sous la pression d'une contrainte qui lui inspire la crainte d'exposer sa personne, sa fortune ou celles de ses proches à un mal considérable.

Rédaction antérieure à l'ordonnance n° 2016-131 du 10 février 2016	Rédaction issue de l'ordonnance n° 2016-131 du 10 février 2016 ou de la loi n° 2018-287 du 20 avril 2018
Art. 1113. – La violence est une cause de nullité du contrat, non seulement lorsqu'elle a été exercée sur la partie contractante, mais encore lorsqu'elle l'a été sur son époux ou sur son épouse, sur ses descendants ou ses ascendants.	
Art. 1114. – La seule crainte révérencielle envers le père, la mère, ou autre ascendant, sans qu'il y ait eu de violence exercée, ne suffit point pour annuler le contrat.	–
Art. 1115. – Un contrat ne peut plus être attaqué pour cause de violence, si, depuis que la violence a cessé, ce contrat a été approuvé, soit expressément, soit tacitement, soit en laissant passer le temps de la restitution fixé par la loi.	–
Art. 1116. – Le dol est une cause de nullité de la convention lorsque les manœuvres pratiquées par l'une des parties sont telles, qu'il est évident que, sans ces manœuvres, l'autre partie n'aurait pas contracté. Il ne se présume pas, et doit être prouvé.	**Art. 1137** *(Rédaction en vigueur jusqu'au 30 septembre 2018). – Le dol est le fait pour un contractant d'obtenir le consentement de l'autre par des manœuvres ou des mensonges.* *Constitue également un dol la dissimulation intentionnelle par l'un des contractants d'une information dont il sait le caractère déterminant pour l'autre partie.* **Art. 1137** ***(Rédaction en vigueur à compter du 1er octobre 2018)***. **– Le dol est le fait pour un contractant d'obtenir le consentement de l'autre par des manœuvres ou des mensonges.** **Constitue également un dol la dissimulation intentionnelle par l'un des contractants d'une information dont il sait le caractère déterminant pour l'autre partie.** **Néanmoins, ne constitue pas un dol le fait pour une partie de ne pas révéler à son cocontractant son estimation de la valeur de la prestation.**

Rédaction antérieure à l'ordonnance n° 2016-131 du 10 février 2016	Rédaction issue de l'ordonnance n° 2016-131 du 10 février 2016 ou de la loi n° 2018-287 du 20 avril 2018
Art. 1117. - La convention contractée par erreur, violence ou dol, n'est point nulle de plein droit ; elle donne seulement lieu à une action en nullité ou en rescision, dans les cas et de la manière expliqués à la section VII du chapitre V du présent titre.	**Art. 1178**. - Un contrat qui ne remplit pas les conditions requises pour sa validité est nul. La nullité doit être prononcée par le juge, à moins que les parties ne la constatent d'un commun accord. Le contrat annulé est censé n'avoir jamais existé. Les prestations exécutées donnent lieu à restitution dans les conditions prévues aux articles 1352 à 1352-9. Indépendamment de l'annulation du contrat, la partie lésée peut demander réparation du dommage subi dans les conditions du droit commun de la responsabilité extra-contractuelle.
Art. 1118. - La lésion ne vicie les conventions que dans certains contrats ou à l'égard de certaines personnes, ainsi qu'il sera expliqué en la même section.	**Art. 1168**. - Dans les contrats synallagmatiques, le défaut d'équivalence des prestations n'est pas une cause de nullité du contrat, à moins que la loi n'en dispose autrement.
Art. 1119. - On ne peut, en général s'engager, ni stipuler en son propre nom, que pour soi-même.	**Art. 1203**. - On ne peut s'engager en son propre nom que pour soi-même.
Art. 1120. - Néanmoins, on peut se porter fort pour un tiers, en promettant le fait de celui-ci ; sauf l'indemnité contre celui qui s'est porté fort ou qui a promis de faire ratifier, si le tiers refuse de tenir l'engagement.	**Art. 1204**. - On peut se porter fort en promettant le fait d'un tiers. Le promettant est libéré de toute obligation si le tiers accomplit le fait promis. Dans le cas contraire, il peut être condamné à des dommages et intérêts. Lorsque le porte-fort a pour objet la ratification d'un engagement, celui-ci est rétroactivement validé à la date à laquelle le porte-fort a été souscrit.
Art. 1121. - On peut pareillement stipuler au profit d'un tiers, lorsque telle est la condition d'une stipulation que l'on fait pour soi-même ou d'une donation que l'on fait à un autre. Celui qui a fait cette stipulation ne peut plus la révoquer, si le tiers a déclaré vouloir en profiter.	**Art. 1205**. - On peut stipuler pour autrui. L'un des contractants, le stipulant, peut faire promettre à l'autre, le promettant, d'accomplir une prestation au profit d'un tiers, le bénéficiaire. Ce dernier peut être une personne future mais doit être précisément désigné ou pouvoir être déterminé lors de l'exécution de la promesse.
	Art. 1206. - Le bénéficiaire est investi d'un droit direct à la prestation contre le promettant dès la stipulation. Néanmoins le stipulant peut librement révoquer la stipulation tant que le bénéficiaire ne l'a pas acceptée. La stipulation devient irrévocable au moment où l'acceptation parvient au stipulant ou au promettant.

Rédaction antérieure à l'ordonnance n° 2016-131 du 10 février 2016	Rédaction issue de l'ordonnance n° 2016-131 du 10 février 2016 ou de la loi n° 2018-287 du 20 avril 2018
Art. 1122. - On est censé avoir stipulé pour soi et pour ses héritiers et ayants cause, à moins que le contraire ne soit exprimé ou ne résulte de la nature de la convention.	-
SECTION II. - DE LA CAPACITÉ DES PARTIES CONTRACTANTES	
Art. 1123. - Toute personne peut contracter, si elle n'en est pas déclarée incapable par la loi.	**Art. 1145** *(Rédaction en vigueur jusqu'au 30 septembre. 2018). - Toute personne physique peut contracter sauf en cas d'incapacité prévue par la loi. La capacité des personnes morales est limitée aux actes utiles à la réalisation de leur objet tel que défini par leurs statuts et aux actes qui leur sont accessoires, dans le respect des règles applicables à chacune d'entre elles.* **Art. 1145** ***(Rédaction en vigueur à compter du 1er octobre 2018).*** **- Toute personne physique peut contracter sauf en cas d'incapacité prévue par la loi. La capacité des personnes morales est limitée par les règles applicables à chacune d'entre elles.**
Art. 1124. - Sont incapables de contracter, dans la mesure définie par la loi : Les mineurs non émancipés ; Les majeurs protégés au sens de l'article 488 du présent code.	**Art. 1146**. - Sont incapables de contracter, dans la mesure définie par la loi : 1° Les mineurs non émancipés ; 2° Les majeurs protégés au sens de l'article 425.
Art. 1125. - Les personnes capables de s'engager ne peuvent opposer l'incapacité de ceux avec qui elles ont contracté.	**Art. 1147**. - L'incapacité de contracter est une cause de nullité relative.

Rédaction antérieure à l'ordonnance n° 2016-131 du 10 février 2016	Rédaction issue de l'ordonnance n° 2016-131 du 10 février 2016 ou de la loi n° 2018-287 du 20 avril 2018
Art. 1125-1. - Sauf autorisation de justice, il est interdit, à peine de nullité, à quiconque exerce une fonction ou occupe un emploi dans un établissement hébergeant des personnes âgées ou dispensant des soins psychiatriques de se rendre acquéreur d'un bien ou cessionnaire d'un droit appartenant à une personne admise dans l'établissement, non plus que de prendre à bail le logement occupé par cette personne avant son admission dans l'établissement. Pour l'application du présent article, sont réputées personnes interposées, le conjoint, les ascendants et les descendants des personnes auxquelles s'appliquent les interdictions ci-dessus édictées.	**C. action soc. et fam., art. L. 116-4**. - I. - Les personnes physiques propriétaires, gestionnaires, administrateurs ou employés d'un établissement ou service soumis à autorisation ou à déclaration en application du présent code ou d'un service soumis à agrément ou à déclaration mentionné au 2° de l'article L. 7231-1 du Code du travail, ainsi que les bénévoles ou les volontaires qui agissent en leur sein ou y exercent une responsabilité, ne peuvent profiter de dispositions à titre gratuit entre vifs ou testamentaires faites en leur faveur par les personnes prises en charge par l'établissement ou le service pendant la durée de cette prise en charge, sous réserve des exceptions prévues aux 1° et 2° de l'article 909 du Code civil. L'article 911 du même code est applicable aux libéralités en cause. L'interdiction prévue au premier alinéa du présent article est applicable au couple ou à l'accueillant familial soumis à un agrément en application de l'article L. 441-1 du présent code et à son conjoint, à la personne avec laquelle il a conclu un pacte civil de solidarité ou à son concubin, à ses ascendants ou descendants en ligne directe, ainsi qu'aux salariés mentionnés à l'article L. 7221-1 du Code du travail accomplissant des services à la personne définis au 2° de l'article L. 7231-1 du même code, s'agissant des dispositions à titre gratuit entre vifs ou testamentaires faites en leur faveur par les personnes qu'ils accueillent ou accompagnent pendant la durée de cet accueil ou de cet accompagnement. II *(II créé à compter du 1er octobre 2016, Ord. n° 2016-131, 10 févr. 2016)*. - Sauf autorisation de justice, il est interdit, à peine de nullité, à quiconque est frappé de l'interdiction prévue au I de se rendre acquéreur d'un bien ou cessionnaire d'un droit appartenant à une personne prise en charge, accueillie ou accompagnée dans les conditions prévues par le I ou de prendre à bail le logement occupé par cette personne avant sa prise en charge ou son accueil. Pour l'application du présent II, sont réputées personnes interposées, le conjoint, le partenaire d'un pacte civil de solidarité, le concubin, les ascendants et les descendants des personnes auxquelles s'appliquent les interdictions ci-dessus édictées.

Rédaction antérieure à l'ordonnance n° 2016-131 du 10 février 2016	Rédaction issue de l'ordonnance n° 2016-131 du 10 février 2016 ou de la loi n° 2018-287 du 20 avril 2018
Art. 1125-1. - Sauf autorisation de justice, il est interdit, à peine de nullité, à quiconque exerce une fonction ou occupe un emploi dans un établissement hébergeant des personnes âgées ou dispensant des soins psychiatriques de se rendre acquéreur d'un bien ou cessionnaire d'un droit appartenant à une personne admise dans l'établissement, non plus que de prendre à bail le logement occupé par cette personne avant son admission dans l'établissement. Pour l'application du présent article, sont réputées personnes interposées, le conjoint, les ascendants et les descendants des personnes auxquelles s'appliquent les interdictions ci-dessus édictées.	**C. santé publ., art. L. 3211-5-1** *(Créé à compter du 1er octobre 2016, Ord. n° 2016-131, 10 févr. 2016)*. - Sauf autorisation de justice, il est interdit, à peine de nullité, à quiconque exerce une fonction ou occupe un emploi dans un établissement dispensant des soins psychiatriques de se rendre acquéreur d'un bien ou cessionnaire d'un droit appartenant à une personne admise dans l'établissement ou de prendre à bail le logement occupé par cette personne avant son admission dans l'établissement. Pour l'application du présent article, sont réputées personnes interposées, le conjoint, le partenaire d'un pacte civil de solidarité, le concubin, les ascendants et les descendants des personnes auxquelles s'appliquent les interdictions ci-dessus édictées.
SECTION III. - DE L'OBJET ET DE LA MATIÈRE DES CONTRATS	
Art. 1126. - Tout contrat a pour objet une chose qu'une partie s'oblige à donner, ou qu'une partie s'oblige à faire ou à ne pas faire.	-
Art. 1127. - Le simple usage ou la simple possession d'une chose peut être, comme la chose même, l'objet du contrat.	-
Art. 1128. - Il n'y a que les choses qui sont dans le commerce qui puissent être l'objet des conventions.	-
Art. 1129. - Il faut que l'obligation ait pour objet une chose au moins déterminée quant à son espèce. La quotité de la chose peut être incertaine, pourvu qu'elle puisse être déterminée.	**Art. 1163**. - L'obligation a pour objet une prestation présente ou future. Celle-ci doit être possible et déterminée ou déterminable. La prestation est déterminable lorsqu'elle peut être déduite du contrat ou par référence aux usages ou aux relations antérieures des parties, sans qu'un nouvel accord des parties soit nécessaire.
Art. 1130. - Les choses futures peuvent être l'objet d'une obligation. On ne peut cependant renoncer à une succession non ouverte, ni faire aucune stipulation sur une pareille succession, même avec le consentement de celui de la succession duquel il s'agit, que dans les conditions prévues par la loi.	

Rédaction antérieure à l'ordonnance n° 2016-131 du 10 février 2016	Rédaction issue de l'ordonnance n° 2016-131 du 10 février 2016 ou de la loi n° 2018-287 du 20 avril 2018
SECTION IV. - DE LA CAUSE	
Art. 1131. - L'obligation sans cause ou sur une fausse cause, ou sur une cause illicite, ne peut avoir aucun effet.	**Art. 1135, al. 2**. - Néanmoins l'erreur sur le motif d'une libéralité, en l'absence duquel son auteur n'aurait pas disposé, est une cause de nullité. **Art. 1162**. - Le contrat ne peut déroger à l'ordre public ni par ses stipulations, ni par son but, que ce dernier ait été connu ou non par toutes les parties. **Art. 1169**. - Un contrat à titre onéreux est nul lorsque, au moment de sa formation, la contrepartie convenue au profit de celui qui s'engage est illusoire ou dérisoire.
Art. 1132. - La convention n'est pas moins valable, quoique la cause n'en soit pas exprimée.	-
Art. 1133. - La cause est illicite quand elle est prohibée par la loi, quand elle est contraire aux bonnes mœurs ou à l'ordre public.	**Art. 1162**. - Le contrat ne peut déroger à l'ordre public ni par ses stipulations, ni par son but, que ce dernier ait été connu ou non par toutes les parties.
CHAPITRE III. - DE L'EFFET DES OBLIGATIONS	
SECTION I. - DISPOSITIONS GÉNÉRALES	
Art. 1134. - Les conventions légalement formées tiennent lieu de loi à ceux qui les ont faites. Elles ne peuvent être révoquées que de leur consentement mutuel, ou pour les causes que la loi autorise. Elles doivent être exécutées de bonne foi.	**Art. 1103**. - Les contrats légalement formés tiennent lieu de loi à ceux qui les ont faits. **Art. 1193**. - Les contrats ne peuvent être modifiés ou révoqués que du consentement mutuel des parties, ou pour les causes que la loi autorise. **Art. 1104**. - Les contrats doivent être négociés, formés et exécutés de bonne foi. Cette disposition est d'ordre public.
Art. 1135. - Les conventions obligent non seulement à ce qui y est exprimé, mais encore à toutes les suites que l'équité, l'usage ou la loi donnent à l'obligation d'après sa nature.	**Art. 1194**. - Les contrats obligent non seulement à ce qui y est exprimé, mais encore à toutes les suites que leur donnent l'équité, l'usage ou la loi.
SECTION II. - DE L'OBLIGATION DE DONNER	
Art. 1136. - L'obligation de donner emporte celle de livrer la chose et de la conserver jusqu'à la livraison, à peine de dommages et intérêts envers le créancier.	**Art. 1197**. - L'obligation de délivrer la chose emporte obligation de la conserver jusqu'à la délivrance, en y apportant tous les soins d'une personne raisonnable.

Rédaction antérieure à l'ordonnance n° 2016-131 du 10 février 2016	Rédaction issue de l'ordonnance n° 2016-131 du 10 février 2016 ou de la loi n° 2018-287 du 20 avril 2018
Art. 1137. - L'obligation de veiller à la conservation de la chose, soit que la convention n'ait pour objet que l'utilité de l'une des parties, soit qu'elle ait pour objet leur utilité commune, soumet celui qui en est chargé à y apporter tous les soins raisonnables. Cette obligation est plus ou moins étendue relativement à certains contrats, dont les effets, à cet égard, sont expliqués sous les titres qui les concernent.	**Art. 1197**. - L'obligation de délivrer la chose emporte obligation de la conserver jusqu'à la délivrance, en y apportant tous les soins d'une personne raisonnable.
Art. 1138. - L'obligation de livrer la chose est parfaite par le seul consentement des parties contractantes. Elle rend le créancier propriétaire et met la chose à ses risques dès l'instant où elle a dû être livrée, encore que la tradition n'en ait point été faite, à moins que le débiteur ne soit en demeure de la livrer ; auquel cas la chose reste aux risques de ce dernier.	**Art. 1196**. - Dans les contrats ayant pour objet l'aliénation de la propriété ou la cession d'un autre droit, le transfert s'opère lors de la conclusion du contrat. Ce transfert peut être différé par la volonté des parties, la nature des choses ou par l'effet de la loi. Le transfert de propriété emporte transfert des risques de la chose. Toutefois le débiteur de l'obligation de délivrer en retrouve la charge à compter de sa mise en demeure, conformément à l'article 1344-2 et sous réserve des règles prévues à l'article 1351-1.
	Art. 1344-2. - La mise en demeure de délivrer une chose met les risques à la charge du débiteur, s'ils n'y sont déjà.
Art. 1139. - Le débiteur est constitué en demeure, soit par une sommation ou par autre acte équivalent, telle une lettre missive lorsqu'il ressort de ses termes une interpellation suffisante, soit par l'effet de la convention, lorsqu'elle porte que, sans qu'il soit besoin d'acte et par la seule échéance du terme, le débiteur sera en demeure.	**Art. 1344**. - Le débiteur est mis en demeure de payer soit par une sommation ou un acte portant interpellation suffisante, soit, si le contrat le prévoit, par la seule exigibilité de l'obligation.
Art. 1140. - Les effets de l'obligation de donner ou de livrer un immeuble sont réglés au titre *De la vente* et au titre *Des privilèges et hypothèques*.	-

Rédaction antérieure à l'ordonnance n° 2016-131 du 10 février 2016	Rédaction issue de l'ordonnance n° 2016-131 du 10 février 2016 ou de la loi n° 2018-287 du 20 avril 2018
Art. 1141. - Si la chose qu'on s'est obligé de donner ou de livrer à deux personnes successivement, est purement mobilière, celle des deux qui en a été mise en possession réelle est préférée et en demeure propriétaire, encore que son titre soit postérieur en date, pourvu toutefois que la possession soit de bonne foi.	**Art. 1198**. - Lorsque deux acquéreurs successifs d'un même meuble corporel tiennent leur droit d'une même personne, celui qui a pris possession de ce meuble en premier est préféré, même si son droit est postérieur, à condition qu'il soit de bonne foi. Lorsque deux acquéreurs successifs de droits portant sur un même immeuble tiennent leur droit d'une même personne, celui qui a, le premier, publié son titre d'acquisition passé en la forme authentique au fichier immobilier est préféré, même si son droit est postérieur, à condition qu'il soit de bonne foi.
SECTION III. - DE L'OBLIGATION DE FAIRE OU DE NE PAS FAIRE	
Art. 1142. - Toute obligation de faire ou de ne pas faire se résout en dommages et intérêts, en cas d'inexécution de la part du débiteur.	**Art. 1221** *(Rédaction en vigueur jusqu'au 30 septembre 2018). - Le créancier d'une obligation peut, après mise en demeure, en poursuivre l'exécution en nature sauf si cette exécution est impossible ou s'il existe une disproportion manifeste entre son coût pour le débiteur et son intérêt pour le créancier.* **Art. 1221** ***(Rédaction en vigueur à compter du 1er octobre 2018)***. - **Le créancier d'une obligation peut, après mise en demeure, en poursuivre l'exécution en nature sauf si cette exécution est impossible ou s'il existe une disproportion manifeste entre son coût pour le débiteur de bonne foi et son intérêt pour le créancier.**
Art. 1143. - Néanmoins, le créancier a le droit de demander que ce qui aurait été fait par contravention à l'engagement soit détruit ; et il peut se faire autoriser à le détruire aux dépens du débiteur, sans préjudice des dommages et intérêts, s'il y a lieu.	**Art. 1222**. - Après mise en demeure, le créancier peut aussi, dans un délai et à un coût raisonnables, faire exécuter lui-même l'obligation ou, sur autorisation préalable du juge, détruire ce qui a été fait en violation de celle-ci. Il peut demander au débiteur le remboursement des sommes engagées à cette fin. Il peut aussi demander en justice que le débiteur avance les sommes nécessaires à cette exécution ou à cette destruction.

Rédaction antérieure à l'ordonnance n° 2016-131 du 10 février 2016	Rédaction issue de l'ordonnance n° 2016-131 du 10 février 2016 ou de la loi n° 2018-287 du 20 avril 2018
Art. 1144. - Le créancier peut aussi, en cas d'inexécution, être autorisé à faire exécuter lui-même l'obligation aux dépens du débiteur. Celui-ci peut être condamné à faire l'avance des sommes nécessaires à cette exécution.	
Art. 1145. - Si l'obligation est de ne pas faire, celui qui y contrevient doit des dommages et intérêts par le seul fait de la contravention.	**Art. 1231**. - À moins que l'inexécution soit définitive, les dommages et intérêts ne sont dus que si le débiteur a préalablement été mis en demeure de s'exécuter dans un délai raisonnable.
SECTION IV. - DES DOMMAGES ET INTÉRÊTS RÉSULTANT DE L'INEXÉCUTION DE L'OBLIGATION	
Art. 1146. - Les dommages et intérêts ne sont dus que lorsque le débiteur est en demeure de remplir son obligation, excepté néanmoins lorsque la chose que le débiteur s'était obligé de donner ou de faire ne pouvait être donnée ou faite que dans un certain temps qu'il a laissé passer. La mise en demeure peut résulter d'une lettre missive, s'il en ressort une interpellation suffisante.	**Art. 1231**. - À moins que l'inexécution soit définitive, les dommages et intérêts ne sont dus que si le débiteur a préalablement été mis en demeure de s'exécuter dans un délai raisonnable.
Art. 1147. - Le débiteur est condamné, s'il y a lieu, au paiement de dommages et intérêts, soit à raison de l'inexécution de l'obligation, soit à raison du retard dans l'exécution, toutes les fois qu'il ne justifie pas que l'inexécution provient d'une cause étrangère qui ne peut lui être imputée, encore qu'il n'y ait aucune mauvaise foi de sa part.	**Art. 1231-1**. - Le débiteur est condamné, s'il y a lieu, au paiement de dommages et intérêts soit à raison de l'inexécution de l'obligation, soit à raison du retard dans l'exécution, s'il ne justifie pas que l'exécution a été empêchée par la force majeure.
Art. 1148. - Il n'y a lieu à aucun dommage et intérêt lorsque, par suite d'une force majeure ou d'un cas fortuit, le débiteur a été empêché de donner ou de faire ce à quoi il était obligé, ou a fait ce qui lui était interdit.	**Art. 1218**. - Il y a force majeure en matière contractuelle lorsqu'un événement échappant au contrôle du débiteur, qui ne pouvait être raisonnablement prévu lors de la conclusion du contrat et dont les effets ne peuvent être évités par des mesures appropriées, empêche l'exécution de son obligation par le débiteur. Si l'empêchement est temporaire, l'exécution de l'obligation est suspendue à moins que le retard qui en résulterait ne justifie la résolution du contrat. Si l'empêchement est définitif, le contrat est résolu de plein droit et les parties sont libérées de leurs obligations dans les conditions prévues aux articles 1351 et 1351-1.

Rédaction antérieure à l'ordonnance n° 2016-131 du 10 février 2016	Rédaction issue de l'ordonnance n° 2016-131 du 10 février 2016 ou de la loi n° 2018-287 du 20 avril 2018
Art. 1149. - Les dommages et intérêts dus au créancier sont, en général, de la perte qu'il a faite et du gain dont il a été privé, sauf les exceptions et modifications ci-après.	**Art. 1231-2**. - Les dommages et intérêts dus au créancier sont, en général, de la perte qu'il a faite et du gain dont il a été privé, sauf les exceptions et modifications ci-après.
Art. 1150. - Le débiteur n'est tenu que des dommages et intérêts qui ont été prévus ou qu'on a pu prévoir lors du contrat, lorsque ce n'est point par son dol que l'obligation n'est point exécutée.	**Art. 1231-3**. - Le débiteur n'est tenu que des dommages et intérêts qui ont été prévus ou qui pouvaient être prévus lors de la conclusion du contrat, sauf lorsque l'inexécution est due à une faute lourde ou dolosive.
Art. 1151. - Dans le cas même où l'inexécution de la convention résulte du dol du débiteur, les dommages et intérêts ne doivent comprendre, à l'égard de la perte éprouvée par le créancier et du gain dont il a été privé, que ce qui est une suite immédiate et directe de l'inexécution de la convention.	**Art. 1231-4**. - Dans le cas même où l'inexécution du contrat résulte d'une faute lourde ou dolosive, les dommages et intérêts ne comprennent que ce qui est une suite immédiate et directe de l'inexécution.
Art. 1152. - Lorsque la convention porte que celui qui manquera de l'exécuter payera une certaine somme à titre de dommages-intérêts, il ne peut être alloué à l'autre partie une somme plus forte, ni moindre. Néanmoins, le juge peut même d'office modérer ou augmenter la peine qui avait été convenue, si elle est manifestement excessive ou dérisoire. Toute stipulation contraire sera réputée non écrite.	**Art. 1231-5**. - Lorsque le contrat stipule que celui qui manquera de l'exécuter paiera une certaine somme à titre de dommages et intérêts, il ne peut être alloué à l'autre partie une somme plus forte ni moindre. Néanmoins, le juge peut, même d'office, modérer ou augmenter la pénalité ainsi convenue si elle est manifestement excessive ou dérisoire. Lorsque l'engagement a été exécuté en partie, la pénalité convenue peut être diminuée par le juge, même d'office, à proportion de l'intérêt que l'exécution partielle a procuré au créancier, sans préjudice de l'application de l'alinéa précédent. Toute stipulation contraire aux deux alinéas précédents est réputée non écrite. Sauf inexécution définitive, la pénalité n'est encourue que lorsque le débiteur est mis en demeure.

Rédaction antérieure à l'ordonnance n° 2016-131 du 10 février 2016	Rédaction issue de l'ordonnance n° 2016-131 du 10 février 2016 ou de la loi n° 2018-287 du 20 avril 2018
Art. 1153. - Dans les obligations qui se bornent au paiement d'une certaine somme, les dommages-intérêts résultant du retard dans l'exécution ne consistent jamais que dans la condamnation aux intérêts au taux légal, sauf les règles particulières au commerce et au cautionnement. Ces dommages et intérêts sont dus sans que le créancier soit tenu de justifier d'aucune perte. Ils ne sont dus que du jour de la sommation de payer ou d'un autre acte équivalent telle une lettre missive s'il en ressort une interpellation suffisante, excepté dans le cas où la loi les fait courir de plein droit. Le créancier auquel son débiteur en retard a causé, par sa mauvaise foi, un préjudice indépendant de ce retard peut obtenir des dommages et intérêts distincts des intérêts moratoires de la créance.	**Art. 1231-6**. - Les dommages et intérêts dus à raison du retard dans le paiement d'une obligation de somme d'argent consistent dans l'intérêt au taux légal, à compter de la mise en demeure. Ces dommages et intérêts sont dus sans que le créancier soit tenu de justifier d'aucune perte. Le créancier auquel son débiteur en retard a causé, par sa mauvaise foi, un préjudice indépendant de ce retard, peut obtenir des dommages et intérêts distincts de l'intérêt moratoire. **Art. 1344-1**. - La mise en demeure de payer une obligation de somme d'argent fait courir l'intérêt moratoire, au taux légal, sans que le créancier soit tenu de justifier d'un préjudice.
Art. 1153-1. - En toute matière, la condamnation à une indemnité emporte intérêts au taux légal même en l'absence de demande ou de disposition spéciale du jugement. Sauf disposition contraire de la loi, ces intérêts courent à compter du prononcé du jugement à moins que le juge n'en décide autrement. En cas de confirmation pure et simple par le juge d'appel d'une décision allouant une indemnité en réparation d'un dommage, celle-ci porte de plein droit intérêt au taux légal à compter du jugement de première instance. Dans les autres cas, l'indemnité allouée en appel porte intérêt à compter de la décision d'appel. Le juge d'appel peut toujours déroger aux dispositions du présent alinéa.	**Art. 1231-7**. - En toute matière, la condamnation à une indemnité emporte intérêts au taux légal même en l'absence de demande ou de disposition spéciale du jugement. Sauf disposition contraire de la loi, ces intérêts courent à compter du prononcé du jugement à moins que le juge n'en décide autrement. En cas de confirmation pure et simple par le juge d'appel d'une décision allouant une indemnité en réparation d'un dommage, celle-ci porte de plein droit intérêt au taux légal à compter du jugement de première instance. Dans les autres cas, l'indemnité allouée en appel porte intérêt à compter de la décision d'appel. Le juge d'appel peut toujours déroger aux dispositions du présent alinéa.
Art. 1154. - Les intérêts échus des capitaux peuvent produire des intérêts, ou par une demande judiciaire, ou par une convention spéciale, pourvu que, soit dans la demande, soit dans la convention, il s'agisse d'intérêts dus au moins pour une année entière.	**Art. 1343-2**. - Les intérêts échus, dus au moins pour une année entière, produisent intérêt si le contrat l'a prévu ou si une décision de justice le précise.

Rédaction antérieure à l'ordonnance n° 2016-131 du 10 février 2016	Rédaction issue de l'ordonnance n° 2016-131 du 10 février 2016 ou de la loi n° 2018-287 du 20 avril 2018
Art. 1155. - Néanmoins, les revenus échus, tels que fermages, loyers, arrérages de rentes perpétuelles ou viagères, produisent intérêt du jour de la demande ou de la convention. La même règle s'applique aux restitutions de fruits et aux intérêts payés par un tiers au créancier en acquit du débiteur.	-
SECTION V. - DE L'INTERPRÉTATION DES CONVENTIONS	
Art. 1156. - On doit dans les conventions rechercher quelle a été la commune intention des parties contractantes, plutôt que de s'arrêter au sens littéral des termes.	**Art. 1188.** - Le contrat s'interprète d'après la commune intention des parties plutôt qu'en s'arrêtant au sens littéral de ses termes. Lorsque cette intention ne peut être décelée, le contrat s'interprète selon le sens que lui donnerait une personne raisonnable placée dans la même situation.
Art. 1157. - Lorsqu'une clause est susceptible de deux sens, on doit plutôt l'entendre dans celui avec lequel elle peut avoir quelque effet, que dans le sens avec lequel elle n'en pourrait produire aucun.	**Art. 1191.** - Lorsqu'une clause est susceptible de deux sens, celui qui lui confère un effet l'emporte sur celui qui ne lui en fait produire aucun.
Art. 1158. - Les termes susceptibles de deux sens doivent être pris dans le sens qui convient le plus à la matière du contrat.	-
Art. 1159. - Ce qui est ambigu s'interprète par ce qui est d'usage dans le pays où le contrat est passé.	-
Art. 1160. - On doit suppléer dans le contrat les clauses qui y sont d'usage, quoiqu'elles n'y soient pas exprimées.	-
Art. 1161. - Toutes les clauses des conventions s'interprètent les unes par les autres en donnant à chacune le sens qui résulte de l'acte entier.	**Art. 1189.** - Toutes les clauses d'un contrat s'interprètent les unes par rapport aux autres, en donnant à chacune le sens qui respecte la cohérence de l'acte tout entier. Lorsque, dans l'intention commune des parties, plusieurs contrats concourent à une même opération, ils s'interprètent en fonction de celle-ci.

Rédaction antérieure à l'ordonnance n° 2016-131 du 10 février 2016	Rédaction issue de l'ordonnance n° 2016-131 du 10 février 2016 ou de la loi n° 2018-287 du 20 avril 2018
Art. 1162. - Dans le doute, la convention s'interprète contre celui qui a stipulé, et en faveur de celui qui a contracté l'obligation.	**Art. 1190**. - Dans le doute, le contrat de gré à gré s'interprète contre le créancier et en faveur du débiteur, et le contrat d'adhésion contre celui qui l'a proposé.
Art. 1163. - Quelque généraux que soient les termes dans lesquels une convention est conçue, elle ne comprend que les choses sur lesquelles il paraît que les parties se sont proposé de contracter.	-
Art. 1164. - Lorsque dans un contrat on a exprimé un cas pour l'explication de l'obligation, on n'est pas censé avoir voulu par là restreindre l'étendue que l'engagement reçoit de droit aux cas non exprimés.	-
SECTION VI. - DE L'EFFET DES CONVENTIONS À L'ÉGARD DES TIERS	
Art. 1165. - Les conventions n'ont d'effet qu'entre les parties contractantes ; elles ne nuisent point au tiers, et elles ne lui profitent que dans le cas prévu par l'article 1121.	**Art. 1199**. - Le contrat ne crée d'obligations qu'entre les parties. Les tiers ne peuvent ni demander l'exécution du contrat ni se voir contraints de l'exécuter, sous réserve des dispositions de la présente section et de celles du chapitre III du titre IV.
Art. 1166. - Néanmoins, les créanciers peuvent exercer tous les droits et actions de leur débiteur, à l'exception de ceux qui sont exclusivement attachés à la personne.	**Art. 1341-1**. - Lorsque la carence du débiteur dans l'exercice de ses droits et actions à caractère patrimonial compromet les droits de son créancier, celui-ci peut les exercer pour le compte de son débiteur, à l'exception de ceux qui sont exclusivement rattachés à sa personne.
Art. 1167. - Ils peuvent aussi, en leur nom personnel, attaquer les actes faits par leur débiteur en fraude de leurs droits. Ils doivent néanmoins, quant à leurs droits énoncés au titre « Des successions » et au titre « Du contrat de mariage et des régimes matrimoniaux », se conformer aux règles qui y sont prescrites.	**Art. 1341-2**. - Le créancier peut aussi agir en son nom personnel pour faire déclarer inopposables à son égard les actes faits par son débiteur en fraude de ses droits, à charge d'établir, s'il s'agit d'un acte à titre onéreux, que le tiers cocontractant avait connaissance de la fraude.

Rédaction antérieure à l'ordonnance n° 2016-131 du 10 février 2016	Rédaction issue de l'ordonnance n° 2016-131 du 10 février 2016 ou de la loi n° 2018-287 du 20 avril 2018
CHAPITRE IV. - DES DIVERSES ESPÈCES D'OBLIGATIONS	
SECTION I. - DES OBLIGATIONS CONDITIONNELLES	
§ 1er. - DE LA CONDITION EN GÉNÉRAL, ET DE SES DIVERSES ESPÈCES	
Art. 1168. - L'obligation est conditionnelle lorsqu'on la fait dépendre d'un événement futur et incertain, soit en la suspendant jusqu'à ce que l'événement arrive, soit en la résiliant, selon que l'événement arrivera ou n'arrivera pas.	**Art. 1304**. - L'obligation est conditionnelle lorsqu'elle dépend d'un événement futur et incertain. La condition est suspensive lorsque son accomplissement rend l'obligation pure et simple. Elle est résolutoire lorsque son accomplissement entraîne l'anéantissement de l'obligation.
Art. 1169. - La condition *casuelle* est celle qui dépend du hasard, et qui n'est nullement au pouvoir du créancier ni du débiteur.	-
Art. 1170. - La condition *potestative* est celle qui fait dépendre l'exécution de la convention d'un événement qu'il est au pouvoir de l'une ou de l'autre des parties contractantes de faire arriver ou d'empêcher.	**Art. 1304-2**. - Est nulle l'obligation contractée sous une condition dont la réalisation dépend de la seule volonté du débiteur. Cette nullité ne peut être invoquée lorsque l'obligation a été exécutée en connaissance de cause.
Art. 1171. - La condition *mixte* est celle qui dépend tout à la fois de la volonté d'une des parties contractantes et de la volonté d'un tiers.	-
Art. 1172. - Toute condition d'une chose impossible, ou contraire aux bonnes mœurs, ou prohibée par la loi, est nulle, et rend nulle la convention qui en dépend.	**Art. 1304-1**. - La condition doit être licite. À défaut, l'obligation est nulle.
Art. 1173. - La condition de ne pas faire une chose impossible ne rend pas nulle l'obligation contractée sous cette condition.	-
Art. 1174. - Toute obligation est nulle lorsqu'elle a été contractée sous une condition potestative de la part de celui qui s'oblige.	**Art. 1304-2**. - Est nulle l'obligation contractée sous une condition dont la réalisation dépend de la seule volonté du débiteur. Cette nullité ne peut être invoquée lorsque l'obligation a été exécutée en connaissance de cause.
Art. 1175. - Toute condition doit être accomplie de la manière que les parties ont vraisemblablement voulu et entendu qu'elle le fût.	-

Rédaction antérieure à l'ordonnance n° 2016-131 du 10 février 2016	Rédaction issue de l'ordonnance n° 2016-131 du 10 février 2016 ou de la loi n° 2018-287 du 20 avril 2018
Art. 1176. - Lorsqu'une obligation est contractée sous la condition qu'un événement arrivera dans un temps fixe, cette condition est censée défaillie lorsque le temps est expiré sans que l'événement soit arrivé. S'il n'y a point de temps fixe, la condition peut toujours être accomplie ; et elle n'est censée défaillie que lorsqu'il est devenu certain que l'événement n'arrivera pas.	-
Art. 1177. - Lorsqu'une obligation est contractée sous la condition qu'un événement n'arrivera pas dans un temps fixe, cette condition est accomplie lorsque ce temps est expiré sans que l'événement soit arrivé : elle l'est également, si avant le terme il est certain que l'événement n'arrivera pas ; et s'il n'y a pas de temps déterminé, elle n'est accomplie que lorsqu'il est certain que l'événement n'arrivera pas.	-
Art. 1178. - La condition est réputée accomplie lorsque c'est le débiteur, obligé sous cette condition, qui en a empêché l'accomplissement.	**Art. 1304-3**. - La condition suspensive est réputée accomplie si celui qui y avait intérêt en a empêché l'accomplissement. La condition résolutoire est réputée défaillie si son accomplissement a été provoqué par la partie qui y avait intérêt.
Art. 1179. - La condition accomplie a un effet rétroactif au jour auquel l'engagement a été contracté. Si le créancier est mort avant l'accomplissement de la condition, ses droits passent à son héritier.	**Art. 1304-6**. - L'obligation devient pure et simple à compter de l'accomplissement de la condition suspensive. Toutefois, les parties peuvent prévoir que l'accomplissement de la condition rétroagira au jour du contrat. La chose, objet de l'obligation, n'en demeure pas moins aux risques du débiteur, qui en conserve l'administration et a droit aux fruits jusqu'à l'accomplissement de la condition. En cas de défaillance de la condition suspensive, l'obligation est réputée n'avoir jamais existé.
Art. 1180. - Le créancier peut, avant que la condition soit accomplie, exercer tous les actes conservatoires de son droit.	**Art. 1304-5**. - Avant que la condition suspensive ne soit accomplie, le débiteur doit s'abstenir de tout acte qui empêcherait la bonne exécution de l'obligation ; le créancier peut accomplir tout acte conservatoire et attaquer les actes du débiteur accomplis en fraude de ses droits. Ce qui a été payé peut être répété tant que la condition suspensive ne s'est pas accomplie.

Rédaction antérieure à l'ordonnance n° 2016-131 du 10 février 2016	Rédaction issue de l'ordonnance n° 2016-131 du 10 février 2016 ou de la loi n° 2018-287 du 20 avril 2018
§ 2. - DE LA CONDITION SUSPENSIVE	
Art. 1181. - L'obligation contractée sous une condition suspensive est celle qui dépend ou d'un événement futur et incertain, ou d'un événement actuellement arrivé, mais encore inconnu des parties. Dans le premier cas, l'obligation ne peut être exécutée qu'après l'événement. Dans le second cas, l'obligation a son effet du jour où elle a été contractée.	-
Art. 1182. - Lorsque l'obligation a été contractée sous une condition suspensive, la chose qui fait la matière de la convention demeure aux risques du débiteur qui ne s'est obligé de la livrer que dans le cas de l'événement de la condition. Si la chose est entièrement périe sans la faute du débiteur, l'obligation est éteinte. Si la chose s'est détériorée sans la faute du débiteur, le créancier a le choix ou de résoudre l'obligation, ou d'exiger la chose dans l'état où elle se trouve, sans diminution du prix.	**Art. 1304-6**. - L'obligation devient pure et simple à compter de l'accomplissement de la condition suspensive. Toutefois, les parties peuvent prévoir que l'accomplissement de la condition rétroagira au jour du contrat. La chose, objet de l'obligation, n'en demeure pas moins aux risques du débiteur, qui en conserve l'administration et a droit aux fruits jusqu'à l'accomplissement de la condition. En cas de défaillance de la condition suspensive, l'obligation est réputée n'avoir jamais existé.
Si la chose s'est détériorée par la faute du débiteur, le créancier a le droit ou de résoudre l'obligation, ou d'exiger la chose dans l'état où elle se trouve, avec des dommages et intérêts.	
§ 3. - DE LA CONDITION RÉSOLUTOIRE	
Art. 1183. - La condition résolutoire est celle qui, lorsqu'elle s'accomplit, opère la révocation de l'obligation, et qui remet les choses au même état que si l'obligation n'avait pas existé. Elle ne suspend point l'exécution de l'obligation ; elle oblige seulement le créancier à restituer ce qu'il a reçu, dans le cas où l'événement prévu par la condition arrive.	**Art. 1304**. - L'obligation est conditionnelle lorsqu'elle dépend d'un événement futur et incertain. La condition est suspensive lorsque son accomplissement rend l'obligation pure et simple. Elle est résolutoire lorsque son accomplissement entraîne l'anéantissement de l'obligation. **Art. 1304-7**. - L'accomplissement de la condition résolutoire éteint rétroactivement l'obligation, sans remettre en cause, le cas échéant, les actes conservatoires et d'administration. La rétroactivité n'a pas lieu si telle est la convention des parties ou si les prestations échangées ont trouvé leur utilité au fur et à mesure de l'exécution réciproque du contrat.

Rédaction antérieure à l'ordonnance n° 2016-131 du 10 février 2016	Rédaction issue de l'ordonnance n° 2016-131 du 10 février 2016 ou de la loi n° 2018-287 du 20 avril 2018
Art. 1184. - La condition résolutoire est toujours sous-entendue dans les contrats synallagmatiques, pour le cas où l'une des deux parties ne satisfera point à son engagement. Dans ce cas, le contrat n'est point résolu de plein droit. La partie envers laquelle l'engagement n'a point été exécuté a le choix ou de forcer l'autre à l'exécution de la convention lorsqu'elle est possible, ou d'en demander la résolution avec dommages et intérêts. La résolution doit être demandée en justice, et il peut être accordé au défendeur un délai selon les circonstances.	**Art. 1218.** - Il y a force majeure en matière contractuelle lorsqu'un événement échappant au contrôle du débiteur, qui ne pouvait être raisonnablement prévu lors de la conclusion du contrat et dont les effets ne peuvent être évités par des mesures appropriées, empêche l'exécution de son obligation par le débiteur. Si l'empêchement est temporaire, l'exécution de l'obligation est suspendue à moins que le retard qui en résulterait ne justifie la résolution du contrat. Si l'empêchement est définitif, le contrat est résolu de plein droit et les parties sont libérées de leurs obligations dans les conditions prévues aux articles 1351 et 1351-1. **Art. 1224.** - La résolution résulte soit de l'application d'une clause résolutoire soit, en cas d'inexécution suffisamment grave, d'une notification du créancier au débiteur ou d'une décision de justice. **Art. 1227.** - La résolution peut, en toute hypothèse, être demandée en justice. **Art. 1228.** - Le juge peut, selon les circonstances, constater ou prononcer la résolution ou ordonner l'exécution du contrat, en accordant éventuellement un délai au débiteur, ou allouer seulement des dommages et intérêts.
SECTION II. - DES OBLIGATIONS À TERME	
Art. 1185. - Le terme diffère de la condition, en ce qu'il ne suspend point l'engagement, dont il retarde seulement l'exécution.	**Art. 1305.** - L'obligation est à terme lorsque son exigibilité est différée jusqu'à la survenance d'un événement futur et certain, encore que la date en soit incertaine.
Art. 1186. - Ce qui n'est dû qu'à terme, ne peut être exigé avant l'échéance du terme ; mais ce qui a été payé d'avance ne peut être répété.	**Art. 1305-2.** - Ce qui n'est dû qu'à terme ne peut être exigé avant l'échéance ; mais ce qui a été payé d'avance ne peut être répété.
Art. 1187. - Le terme est toujours présumé stipulé en faveur du débiteur, à moins qu'il ne résulte de la stipulation, ou des circonstances, qu'il a été convenu en faveur du créancier.	**Art. 1305-3.** - Le terme profite au débiteur, s'il ne résulte de la loi, de la volonté des parties ou des circonstances qu'il a été établi en faveur du créancier ou des deux parties. La partie au bénéfice exclusif de qui le terme a été fixé peut y renoncer sans le consentement de l'autre.

Rédaction antérieure à l'ordonnance n° 2016-131 du 10 février 2016	Rédaction issue de l'ordonnance n° 2016-131 du 10 février 2016 ou de la loi n° 2018-287 du 20 avril 2018
Art. 1188. - Le débiteur ne peut plus réclamer le bénéfice du terme lorsque par son fait il a diminué les sûretés qu'il avait données par le contrat à son créancier.	**Art. 1305-4**. - Le débiteur ne peut réclamer le bénéfice du terme s'il ne fournit pas les sûretés promises au créancier ou s'il diminue celles qui garantissent l'obligation.
SECTION III. - DES OBLIGATIONS ALTERNATIVES	
Art. 1189. - Le débiteur d'une obligation alternative est libéré par la délivrance de l'une des deux choses qui étaient comprises dans l'obligation.	**Art. 1307**. - L'obligation est alternative lorsqu'elle a pour objet plusieurs prestations et que l'exécution de l'une d'elles libère le débiteur.
Art. 1190. - Le choix appartient au débiteur, s'il n'a pas été expressément accordé au créancier.	**Art. 1307-1**. - Le choix entre les prestations appartient au débiteur. Si le choix n'est pas exercé dans le temps convenu ou dans un délai raisonnable, l'autre partie peut, après mise en demeure, exercer ce choix ou résoudre le contrat. Le choix exercé est définitif et fait perdre à l'obligation son caractère alternatif.
Art. 1191. - Le débiteur peut se libérer en délivrant l'une des choses promises ; mais il ne peut pas forcer le créancier à recevoir une partie de l'une et une partie de l'autre.	-
Art. 1192. - L'obligation est pure et simple, quoique contractée d'une manière alternative, si l'une des deux choses promises ne pouvait être le sujet de l'obligation.	-
Art. 1193. - L'obligation alternative devient pure et simple, si l'une des choses promises périt et ne peut être livrée, même par la faute du débiteur. Le prix de cette chose ne peut pas être offert à sa place. Si toutes deux sont péries, et que le débiteur soit en faute à l'égard de l'une d'elles, il doit payer le prix de celle qui a péri la dernière.	**Art. 1307-2**. - Si elle procède d'un cas de force majeure, l'impossibilité d'exécuter la prestation choisie libère le débiteur.

Rédaction antérieure à l'ordonnance n° 2016-131 du 10 février 2016	Rédaction issue de l'ordonnance n° 2016-131 du 10 février 2016 ou de la loi n° 2018-287 du 20 avril 2018
Art. 1194. - Lorsque, dans les cas prévus par l'article précédent, le choix avait été déféré par la convention au créancier, Ou l'une des choses seulement est périe ; et alors, si c'est sans la faute du débiteur, le créancier doit avoir celle qui reste ; si le débiteur est en faute, le créancier peut demander la chose qui reste, ou le prix de celle qui est périe ; Ou les deux choses sont péries ; et alors, si le débiteur est en faute à l'égard des deux, ou même à l'égard de l'une d'elles seulement, le créancier peut demander le prix de l'une ou de l'autre à son choix.	**Art. 1307-4**. - Le créancier qui n'a pas fait connaître son choix doit, si l'une des prestations devient impossible à exécuter par suite d'un cas de force majeure, se contenter de l'une des autres.
Art. 1195. - Si les deux choses sont péries sans la faute du débiteur, et avant qu'il soit en demeure, l'obligation est éteinte, conformément à l'article 1302.	**Art. 1307-5**. - Lorsque les prestations deviennent impossibles, le débiteur n'est libéré que si l'impossibilité procède, pour chacune, d'un cas de force majeure.
Art. 1196. - Les mêmes principes s'appliquent au cas où il y a plus de deux choses comprises dans l'obligation alternative.	-
SECTION IV. - DES OBLIGATIONS SOLIDAIRES	
§ 1er. - DE LA SOLIDARITÉ ENTRE LES CRÉANCIERS	
Art. 1197. - L'obligation est solidaire entre plusieurs créanciers, lorsque le titre donne expressément à chacun d'eux le droit de demander le paiement du total de la créance, et que le paiement fait à l'un d'eux libère le débiteur, encore que le bénéfice de l'obligation soit partageable et divisible entre les divers créanciers.	**Art. 1311**. - La solidarité entre créanciers permet à chacun d'eux d'exiger et de recevoir le paiement de toute la créance. Le paiement fait à l'un d'eux, qui en doit compte aux autres, libère le débiteur à l'égard de tous. Le débiteur peut payer l'un ou l'autre des créanciers solidaires tant qu'il n'est pas poursuivi par l'un d'eux.
Art. 1198. - Il est au choix du débiteur de payer à l'un ou l'autre des créanciers solidaires, tant qu'il n'a pas été prévenu par les poursuites de l'un d'eux. Néanmoins, la remise qui n'est faite que par l'un des créanciers solidaires ne libère le débiteur que pour la part de ce créancier.	**Art. 1311**. - La solidarité entre créanciers permet à chacun d'eux d'exiger et de recevoir le paiement de toute la créance. Le paiement fait à l'un d'eux, qui en doit compte aux autres, libère le débiteur à l'égard de tous. Le débiteur peut payer l'un ou l'autre des créanciers solidaires tant qu'il n'est pas poursuivi par l'un d'eux. **Art. 1350-1**. - La remise de dette consentie à l'un des codébiteurs solidaires libère les autres à concurrence de sa part. La remise de dette faite par l'un seulement des créanciers solidaires ne libère le débiteur que pour la part de ce créancier.

Rédaction antérieure à l'ordonnance n° 2016-131 du 10 février 2016	Rédaction issue de l'ordonnance n° 2016-131 du 10 février 2016 ou de la loi n° 2018-287 du 20 avril 2018
Art. 1199. - Tout acte qui interrompt la prescription à l'égard de l'un des créanciers solidaires, profite aux autres créanciers.	**Art. 1312**. - Tout acte qui interrompt ou suspend la prescription à l'égard de l'un des créanciers solidaires, profite aux autres créanciers. **Art. 1350-1**. - La remise de dette consentie à l'un des codébiteurs solidaires libère les autres à concurrence de sa part. La remise de dette faite par l'un seulement des créanciers solidaires ne libère le débiteur que pour la part de ce créancier.
§ 2. - **DE LA SOLIDARITÉ DE LA PART DES DÉBITEURS**	
Art. 1200. - Il y a solidarité de la part des débiteurs, lorsqu'ils sont obligés à une même chose, de manière que chacun puisse être contraint pour la totalité, et le paiement fait par un seul libère les autres envers le créancier.	**Art. 1313**. - La solidarité entre les débiteurs oblige chacun d'eux à toute la dette. Le paiement fait par l'un d'eux les libère tous envers le créancier. Le créancier peut demander le paiement au débiteur solidaire de son choix. Les poursuites exercées contre l'un des débiteurs solidaires n'empêchent pas le créancier d'en exercer de pareilles contre les autres.
Art. 1201. - L'obligation peut être solidaire, quoique l'un des débiteurs soit obligé différemment de l'autre au paiement de la même chose ; par exemple, si l'un n'est obligé que conditionnellement, tandis que l'engagement de l'autre est pur et simple, ou si l'un a pris un terme qui n'est point accordé à l'autre.	-
Art. 1202. - La solidarité ne se présume point ; il faut qu'elle soit expressément stipulée. Cette règle ne cesse que dans le cas où la solidarité a lieu de plein droit, en vertu d'une disposition de la loi.	**Art. 1310**. - La solidarité est légale ou conventionnelle ; elle ne se présume pas.
Art. 1203. - Le créancier d'une obligation contractée solidairement peut s'adresser à celui des débiteurs qu'il veut choisir, sans que celui-ci puisse lui opposer le bénéfice de division.	**Art. 1313**. - La solidarité entre les débiteurs oblige chacun d'eux à toute la dette. Le paiement fait par l'un d'eux les libère tous envers le créancier. Le créancier peut demander le paiement au débiteur solidaire de son choix. Les poursuites exercées contre l'un des débiteurs solidaires n'empêchent pas le créancier d'en exercer de pareilles contre les autres.

Rédaction antérieure à l'ordonnance n° 2016-131 du 10 février 2016	Rédaction issue de l'ordonnance n° 2016-131 du 10 février 2016 ou de la loi n° 2018-287 du 20 avril 2018
Art. 1204. - Les poursuites faites contre l'un des débiteurs n'empêchent pas le créancier d'en exercer de pareilles contre les autres.	**Art. 1313**. - La solidarité entre les débiteurs oblige chacun d'eux à toute la dette. Le paiement fait par l'un d'eux les libère tous envers le créancier. Le créancier peut demander le paiement au débiteur solidaire de son choix. Les poursuites exercées contre l'un des débiteurs solidaires n'empêchent pas le créancier d'en exercer de pareilles contre les autres.
Art. 1205. - Si la chose due a péri par la faute ou pendant la demeure de l'un ou de plusieurs des débiteurs solidaires, les autres codébiteurs ne sont point déchargés de l'obligation de payer le prix de la chose ; mais ceux ci ne sont point tenus des dommages et intérêts. Le créancier peut seulement répéter les dommages et intérêts tant contre les débiteurs par la faute desquels la chose a péri, que contre ceux qui étaient en demeure.	-
Art. 1206. - Les poursuites faites contre l'un des débiteurs solidaires interrompent la prescription à l'égard de tous.	-
Art. 1207. - La demande d'intérêts formée contre l'un des débiteurs solidaires fait courir les intérêts à l'égard de tous.	**Art. 1314**. - La demande d'intérêts formée contre l'un des débiteurs solidaires fait courir les intérêts à l'égard de tous.
Art. 1208. - Le codébiteur solidaire poursuivi par le créancier peut opposer toutes les exceptions qui résultent de la nature de l'obligation, et toutes celles qui lui sont personnelles, ainsi que celles qui sont communes à tous les codébiteurs. Il ne peut opposer les exceptions qui sont purement personnelles à quelques-uns des autres débiteurs.	**Art. 1315**. - Le débiteur solidaire poursuivi par le créancier peut opposer les exceptions qui sont communes à tous les codébiteurs, telles que la nullité ou la résolution, et celles qui lui sont personnelles. Il ne peut opposer les exceptions qui sont personnelles à d'autres codébiteurs, telle que l'octroi d'un terme. Toutefois, lorsqu'une exception personnelle à un autre codébiteur éteint la part divise de celui-ci, notamment en cas de compensation ou de remise de dette, il peut s'en prévaloir pour la faire déduire du total de la dette.

Rédaction antérieure à l'ordonnance n° 2016-131 du 10 février 2016	Rédaction issue de l'ordonnance n° 2016-131 du 10 février 2016 ou de la loi n° 2018-287 du 20 avril 2018
Art. 1209. - Lorsque l'un des débiteurs devient héritier unique du créancier, ou lorsque le créancier devient l'unique héritier de l'un des débiteurs, la confusion n'éteint la créance solidaire que pour la part et portion du débiteur ou du créancier.	**Art. 1349-1**. - Lorsqu'il y a solidarité entre plusieurs débiteurs ou entre plusieurs créanciers, et que la confusion ne concerne que l'un d'eux, l'extinction n'a lieu, à l'égard des autres, que pour sa part. Lorsque la confusion concerne une obligation cautionnée, la caution, même solidaire, est libérée. Lorsque la confusion concerne l'obligation d'une des cautions, le débiteur principal n'est pas libéré. Les autres cautions solidaires sont libérées à concurrence de la part de cette caution.
Art. 1210. - Le créancier qui consent à la division de la dette à l'égard de l'un des codébiteurs, conserve son action solidaire contre les autres, mais sous la déduction de la part du débiteur qu'il a déchargé de la solidarité.	**Art. 1316**. - Le créancier qui reçoit paiement de l'un des codébiteurs solidaires et lui consent une remise de solidarité conserve sa créance contre les autres, déduction faite de la part du débiteur qu'il a déchargé.
Art. 1211. - Le créancier qui reçoit divisément la part de l'un des débiteurs, sans réserver dans la quittance la solidarité ou ses droits en général, ne renonce à la solidarité qu'à l'égard de ce débiteur. Le créancier n'est pas censé remettre la solidarité au débiteur lorsqu'il reçoit de lui une somme égale à la portion dont il est tenu, si la quittance ne porte pas que c'est *pour sa part*. Il en est de même de la simple demande formée contre l'un des codébiteurs *pour sa part*, si celui-ci n'a pas acquiescé à la demande, ou s'il n'est pas intervenu un jugement de condamnation.	-
Art. 1212. - Le créancier qui reçoit divisément et sans réserve la portion de l'un des codébiteurs dans les arrérages ou intérêts de la dette, ne perd la solidarité que pour les arrérages ou intérêts échus, et non pour ceux à échoir, ni pour le capital, à moins que le paiement divisé n'ait été continué pendant dix ans consécutifs.	-
Art. 1213. - L'obligation contractée solidairement envers le créancier se divise de plein droit entre les débiteurs, qui n'en sont tenus entre eux que chacun pour sa part et portion.	**Art. 1317**. - Entre eux, les codébiteurs solidaires ne contribuent à la dette que chacun pour sa part. Celui qui a payé au-delà de sa part dispose d'un recours contre les autres à proportion de leur propre part. Si l'un d'eux est insolvable, sa part se répartit, par contribution, entre les codébiteurs solvables, y compris celui qui a fait le paiement et celui qui a bénéficié d'une remise de solidarité.

Rédaction antérieure à l'ordonnance n° 2016-131 du 10 février 2016	Rédaction issue de l'ordonnance n° 2016-131 du 10 février 2016 ou de la loi n° 2018-287 du 20 avril 2018
Art. 1214. - Le codébiteur d'une dette solidaire, qui l'a payée en entier, ne peut répéter contre les autres que les part et portion de chacun d'eux. Si l'un d'eux se trouve insolvable, la perte qu'occasionne son insolvabilité se répartit, par contribution, entre tous les autres codébiteurs solvables et celui qui a fait le paiement.	**Art. 1317**. - Entre eux, les codébiteurs solidaires ne contribuent à la dette que chacun pour sa part. Celui qui a payé au-delà de sa part dispose d'un recours contre les autres à proportion de leur propre part. Si l'un d'eux est insolvable, sa part se répartit, par contribution, entre les codébiteurs solvables, y compris celui qui a fait le paiement et celui qui a bénéficié d'une remise de solidarité.
Art. 1215. - Dans le cas où le créancier a renoncé à l'action solidaire envers l'un des débiteurs, si l'un ou plusieurs des autres codébiteurs deviennent insolvables, la portion des insolvables sera contributoirement répartie entre tous les débiteurs, même entre ceux précédemment déchargés de la solidarité par le créancier.	**Art. 1317**. - Entre eux, les codébiteurs solidaires ne contribuent à la dette que chacun pour sa part. Celui qui a payé au-delà de sa part dispose d'un recours contre les autres à proportion de leur propre part. Si l'un d'eux est insolvable, sa part se répartit, par contribution, entre les codébiteurs solvables, y compris celui qui a fait le paiement et celui qui a bénéficié d'une remise de solidarité.
Art. 1216. - Si l'affaire pour laquelle la dette a été contractée solidairement ne concernait que l'un des coobligés solidaires, celui-ci serait tenu de toute la dette vis-à-vis des autres codébiteurs qui ne seraient considérés par rapport à lui que comme ses cautions.	**Art. 1318**. - Si la dette procède d'une affaire qui ne concerne que l'un des codébiteurs solidaires, celui-ci est seul tenu de la dette à l'égard des autres. S'il l'a payée, il ne dispose d'aucun recours contre ses codébiteurs. Si ceux-ci l'ont payée, ils disposent d'un recours contre lui.
SECTION V. - DES OBLIGATIONS DIVISIBLES ET INDIVISIBLES	
Art. 1217. - L'obligation est divisible ou indivisible selon qu'elle a pour objet une chose qui dans sa livraison, ou un fait qui dans l'exécution, est ou n'est pas susceptible de division soit matérielle, soit intellectuelle.	**Art. 1320**. - Chacun des créanciers d'une obligation à prestation indivisible, par nature ou par contrat, peut en exiger et en recevoir le paiement intégral, sauf à rendre compte aux autres ; mais il ne peut seul disposer de la créance ni recevoir le prix au lieu de la chose. Chacun des débiteurs d'une telle obligation en est tenu pour le tout ; mais il a ses recours en contribution contre les autres. Il en va de même pour chacun des successeurs de ces créanciers et débiteurs.
Art. 1218. - L'obligation est indivisible, quoique la chose ou le fait qui en est l'objet soit divisible par sa nature, si le rapport sous lequel elle est considérée dans l'obligation ne la rend pas susceptible d'exécution partielle.	**Art. 1320**. - Chacun des créanciers d'une obligation à prestation indivisible, par nature ou par contrat, peut en exiger et en recevoir le paiement intégral, sauf à rendre compte aux autres ; mais il ne peut seul disposer de la créance ni recevoir le prix au lieu de la chose.

Rédaction antérieure à l'ordonnance n° 2016-131 du 10 février 2016	Rédaction issue de l'ordonnance n° 2016-131 du 10 février 2016 ou de la loi n° 2018-287 du 20 avril 2018
	Chacun des débiteurs d'une telle obligation en est tenu pour le tout ; mais il a ses recours en contribution contre les autres. Il en va de même pour chacun des successeurs de ces créanciers et débiteurs.
Art. 1219. - La solidarité stipulée ne donne point à l'obligation le caractère d'indivisibilité.	-
Art. 1220. - L'obligation qui est susceptible de division doit être exécutée entre le créancier et le débiteur comme si elle était indivisible. La divisibilité n'a d'application qu'à l'égard de leurs héritiers, qui ne peuvent demander la dette ou qui ne sont tenus de la payer que pour les parts dont ils sont saisis ou dont ils sont tenus comme représentant le créancier ou le débiteur.	**Art. 1309**. - L'obligation qui lie plusieurs créanciers ou débiteurs se divise de plein droit entre eux. La division a lieu également entre leurs successeurs, l'obligation fût-elle solidaire. Si elle n'est pas réglée autrement par la loi ou par le contrat, la division a lieu par parts égales. Chacun des créanciers n'a droit qu'à sa part de la créance commune ; chacun des débiteurs n'est tenu que de sa part de la dette commune. Il n'en va autrement, dans les rapports entre les créanciers et les débiteurs, que si l'obligation est solidaire ou si la prestation due est indivisible.
Art. 1221. - Le principe établi dans l'article précédent reçoit exception à l'égard des héritiers du débiteur : 1° Dans le cas où la dette est hypothécaire ; 2° Lorsqu'elle est d'un corps certain ; 3° Lorsqu'il s'agit de la dette alternative de choses au choix du créancier, dont l'une est indivisible ; 4° Lorsque l'un des héritiers est chargé seul, par le titre, de l'exécution de l'obligation ; 5° Lorsqu'il résulte, soit de la nature de l'engagement, soit de la chose qui en fait l'objet, soit de la fin qu'on s'est proposée dans le contrat, que l'intention des contractants a été que la dette ne pût s'acquitter partiellement. Dans les trois premiers cas, l'héritier qui possède la chose due ou le fonds hypothéqué à la dette, peut être poursuivi pour le tout sur la chose due ou sur le fonds hypothéqué, sauf le recours contre ses cohéritiers. Dans le quatrième cas, l'héritier seul chargé de la dette, et dans le cinquième cas, chaque héritier, peut aussi être poursuivi pour le tout, sauf son recours contre ses cohéritiers.	-

Rédaction antérieure à l'ordonnance n° 2016-131 du 10 février 2016	Rédaction issue de l'ordonnance n° 2016-131 du 10 février 2016 ou de la loi n° 2018-287 du 20 avril 2018
§ 2. - DES EFFETS DE L'OBLIGATION INDIVISIBLE	
Art. 1222. - Chacun de ceux qui ont contracté conjointement une dette indivisible en est tenu pour le total, encore que l'obligation n'ait pas été contractée solidairement.	**Art. 1320**. - Chacun des créanciers d'une obligation à prestation indivisible, par nature ou par contrat, peut en exiger et en recevoir le paiement intégral, sauf à rendre compte aux autres ; mais il ne peut seul disposer de la créance ni recevoir le prix au lieu de la chose. Chacun des débiteurs d'une telle obligation en est tenu pour le tout ; mais il a ses recours en contribution contre les autres. Il en va de même pour chacun des successeurs de ces créanciers et débiteurs.
Art. 1223. - Il en est de même à l'égard des héritiers de celui qui a contracté une pareille obligation.	**Art. 1320**. - Chacun des créanciers d'une obligation à prestation indivisible, par nature ou par contrat, peut en exiger et en recevoir le paiement intégral, sauf à rendre compte aux autres ; mais il ne peut seul disposer de la créance ni recevoir le prix au lieu de la chose. Chacun des débiteurs d'une telle obligation en est tenu pour le tout ; mais il a ses recours en contribution contre les autres. Il en va de même pour chacun des successeurs de ces créanciers et débiteurs.
Art. 1224. - Chaque héritier du créancier peut exiger en totalité l'exécution de l'obligation indivisible. Il ne peut seul faire la remise de la totalité de la dette ; il ne peut recevoir seul le prix au lieu de la chose. Si l'un des héritiers a seul remis la dette ou reçu le prix de la chose, son cohéritier ne peut demander la chose indivisible qu'en tenant compte de la portion du cohéritier qui a fait la remise ou qui a reçu le prix.	**Art. 1320**. - Chacun des créanciers d'une obligation à prestation indivisible, par nature ou par contrat, peut en exiger et en recevoir le paiement intégral, sauf à rendre compte aux autres ; mais il ne peut seul disposer de la créance ni recevoir le prix au lieu de la chose. Chacun des débiteurs d'une telle obligation en est tenu pour le tout ; mais il a ses recours en contribution contre les autres. Il en va de même pour chacun des successeurs de ces créanciers et débiteurs.
Art. 1225. - L'héritier du débiteur, assigné pour la totalité de l'obligation, peut demander un délai pour mettre en cause ses cohéritiers, à moins que la dette ne soit de nature à ne pouvoir être acquittée que par l'héritier assigné, qui peut alors être condamné seul, sauf son recours en indemnité contre ses cohéritiers.	-

Rédaction antérieure à l'ordonnance n° 2016-131 du 10 février 2016	Rédaction issue de l'ordonnance n° 2016-131 du 10 février 2016 ou de la loi n° 2018-287 du 20 avril 2018
SECTION VI. - DES OBLIGATIONS AVEC CLAUSES PÉNALES	
Art. 1226. - La clause pénale est celle par laquelle une personne, pour assurer l'exécution d'une convention, s'engage à quelque chose en cas d'inexécution.	-
Art. 1227. - La nullité de l'obligation principale entraîne celle de la clause pénale. La nullité de celle-ci n'entraîne point celle de l'obligation principale.	-
Art. 1228. - Le créancier, au lieu de demander la peine stipulée contre le débiteur qui est en demeure, peut poursuivre l'exécution de l'obligation principale.	-
Art. 1229. - La clause pénale est la compensation des dommages et intérêts que le créancier souffre de l'inexécution de l'obligation principale. Il ne peut demander en même temps le principal et la peine, à moins qu'elle n'ait été stipulée pour le simple retard.	-
Art. 1230. - Soit que l'obligation primitive contienne, soit qu'elle ne contienne pas un terme dans lequel elle doive être accomplie, la peine n'est encourue que lorsque celui qui s'est obligé soit à livrer, soit à prendre, soit à faire est en demeure.	-
Art. 1231. - Lorsque l'engagement a été exécuté en partie, la peine convenue peut, même d'office, être diminuée par le juge à proportion de l'intérêt que l'exécution partielle a procuré au créancier, sans préjudice de l'application de l'article 1152. Toute stipulation contraire sera réputée non écrite.	**Art. 1231-5**. - Lorsque le contrat stipule que celui qui manquera de l'exécuter paiera une certaine somme à titre de dommages et intérêts, il ne peut être alloué à l'autre partie une somme plus forte ni moindre. Néanmoins, le juge peut, même d'office, modérer ou augmenter la pénalité ainsi convenue si elle est manifestement excessive ou dérisoire. Lorsque l'engagement a été exécuté en partie, la pénalité convenue peut être diminuée par le juge, même d'office, à proportion de l'intérêt que l'exécution partielle a procuré au créancier, sans préjudice de l'application de l'alinéa précédent. Toute stipulation contraire aux deux alinéas précédents est réputée non écrite. Sauf inexécution définitive, la pénalité n'est encourue que lorsque le débiteur est mis en demeure.

Rédaction antérieure à l'ordonnance n° 2016-131 du 10 février 2016	Rédaction issue de l'ordonnance n° 2016-131 du 10 février 2016 ou de la loi n° 2018-287 du 20 avril 2018
	Art. 1302. - Tout paiement suppose une dette ; ce qui a été reçu sans être dû est sujet à restitution. La restitution n'est pas admise à l'égard des obligations naturelles qui ont été volontairement acquittées.
Art. 1236. - Une obligation peut être acquittée par toute personne qui y est intéressée, telle qu'un coobligé ou une caution. L'obligation peut même être acquittée par un tiers qui n'y est point intéressé, pourvu que ce tiers agisse au nom et en l'acquit du débiteur, ou que, s'il agit en son nom propre, il ne soit pas subrogé aux droits du créancier.	**Art. 1342-1**. - Le paiement peut être fait même par une personne qui n'y est pas tenue, sauf refus légitime du créancier.
Art. 1237. - L'obligation de faire ne peut être acquittée par un tiers contre le gré du créancier, lorsque ce dernier a intérêt qu'elle soit remplie par le débiteur lui-même.	**Art. 1342-1**. - Le paiement peut être fait même par une personne qui n'y est pas tenue, sauf refus légitime du créancier.
Art. 1238. - Pour payer valablement, il faut être propriétaire de la chose donnée en paiement, et capable de l'aliéner. Néanmoins, le paiement d'une somme en argent ou autre chose qui se consomme par l'usage, ne peut être répété contre le créancier qui l'a consommée de bonne foi, quoique le paiement en ait été fait par celui qui n'en était pas propriétaire ou qui n'était pas capable de l'aliéner.	-
Art. 1239. - Le paiement doit être fait au créancier, ou à quelqu'un ayant pouvoir de lui, ou qui soit autorisé par justice ou par la loi à recevoir pour lui. Le paiement fait à celui qui n'aurait pas pouvoir de recevoir pour le créancier, est valable, si celui-ci le ratifie ou s'il en a profité.	**Art. 1342-2**. - Le paiement doit être fait au créancier ou à la personne désignée pour le recevoir. Le paiement fait à une personne qui n'avait pas qualité pour le recevoir est néanmoins valable si le créancier le ratifie ou s'il en a profité. Le paiement fait à un créancier dans l'incapacité de contracter n'est pas valable, s'il n'en a tiré profit.
Art. 1240. - Le paiement fait de bonne foi à celui qui est en possession de la créance est valable, encore que le possesseur en soit par la suite évincé.	**Art. 1342-3**. - Le paiement fait de bonne foi à un créancier apparent est valable.

Rédaction antérieure à l'ordonnance n° 2016-131 du 10 février 2016	Rédaction issue de l'ordonnance n° 2016-131 du 10 février 2016 ou de la loi n° 2018-287 du 20 avril 2018
	Art. 1302. - Tout paiement suppose une dette ; ce qui a été reçu sans être dû est sujet à restitution. La restitution n'est pas admise à l'égard des obligations naturelles qui ont été volontairement acquittées.
Art. 1236. - Une obligation peut être acquittée par toute personne qui y est intéressée, telle qu'un coobligé ou une caution. L'obligation peut même être acquittée par un tiers qui n'y est point intéressé, pourvu que ce tiers agisse au nom et en l'acquit du débiteur, ou que, s'il agit en son nom propre, il ne soit pas subrogé aux droits du créancier.	**Art. 1342-1**. - Le paiement peut être fait même par une personne qui n'y est pas tenue, sauf refus légitime du créancier.
Art. 1237. - L'obligation de faire ne peut être acquittée par un tiers contre le gré du créancier, lorsque ce dernier a intérêt qu'elle soit remplie par le débiteur lui-même.	**Art. 1342-1**. - Le paiement peut être fait même par une personne qui n'y est pas tenue, sauf refus légitime du créancier.
Art. 1238. - Pour payer valablement, il faut être propriétaire de la chose donnée en paiement, et capable de l'aliéner. Néanmoins, le paiement d'une somme en argent ou autre chose qui se consomme par l'usage, ne peut être répété contre le créancier qui l'a consommée de bonne foi, quoique le paiement en ait été fait par celui qui n'en était pas propriétaire ou qui n'était pas capable de l'aliéner.	-
Art. 1239. - Le paiement doit être fait au créancier, ou à quelqu'un ayant pouvoir de lui, ou qui soit autorisé par justice ou par la loi à recevoir pour lui. Le paiement fait à celui qui n'aurait pas pouvoir de recevoir pour le créancier, est valable, si celui-ci le ratifie ou s'il en a profité.	**Art. 1342-2**. - Le paiement doit être fait au créancier ou à la personne désignée pour le recevoir. Le paiement fait à une personne qui n'avait pas qualité pour le recevoir est néanmoins valable si le créancier le ratifie ou s'il en a profité. Le paiement fait à un créancier dans l'incapacité de contracter n'est pas valable, s'il n'en a tiré profit.
Art. 1240. - Le paiement fait de bonne foi à celui qui est en possession de la créance est valable, encore que le possesseur en soit par la suite évincé.	**Art. 1342-3**. - Le paiement fait de bonne foi à un créancier apparent est valable.

Rédaction antérieure à l'ordonnance n° 2016-131 du 10 février 2016	Rédaction issue de l'ordonnance n° 2016-131 du 10 février 2016 ou de la loi n° 2018-287 du 20 avril 2018
Art. 1241. - Le paiement fait au créancier n'est point valable, s'il était incapable de le recevoir, à moins que le débiteur ne prouve que la chose payée a tourné au profit du créancier.	**Art. 1342-2**. - Le paiement doit être fait au créancier ou à la personne désignée pour le recevoir. Le paiement fait à une personne qui n'avait pas qualité pour le recevoir est néanmoins valable si le créancier le ratifie ou s'il en a profité. Le paiement fait à un créancier dans l'incapacité de contracter n'est pas valable, s'il n'en a tiré profit.
Art. 1242. - Le paiement fait par le débiteur à son créancier, au préjudice d'une saisie ou d'une opposition, n'est pas valable à l'égard des créanciers saisissants ou opposants : ceux-ci peuvent, selon leur droit, le contraindre à payer de nouveau sauf, en ce cas seulement, son recours contre le créancier.	-
Art. 1243. - Le créancier ne peut être contraint de recevoir une autre chose que celle qui lui est due, quoique la valeur de la chose offerte soit égale ou même plus grande.	**Art. 1342-4**. - Le créancier peut refuser un paiement partiel même si la prestation est divisible. Il peut accepter de recevoir en paiement autre chose que ce qui lui est dû.
Art. 1244. - Le débiteur ne peut forcer le créancier à recevoir en partie le paiement d'une dette, même divisible.	**Art. 1342-4**. - Le créancier peut refuser un paiement partiel même si la prestation est divisible. Il peut accepter de recevoir en paiement autre chose que ce qui lui est dû.
Art. 1244-1. - Toutefois, compte tenu de la situation du débiteur et en considération des besoins du créancier, le juge peut, dans la limite de deux années, reporter ou échelonner le paiement des sommes dues. Par décision spéciale et motivée, le juge peut prescrire que les sommes correspondant aux échéances reportées porteront intérêt à un taux réduit qui ne peut être inférieur au taux légal ou que les paiements s'imputeront d'abord sur le capital. En outre, il peut subordonner ces mesures à l'accomplissement, par le débiteur, d'actes propres à faciliter ou à garantir le paiement de la dette. Les dispositions du présent article ne s'appliquent pas aux dettes d'aliments.	**Art. 1343-5**. - Le juge peut, compte tenu de la situation du débiteur et en considération des besoins du créancier, reporter ou échelonner, dans la limite de deux années, le paiement des sommes dues. Par décision spéciale et motivée, il peut ordonner que les sommes correspondant aux échéances reportées porteront intérêt à un taux réduit au moins égal au taux légal, ou que les paiements s'imputeront d'abord sur le capital. Il peut subordonner ces mesures à l'accomplissement par le débiteur d'actes propres à faciliter ou à garantir le paiement de la dette. La décision du juge suspend les procédures d'exécution qui auraient été engagées par le créancier. Les majorations d'intérêts ou les pénalités prévues en cas de retard ne sont pas encourues pendant le délai fixé par le juge. Toute stipulation contraire est réputée non écrite. Les dispositions du présent article ne sont pas applicables aux dettes d'aliment.

Rédaction antérieure à l'ordonnance n° 2016-131 du 10 février 2016	Rédaction issue de l'ordonnance n° 2016-131 du 10 février 2016 ou de la loi n° 2018-287 du 20 avril 2018
Art. 1244-2. - La décision du juge, prise en application de l'article 1244-1, suspend les procédures d'exécution qui auraient été engagées par le créancier. Les majorations d'intérêts ou les pénalités encourues à raison du retard cessent d'être dues pendant le délai fixé par le juge.	**Art. 1343-5**. - Le juge peut, compte tenu de la situation du débiteur et en considération des besoins du créancier, reporter ou échelonner, dans la limite de deux années, le paiement des sommes dues. Par décision spéciale et motivée, il peut ordonner que les sommes correspondant aux échéances reportées porteront intérêt à un taux réduit au moins égal au taux légal, ou que les paiements s'imputeront d'abord sur le capital. Il peut subordonner ces mesures à l'accomplissement par le débiteur d'actes propres à faciliter ou à garantir le paiement de la dette. La décision du juge suspend les procédures d'exécution qui auraient été engagées par le créancier. Les majorations d'intérêts ou les pénalités prévues en cas de retard ne sont pas encourues pendant le délai fixé par le juge. Toute stipulation contraire est réputée non écrite. Les dispositions du présent article ne sont pas applicables aux dettes d'aliment.
Art. 1244-3. - Toute stipulation contraire aux dispositions des articles 1244-1 et 1244-2 est réputée non écrite.	**Art. 1343-5**. - Le juge peut, compte tenu de la situation du débiteur et en considération des besoins du créancier, reporter ou échelonner, dans la limite de deux années, le paiement des sommes dues. Par décision spéciale et motivée, il peut ordonner que les sommes correspondant aux échéances reportées porteront intérêt à un taux réduit au moins égal au taux légal, ou que les paiements s'imputeront d'abord sur le capital. Il peut subordonner ces mesures à l'accomplissement par le débiteur d'actes propres à faciliter ou à garantir le paiement de la dette. La décision du juge suspend les procédures d'exécution qui auraient été engagées par le créancier. Les majorations d'intérêts ou les pénalités prévues en cas de retard ne sont pas encourues pendant le délai fixé par le juge. Toute stipulation contraire est réputée non écrite. Les dispositions du présent article ne sont pas applicables aux dettes d'aliment.

Rédaction antérieure à l'ordonnance n° 2016-131 du 10 février 2016	Rédaction issue de l'ordonnance n° 2016-131 du 10 février 2016 ou de la loi n° 2018-287 du 20 avril 2018
Art. 1244-4. - Une procédure simplifiée de recouvrement des petites créances peut être mise en œuvre par un huissier de justice à la demande du créancier pour le paiement d'une créance ayant une cause contractuelle ou résultant d'une obligation de caractère statutaire et inférieure à un montant défini par décret en Conseil d'État. Cette procédure se déroule dans un délai d'un mois à compter de l'envoi par l'huissier d'une lettre recommandée avec demande d'avis de réception invitant le débiteur à participer à cette procédure. L'accord du débiteur, constaté par l'huissier, suspend la prescription. L'huissier qui a reçu l'accord du créancier et du débiteur sur le montant et les modalités du paiement délivre, sans autre formalité, un titre exécutoire. Les frais de toute nature qu'occasionne la procédure sont à la charge exclusive du créancier. Un décret en Conseil d'État fixe les modalités d'application du présent article, notamment les règles de prévention des conflits d'intérêts lors de la délivrance par l'huissier de justice d'un titre exécutoire.	-
Art. 1245. - Le débiteur d'un corps certain et déterminé est libéré par la remise de la chose en l'état où elle se trouve lors de la livraison, pourvu que les détériorations qui y sont survenues ne viennent point de son fait ou de sa faute, ni de celle des personnes dont il est responsable, ou qu'avant ces détériorations il ne fût pas en demeure.	**Art. 1342-5**. - Le débiteur d'une obligation de remettre un corps certain est libéré par sa remise au créancier en l'état, sauf à prouver, en cas de détérioration, que celle-ci n'est pas due à son fait ou à celui de personnes dont il doit répondre.
Art. 1246. - Si la dette est d'une chose qui ne soit déterminée que par son espèce, le débiteur ne sera pas tenu, pour être libéré, de la donner de la meilleure espèce ; mais il ne pourra l'offrir de la plus mauvaise.	**Art. 1166**. - Lorsque la qualité de la prestation n'est pas déterminée ou déterminable en vertu du contrat, le débiteur doit offrir une prestation de qualité conforme aux attentes légitimes des parties en considération de sa nature, des usages et du montant de la contrepartie. **Art. 1342-5**. - Le débiteur d'une obligation de remettre un corps certain est libéré par sa remise au créancier en l'état, sauf à prouver, en cas de détérioration, que celle-ci n'est pas due à son fait ou à celui de personnes dont il doit répondre.

Rédaction antérieure à l'ordonnance n° 2016-131 du 10 février 2016	Rédaction issue de l'ordonnance n° 2016-131 du 10 février 2016 ou de la loi n° 2018-287 du 20 avril 2018
Art. 1247. - Le paiement doit être exécuté dans le lieu désigné par la convention. Si le lieu n'y est pas désigné, le paiement, lorsqu'il s'agit d'un corps certain et déterminé, doit être fait dans le lieu où était, au temps de l'obligation, la chose qui en fait l'objet. Les aliments alloués en justice doivent être versés, sauf décision contraire du juge, au domicile ou à la résidence de celui qui doit les recevoir. Hors ces cas, le paiement doit être fait au domicile du débiteur.	**Art. 1342-6**. - À défaut d'une autre désignation par la loi, le contrat ou le juge, le paiement doit être fait au domicile du débiteur. **Art. 1343-4**. - À défaut d'une autre désignation par la loi, le contrat ou le juge, le lieu du paiement de l'obligation de somme d'argent est le domicile du créancier.
Art. 1248. - Les frais de paiement sont à la charge du débiteur.	**Art. 1342-7**. - Les frais du paiement sont à la charge du débiteur.
§ 2. - DU PAIEMENT AVEC SUBROGATION	
Art. 1249. - La subrogation dans les droits du créancier au profit d'une tierce personne qui le paye, est ou conventionnelle ou légale.	**Art. 1346**. - La subrogation a lieu par le seul effet de la loi au profit de celui qui, y ayant un intérêt légitime, paie dès lors que son paiement libère envers le créancier celui sur qui doit peser la charge définitive de tout ou partie de la dette.
Art. 1250. - Cette subrogation est conventionnelle : 1° Lorsque le créancier recevant son paiement d'une tierce personne la subroge dans ses droits, actions, privilèges ou hypothèques contre le débiteur : cette subrogation doit être expresse et faite en même temps que le paiement ; 2° Lorsque le débiteur emprunte une somme à l'effet de payer sa dette, et de subroger le prêteur dans les droits du créancier. Il faut pour que cette subrogation soit valable, que l'acte d'emprunt et la quittance soient passés devant notaires ; que dans l'acte d'emprunt il soit déclaré que la somme a été empruntée pour faire le paiement, et que dans la quittance il soit déclaré que le paiement a été fait des deniers fournis à cet effet par le nouveau créancier. Cette subrogation s'opère sans le concours de la volonté du créancier.	**Art. 1346-1**. - La subrogation conventionnelle s'opère à l'initiative du créancier lorsque celui-ci, recevant son paiement d'une tierce personne, la subroge dans ses droits contre le débiteur. Cette subrogation doit être expresse. Elle doit être consentie en même temps que le paiement, à moins que, dans un acte antérieur, le subrogeant n'ait manifesté la volonté que son cocontractant lui soit subrogé lors du paiement. La concomitance de la subrogation et du paiement peut être prouvée par tous moyens. **Art. 1346-2**. - La subrogation a lieu également lorsque le débiteur, empruntant une somme à l'effet de payer sa dette, subroge le prêteur dans les droits du créancier avec le concours de celui-ci. En ce cas, la subrogation doit être expresse et la quittance donnée par le créancier doit indiquer l'origine des fonds. La subrogation peut être consentie sans le concours du créancier, mais à la condition que la dette soit échue ou que le terme soit en faveur du débiteur. Il faut alors que l'acte d'emprunt et la quittance soient passés devant notaire, que dans l'acte d'emprunt il soit déclaré que la somme a été empruntée pour faire le paiement, et que dans la quittance il soit déclaré que le paiement a été fait des sommes versées à cet effet par le nouveau créancier.

Rédaction antérieure à l'ordonnance n° 2016-131 du 10 février 2016	Rédaction issue de l'ordonnance n° 2016-131 du 10 février 2016 ou de la loi n° 2018-287 du 20 avril 2018
Art. 1251. - La subrogation a lieu de plein droit : 1° Au profit de celui qui, étant lui-même créancier, paye un autre créancier qui lui est préférable à raison de ses privilèges ou hypothèques ; 2° Au profit de l'acquéreur d'un immeuble, qui emploie le prix de son acquisition au paiement des créanciers auxquels cet héritage était hypothéqué ; 3° Au profit de celui qui, étant tenu avec d'autres ou pour d'autres au paiement de la dette, avait intérêt de l'acquitter ; 4° Au profit de l'héritier acceptant à concurrence de l'actif net qui a payé de ses deniers les dettes de la succession ; 5° Au profit de celui qui a payé de ses deniers les frais funéraires pour le compte de la succession.	**Art. 1346**. - La subrogation a lieu par le seul effet de la loi au profit de celui qui, y ayant un intérêt légitime, paie dès lors que son paiement libère envers le créancier celui sur qui doit peser la charge définitive de tout ou partie de la dette.
Art. 1252. - La subrogation établie par les articles précédents a lieu, tant contre les cautions que contre les débiteurs : elle ne peut nuire au créancier lorsqu'il n'a été payé qu'en partie ; en ce cas, il peut exercer ses droits, pour ce qui lui reste dû, par préférence à celui dont il n'a reçu qu'un paiement partiel.	**Art. 1346-3**. - La subrogation ne peut nuire au créancier lorsqu'il n'a été payé qu'en partie ; en ce cas, il peut exercer ses droits, pour ce qui lui reste dû, par préférence à celui dont il n'a reçu qu'un paiement partiel.
§ 3. - DE L'IMPUTATION DES PAIEMENTS	
Art. 1253. - Le débiteur de plusieurs dettes a le droit de déclarer, lorsqu'il paye, quelle dette il entend acquitter.	**Art. 1342-10**. - Le débiteur de plusieurs dettes peut indiquer, lorsqu'il paie, celle qu'il entend acquitter. À défaut d'indication par le débiteur, l'imputation a lieu comme suit : d'abord sur les dettes échues ; parmi celles-ci, sur les dettes que le débiteur avait le plus d'intérêt d'acquitter. À égalité d'intérêt, l'imputation se fait sur la plus ancienne ; toutes choses égales, elle se fait proportionnellement.
Art. 1254. - Le débiteur d'une dette qui porte intérêt ou produit des arrérages, ne peut point, sans le consentement du créancier, imputer le paiement qu'il fait sur le capital par préférence aux arrérages ou intérêts : le paiement fait sur le capital et intérêts, mais qui n'est point intégral, s'impute d'abord sur les intérêts.	**Art. 1343-1**. - Lorsque l'obligation de somme d'argent porte intérêt, le débiteur se libère en versant le principal et les intérêts. Le paiement partiel s'impute d'abord sur les intérêts. L'intérêt est accordé par la loi ou stipulé dans le contrat. Le taux de l'intérêt conventionnel doit être fixé par écrit. Il est réputé annuel par défaut.

Rédaction antérieure à l'ordonnance n° 2016-131 du 10 février 2016	Rédaction issue de l'ordonnance n° 2016-131 du 10 février 2016 ou de la loi n° 2018-287 du 20 avril 2018
Art. 1255. - Lorsque le débiteur de diverses dettes a accepté une quittance par laquelle le créancier a imputé ce qu'il a reçu sur l'une de ces dettes spécialement, le débiteur ne peut plus demander l'imputation sur une dette différente, à moins qu'il n'y ait eu dol ou surprise de la part du créancier.	**Art. 1342-10.** - Le débiteur de plusieurs dettes peut indiquer, lorsqu'il paie, celle qu'il entend acquitter. À défaut d'indication par le débiteur, l'imputation a lieu comme suit : d'abord sur les dettes échues ; parmi celles-ci, sur les dettes que le débiteur avait le plus d'intérêt d'acquitter. À égalité d'intérêt, l'imputation se fait sur la plus ancienne ; toutes choses égales, elle se fait proportionnellement.
Art. 1256. - Lorsque la quittance ne porte aucune imputation, le paiement doit être imputé sur la dette que le débiteur avait pour lors le plus d'intérêt d'acquitter entre celles qui sont pareillement échues ; sinon, sur la dette échue, quoique moins onéreuse que celles qui ne le sont point. Si les dettes sont d'égale nature, l'imputation se fait sur la plus ancienne ; toutes choses égales, elle se fait proportionnellement.	**Art. 1342-10.** - Le débiteur de plusieurs dettes peut indiquer, lorsqu'il paie, celle qu'il entend acquitter. À défaut d'indication par le débiteur, l'imputation a lieu comme suit : d'abord sur les dettes échues ; parmi celles-ci, sur les dettes que le débiteur avait le plus d'intérêt d'acquitter. À égalité d'intérêt, l'imputation se fait sur la plus ancienne ; toutes choses égales, elle se fait proportionnellement.
§ 4. - DES OFFRES DE PAIEMENT, ET DE LA CONSIGNATION	
Art. 1257. - Lorsque le créancier refuse de recevoir son paiement, le débiteur peut lui faire des offres réelles, et au refus du créancier de les accepter, consigner la somme ou la chose offerte. Les offres réelles suivies d'une consignation libèrent le débiteur ; elles tiennent lieu à son égard de paiement, lorsqu'elles sont valablement faites, et la chose ainsi consignée demeure aux risques du créancier.	**Art. 1345-1.** - Si l'obstruction n'a pas pris fin dans les deux mois de la mise en demeure, le débiteur peut, lorsque l'obligation porte sur une somme d'argent, la consigner à la Caisse des dépôts et consignations ou, lorsque l'obligation porte sur la livraison d'une chose, séquestrer celle-ci auprès d'un gardien professionnel. Si le séquestre de la chose est impossible ou trop onéreux, le juge peut en autoriser la vente amiable ou aux enchères publiques. Déduction faite des frais de la vente, le prix en est consigné à la Caisse des dépôts et consignations. La consignation ou le séquestre libère le débiteur à compter de leur notification au créancier.
Art. 1258. - Pour que les offres réelles soient valables, il faut : 1° Qu'elles soient faites au créancier ayant la capacité de recevoir, ou à celui qui a pouvoir de recevoir pour lui ; 2° Qu'elles soient faites par une personne capable de payer ; 3° Qu'elles soient de la totalité de la somme exigible, des arrérages ou intérêts dus, des frais liquidés, et d'une somme pour les frais non liquidés, sauf à la parfaire ; 4° Que le terme soit échu, s'il a été stipulé en faveur du créancier ; 5° Que la condition sous laquelle la dette a été contractée soit arrivée ; 6° Que les offres soient faites au lieu dont on est convenu pour le paiement, et que, s'il n'y a pas de convention spéciale sur le lieu du paiement, elles soient faites ou à la personne du créancier, ou à son domicile, ou au domicile élu pour l'exécution de la convention ; 7° Que les offres soient faites par un officier ministériel ayant caractère pour ces sortes d'actes.	**Art. 1345-1.** - Si l'obstruction n'a pas pris fin dans les deux mois de la mise en demeure, le débiteur peut, lorsque l'obligation porte sur une somme d'argent, la consigner à la Caisse des dépôts et consignations ou, lorsque l'obligation porte sur la livraison d'une chose, séquestrer celle-ci auprès d'un gardien professionnel. Si le séquestre de la chose est impossible ou trop onéreux, le juge peut en autoriser la vente amiable ou aux enchères publiques. Déduction faite des frais de la vente, le prix en est consigné à la Caisse des dépôts et consignations. La consignation ou le séquestre libère le débiteur à compter de leur notification au créancier.

Rédaction antérieure à l'ordonnance n° 2016-131 du 10 février 2016	Rédaction issue de l'ordonnance n° 2016-131 du 10 février 2016 ou de la loi n° 2018-287 du 20 avril 2018
Art. 1259. - Abrogé.	-
Art. 1260. - Les frais des offres réelles et de la consignation sont à la charge du créancier, si elles sont valables.	**Art. 1345-3**. - Les frais de la mise en demeure et de la consignation ou du séquestre sont à la charge du créancier.
Art. 1261. - Tant que la consignation n'a point été acceptée par le créancier, le débiteur peut la retirer ; et, s'il la retire, ses codébiteurs ou ses cautions ne sont point libérés.	-
Art. 1262. - Lorsque le débiteur a lui-même obtenu un jugement passé en force de chose jugée, qui a déclaré ses offres et sa consignation bonnes et valables, il ne peut plus, même du consentement du créancier, retirer sa consignation au préjudice de ses codébiteurs ou de ses cautions.	-
Art. 1263. - Le créancier qui a consenti que le débiteur retirât sa consignation après qu'elle a été déclarée valable par un jugement qui a acquis force de chose jugée, ne peut plus, pour le paiement de sa créance, exercer les privilèges ou hypothèques qui y étaient attachés ; il n'a plus d'hypothèque que du jour où l'acte par lequel il a consenti que la consignation fût retirée aura été revêtu des formes requises pour emporter l'hypothèque.	-
Art. 1264. - Si la chose due est un corps certain qui doit être livré au lieu où il se trouve, le débiteur doit faire sommation au créancier de l'enlever, par acte notifié à sa personne ou à son domicile, ou au domicile élu pour l'exécution de la convention. Cette sommation faite, si le créancier n'enlève pas la chose et que le débiteur ait besoin du lieu dans lequel elle est placée, celui-ci pourra obtenir de la justice la permission de la mettre en dépôt dans quelque autre lieu.	-
§ 5. - DE LA CESSION DE BIENS	
SECTION II. - DE LA NOVATION	
Art. 1271. - La novation s'opère de trois manières : 1° Lorsque le débiteur contracte envers son créancier une nouvelle dette qui est substituée à l'ancienne, laquelle est éteinte ; 2° Lorsqu'un nouveau débiteur est substitué à l'ancien qui est déchargé par le créancier ; 3° Lorsque, par l'effet d'un nouvel engagement, un nouveau créancier est substitué à l'ancien, envers lequel le débiteur se trouve déchargé.	**Art. 1329**. - La novation est un contrat qui a pour objet de substituer à une obligation, qu'elle éteint, une obligation nouvelle qu'elle crée. Elle peut avoir lieu par substitution d'obligation entre les mêmes parties, par changement de débiteur ou par changement de créancier.

Rédaction antérieure à l'ordonnance n° 2016-131 du 10 février 2016	Rédaction issue de l'ordonnance n° 2016-131 du 10 février 2016 ou de la loi n° 2018-287 du 20 avril 2018
Art. 1272. - La novation ne peut s'opérer qu'entre personnes capables de contracter.	-
Art. 1273. - La novation ne se présume point ; il faut que la volonté de l'opérer résulte clairement de l'acte.	**Art. 1330**. - La novation ne se présume pas ; la volonté de l'opérer doit résulter clairement de l'acte.
Art. 1274. - La novation par la substitution d'un nouveau débiteur peut s'opérer sans le concours du premier débiteur.	**Art. 1332**. - La novation par changement de débiteur peut s'opérer sans le concours du premier débiteur.
Art. 1275. - La délégation par laquelle un débiteur donne au créancier un autre débiteur qui s'oblige envers le créancier, n'opère point de novation, si le créancier n'a expressément déclaré qu'il entendait décharger son débiteur qui a fait la délégation.	**Art. 1336**. - La délégation est une opération par laquelle une personne, le délégant, obtient d'une autre, le délégué, qu'elle s'oblige envers une troisième, le délégataire, qui l'accepte comme débiteur. Le délégué ne peut, sauf stipulation contraire, opposer au délégataire aucune exception tirée de ses rapports avec le délégant ou des rapports entre ce dernier et le délégataire. **Art. 1338**. - Lorsque le délégant est débiteur du délégataire mais que celui-ci ne l'a pas déchargé de sa dette, la délégation donne au délégataire un second débiteur. Le paiement fait par l'un des deux débiteurs libère l'autre, à due concurrence.
Art. 1276. - Le créancier qui a déchargé le débiteur par qui a été faite la délégation, n'a point de recours contre ce débiteur, si le délégué devient insolvable, à moins que l'acte n'en contienne une réserve expresse, ou que le délégué ne fût déjà en faillite ouverte, ou tombé en déconfiture au moment de la délégation.	**Art. 1337**. - Lorsque le délégant est débiteur du délégataire et que la volonté du délégataire de décharger le délégant résulte expressément de l'acte, la délégation opère novation. Toutefois, le délégant demeure tenu s'il s'est expressément engagé à garantir la solvabilité future du délégué ou si ce dernier se trouve soumis à une procédure d'apurement de ses dettes lors de la délégation.
Art. 1277. - La simple indication, faite par le débiteur, d'une personne qui doit payer à sa place, n'opère point novation. Il en est de même de la simple indication faite, par le créancier, d'une personne qui doit recevoir pour lui.	**Art. 1340**. - La simple indication faite par le débiteur d'une personne désignée pour payer à sa place n'emporte ni novation, ni délégation. Il en est de même de la simple indication faite, par le créancier, d'une personne désignée pour recevoir le paiement pour lui.

Rédaction antérieure à l'ordonnance n° 2016-131 du 10 février 2016	Rédaction issue de l'ordonnance n° 2016-131 du 10 février 2016 ou de la loi n° 2018-287 du 20 avril 2018
Art. 1278. - Les privilèges et hypothèques de l'ancienne créance ne passent point à celle qui lui est substituée, à moins que le créancier ne les ait expressément réservés.	**Art. 1334**. - L'extinction de l'obligation ancienne s'étend à tous ses accessoires. Par exception, les sûretés d'origine peuvent être réservées pour la garantie de la nouvelle obligation avec le consentement des tiers garants.
Art. 1279. - Lorsque la novation s'opère par la substitution d'un nouveau débiteur, les privilèges et hypothèques primitifs de la créance ne peuvent point passer sur les biens du nouveau débiteur. Les privilèges et hypothèques primitifs de la créance peuvent être réservés, avec le consentement des propriétaires des biens grevés, pour la garantie de l'exécution de l'engagement du nouveau débiteur.	-
Art. 1280. - Lorsque la novation s'opère entre le créancier et l'un des débiteurs solidaires, les privilèges et hypothèques de l'ancienne créance ne peuvent être réservés que sur les biens de celui qui contracte la nouvelle dette.	-
Art. 1281. - Par la novation faite entre le créancier et l'un des débiteurs solidaires, les codébiteurs sont libérés. La novation opérée à l'égard du débiteur principal libère les cautions. Néanmoins, si le créancier a exigé, dans le premier cas, l'accession des codébiteurs, ou, dans le second, celle des cautions, l'ancienne créance subsiste, si les codébiteurs ou les cautions refusent d'accéder au nouvel arrangement.	**Art. 1335**. - La novation convenue entre le créancier et l'un des codébiteurs solidaires libère les autres. La novation convenue entre le créancier et une caution ne libère pas le débiteur principal. Elle libère les autres cautions à concurrence de la part contributive de celle dont l'obligation a fait l'objet de la novation.
SECTION III. - DE LA REMISE DE LA DETTE	
Art. 1282. - La remise volontaire du titre original sous signature privée, par le créancier au débiteur, fait preuve de la libération.	**Art. 1342-9**. - La remise volontaire par le créancier au débiteur de l'original sous signature privée ou de la copie exécutoire du titre de sa créance vaut présomption simple de libération. La même remise à l'un des codébiteurs solidaires produit le même effet à l'égard de tous.
Art. 1283. - La remise volontaire de la grosse du titre fait présumer la remise de la dette ou le paiement, sans préjudice de la preuve contraire.	-

Rédaction antérieure à l'ordonnance n° 2016-131 du 10 février 2016	Rédaction issue de l'ordonnance n° 2016-131 du 10 février 2016 ou de la loi n° 2018-287 du 20 avril 2018
Art. 1284. - La remise du titre original sous signature privée, ou de la grosse du titre, à l'un des débiteurs solidaires, a le même effet au profit de ses codébiteurs.	-
Art. 1285. - La remise ou décharge conventionnelle au profit de l'un des codébiteurs solidaires libère tous les autres, à moins que le créancier n'ait expressément réservé ses droits contre ces derniers. Dans ce dernier cas, il ne peut plus répéter la dette que déduction faite de la part de celui auquel il a fait la remise. **Art. 1286**. - La remise de la chose donnée en gage ou en nantissement ne suffit point pour présumer la remise de la dette.	**Art. 1350-1**. - La remise de dette consentie à l'un des codébiteurs solidaires libère les autres à concurrence de sa part. La remise de dette faite par l'un seulement des créanciers solidaires ne libère le débiteur que pour la part de ce créancier.
Art. 1287. - La remise ou décharge conventionnelle accordée au débiteur principal libère les cautions ; Celle accordée à la caution ne libère pas le débiteur principal ; Celle accordée à l'une des cautions ne libère pas les autres.	**Art. 1350-2**. - La remise de dette accordée au débiteur principal libère les cautions, même solidaires. La remise consentie à l'une des cautions solidaires ne libère pas le débiteur principal, mais libère les autres à concurrence de sa part. Ce que le créancier a reçu d'une caution pour la décharge de son cautionnement doit être imputé sur la dette et décharger le débiteur principal à proportion. Les autres cautions ne restent tenues que déduction faite de la part de la caution libérée ou de la valeur fournie si elle excède cette part.
Art. 1288. - Ce que le créancier a reçu d'une caution pour la décharge de son cautionnement, doit être imputé sur la dette, et tourner à la décharge du débiteur principal et des autres cautions.	**Art. 1350-2**. - La remise de dette accordée au débiteur principal libère les cautions, même solidaires. La remise consentie à l'une des cautions solidaires ne libère pas le débiteur principal, mais libère les autres à concurrence de sa part. Ce que le créancier a reçu d'une caution pour la décharge de son cautionnement doit être imputé sur la dette et décharger le débiteur principal à proportion. Les autres cautions ne restent tenues que déduction faite de la part de la caution libérée ou de la valeur fournie si elle excède cette part.

Rédaction antérieure à l'ordonnance n° 2016-131 du 10 février 2016	Rédaction issue de l'ordonnance n° 2016-131 du 10 février 2016 ou de la loi n° 2018-287 du 20 avril 2018
SECTION IV. - DE LA COMPENSATION	
Art. 1289. - Lorsque deux personnes se trouvent débitrices l'une envers l'autre, il s'opère entre elles une compensation qui éteint les deux dettes, de la manière et dans les cas ci-après exprimés.	**Art. 1347**. - La compensation est l'extinction simultanée d'obligations réciproques entre deux personnes. Elle s'opère, sous réserve d'être invoquée, à due concurrence, à la date où ses conditions se trouvent réunies.
Art. 1290. - La compensation s'opère de plein droit par la seule force de la loi, même à l'insu des débiteurs ; les deux dettes s'éteignent réciproquement, à l'instant où elles se trouvent exister à la fois, jusqu'à concurrence de leurs quotités respectives.	**Art. 1347**. - La compensation est l'extinction simultanée d'obligations réciproques entre deux personnes. Elle s'opère, sous réserve d'être invoquée, à due concurrence, à la date où ses conditions se trouvent réunies.
Art. 1291. - La compensation n'a lieu qu'entre deux dettes qui ont également pour objet une somme d'argent, ou une certaine quantité de choses fongibles de la même espèce et qui sont également liquides et exigibles. Les prestations en grains et denrées, non contestées, et dont le prix est réglé par les mercuriales, peuvent se compenser avec des sommes liquides et exigibles.	**Art. 1347-1**. - Sous réserve des dispositions prévues à la sous-section suivante, la compensation n'a lieu qu'entre deux obligations fongibles, certaines, liquides et exigibles. Sont fongibles les obligations de somme d'argent, même en différentes devises, pourvu qu'elles soient convertibles, ou celles qui ont pour objet une quantité de choses de même genre.
Art. 1292. - Le terme de grâce n'est point un obstacle à la compensation.	**Art. 1347-3**. - Le délai de grâce ne fait pas obstacle à la compensation.
Art. 1293. - La compensation a lieu, quelles que soient les causes de l'une ou l'autre des dettes, excepté dans le cas : 1° De la demande en restitution d'une chose dont le propriétaire a été injustement dépouillé ; 2° De la demande en restitution d'un dépôt et du prêt à usage ; 3° D'une dette qui a pour cause des aliments déclarés insaisissables.	**Art. 1347-2**. - Les créances insaisissables et les obligations de restitution d'un dépôt, d'un prêt à usage ou d'une chose dont le propriétaire a été injustement privé ne sont compensables que si le créancier y consent.

Rédaction antérieure à l'ordonnance n° 2016-131 du 10 février 2016	Rédaction issue de l'ordonnance n° 2016-131 du 10 février 2016 ou de la loi n° 2018-287 du 20 avril 2018
Art. 1294. - La caution peut opposer la compensation de ce que le créancier doit au débiteur principal ; Mais le débiteur principal ne peut opposer la compensation de ce que le créancier doit à la caution. Le débiteur solidaire ne peut pareillement opposer la compensation de ce que le créancier doit à son codébiteur.	**Art. 1347-6** *(Rédaction en vigueur jusqu'au 30 septembre 2018). - La caution peut opposer au créancier la compensation intervenue entre ce dernier et le débiteur principal.* *Le codébiteur solidaire peut se prévaloir de la compensation intervenue entre le créancier et l'un de ses coobligés pour faire déduire la part divise de celui-ci du total de la dette.* **Art. 1347-6** ***(Rédaction en vigueur à compter du 1er octobre 2018)*****. - La caution peut opposer la compensation de ce que le créancier doit au débiteur principal.** **Le codébiteur solidaire peut se prévaloir de la compensation de ce que le créancier doit à l'un de ses coobligés pour faire déduire la part divise de celui-ci du total de la dette.**
Art. 1295. - Le débiteur qui a accepté purement et simplement la cession qu'un créancier a faite de ses droits à un tiers ne peut plus opposer au cessionnaire la compensation qu'il eût pu, avant l'acceptation, opposer au cédant. À l'égard de la cession qui n'a point été acceptée par le débiteur, mais qui lui a été signifiée, elle n'empêche que la compensation des créances postérieures à cette notification.	**Art. 1347-5**. - Le débiteur qui a pris acte sans réserve de la cession de la créance ne peut opposer au cessionnaire la compensation qu'il eût pu opposer au cédant.
Art. 1296. - Lorsque les deux dettes ne sont pas payables au même lieu, on n'en peut opposer la compensation qu'en faisant raison des frais de la remise.	-
Art. 1297. - Lorsqu'il y a plusieurs dettes compensables dues par la même personne, on suit, pour la compensation, les règles établies pour l'imputation par l'article 1256.	**Art. 1347-4**. - S'il y a plusieurs dettes compensables, les règles d'imputation des paiements sont transposables.
Art. 1298. - La compensation n'a pas lieu au préjudice des droits acquis à un tiers. Ainsi celui qui, étant débiteur, est devenu créancier depuis la saisie faite par un tiers entre ses mains ne peut, au préjudice du saisissant, opposer la compensation.	**Art. 1347-7**. - La compensation ne préjudicie pas aux droits acquis par des tiers.

Rédaction antérieure à l'ordonnance n° 2016-131 du 10 février 2016	Rédaction issue de l'ordonnance n° 2016-131 du 10 février 2016 ou de la loi n° 2018-287 du 20 avril 2018
Art. 1299. - Celui qui a payé une dette, qui était, de droit, éteinte par la compensation, ne peut plus, en exerçant la créance dont il n'a point opposé la compensation, se prévaloir, au préjudice des tiers, des privilèges ou hypothèques qui y étaient attachés, à moins qu'il n'ait eu une juste cause d'ignorer la créance qui devait compenser sa dette.	**Art. 1347-7**. - La compensation ne préjudicie pas aux droits acquis par des tiers.
SECTION V. - DE LA CONFUSION	
Art. 1300. - Lorsque les qualités de créancier et de débiteur se réunissent dans la même personne, il se fait une confusion de droit qui éteint les deux créances.	**Art. 1349**. - La confusion résulte de la réunion des qualités de créancier et de débiteur d'une même obligation dans la même personne. Elle éteint la créance et ses accessoires, sous réserve des droits acquis par ou contre des tiers.
Art. 1301. - La confusion qui s'opère dans la personne du débiteur principal profite à ses cautions ; Celle qui s'opère dans la personne de la caution n'entraîne point l'extinction de l'obligation principale ; Celle qui s'opère dans la personne du créancier ne profite à ses codébiteurs solidaires que pour la portion dont il était débiteur.	**Art. 1349-1**. - Lorsqu'il y a solidarité entre plusieurs débiteurs ou entre plusieurs créanciers, et que la confusion ne concerne que l'un d'eux, l'extinction n'a lieu, à l'égard des autres, que pour sa part. Lorsque la confusion concerne une obligation cautionnée, la caution, même solidaire, est libérée. Lorsque la confusion concerne l'obligation d'une des cautions, le débiteur principal n'est pas libéré. Les autres cautions solidaires sont libérées à concurrence de la part de cette caution.
SECTION VI. - DE LA PERTE DE LA CHOSE DUE	
Art. 1302. - Lorsque le corps certain et déterminé qui était l'objet de l'obligation vient à périr, est mis hors du commerce, ou se perd de manière qu'on en ignore absolument l'existence, l'obligation est éteinte si la chose a péri ou a été perdue sans la faute du débiteur, et avant qu'il fût en demeure. Lors même que le débiteur est en demeure, et s'il ne s'est pas chargé des cas fortuits, l'obligation est éteinte dans le cas où la chose fût également périe chez le créancier si elle lui eût été livrée. Le débiteur est tenu de prouver le cas fortuit qu'il allègue. De quelque manière que la chose volée ait péri, ou ait été perdue, sa perte ne dispense pas celui qui l'a soustraite, de la restitution du prix.	**Art. 1344-2**. - La mise en demeure de délivrer une chose met les risques à la charge du débiteur, s'ils n'y sont déjà. **Art. 1351**. - L'impossibilité d'exécuter la prestation libère le débiteur à due concurrence lorsqu'elle procède d'un cas de force majeure et qu'elle est définitive, à moins qu'il n'ait convenu de s'en charger ou qu'il ait été préalablement mis en demeure. **Art. 1351-1**. - Lorsque l'impossibilité d'exécuter résulte de la perte de la chose due, le débiteur mis en demeure est néanmoins libéré s'il prouve que la perte se serait pareillement produite si l'obligation avait été exécutée. Il est cependant tenu de céder à son créancier les droits et actions attachés à la chose.

Rédaction antérieure à l'ordonnance n° 2016-131 du 10 février 2016	Rédaction issue de l'ordonnance n° 2016-131 du 10 février 2016 ou de la loi n° 2018-287 du 20 avril 2018
Art. 1303. - Lorsque la chose est périe, mise hors du commerce ou perdue, sans la faute du débiteur, il est tenu, s'il y a quelques droits ou actions en indemnité par rapport à cette chose, de les céder à son créancier.	**Art. 1351-1**. - Lorsque l'impossibilité d'exécuter résulte de la perte de la chose due, le débiteur mis en demeure est néanmoins libéré s'il prouve que la perte se serait pareillement produite si l'obligation avait été exécutée. Il est cependant tenu de céder à son créancier les droits et actions attachés à la chose.
SECTION VII. - DE L'ACTION EN NULLITÉ OU EN RESCISION DES CONVENTIONS	
Art. 1304. - Dans tous les cas où l'action en nullité ou en rescision d'une convention n'est pas limitée à un moindre temps par une loi particulière, cette action dure cinq ans. Ce temps ne court dans le cas de violence que du jour où elle a cessé ; dans le cas d'erreur ou de dol, du jour où ils ont été découverts. Le temps ne court, à l'égard des actes faits par un mineur, que du jour de la majorité ou de l'émancipation ; et à l'égard des actes faits par un majeur protégé, que du jour où il en a eu connaissance, alors qu'il était en situation, de les refaire valablement. Il ne court contre les héritiers de la personne en tutelle ou en curatelle ou de la personne faisant l'objet d'une habilitation familiale que du jour du décès, s'il n'a commencé à courir auparavant.	**Art. 1144**. - Le délai de l'action en nullité ne court, en cas d'erreur ou de dol, que du jour où ils ont été découverts et, en cas de violence, que du jour où elle a cessé.
	Art. 1152. - La prescription de l'action court : 1° À l'égard des actes faits par un mineur, du jour de la majorité ou de l'émancipation ; 2° À l'égard des actes faits par un majeur protégé, du jour où il en a eu connaissance alors qu'il était en situation de les refaire valablement ; 3° À l'égard des héritiers de la personne en tutelle ou en curatelle ou de la personne faisant l'objet d'une habilitation familiale, du jour du décès si elle n'a commencé à courir auparavant.
Art. 1305. - La simple lésion donne lieu à la rescision en faveur du mineur non émancipé, contre toutes sortes de conventions. **Art. 1306**. - Le mineur n'est pas restituable pour cause de lésion, lorsqu'elle ne résulte que d'un événement casuel et imprévu. **Art. 1307**. - La simple déclaration de majorité, faite par le mineur, ne fait point obstacle à sa restitution. **Art. 1308**. - Le mineur qui exerce une profession n'est point restituable contre les engagements qu'il a pris dans l'exercice de celle-ci.	**Art. 1149**. - Les actes courants accomplis par le mineur peuvent être annulés pour simple lésion. Toutefois, la nullité n'est pas encourue lorsque la lésion résulte d'un événement imprévisible. La simple déclaration de majorité faite par le mineur ne fait pas obstacle à l'annulation. Le mineur ne peut se soustraire aux engagements qu'il a pris dans l'exercice de sa profession.

Rédaction antérieure à l'ordonnance n° 2016-131 du 10 février 2016	Rédaction issue de l'ordonnance n° 2016-131 du 10 février 2016 ou de la loi n° 2018-287 du 20 avril 2018
Art. 1309. - Le mineur n'est point restituable contre les conventions portées en son contrat de mariage, lorsqu'elles ont été faites avec le consentement et l'assistance de ceux dont le consentement est requis pour la validité de son mariage.	-
Art. 1310. - Il n'est point restituable contre les obligations résultant de son délit ou quasi-délit.	-
Art. 1311. - Il n'est plus recevable à revenir contre l'engagement qu'il avait souscrit en minorité, lorsqu'il l'a ratifié en majorité, soit que cet engagement fût nul en sa forme, soit qu'il fût seulement sujet à restitution.	**Art. 1151**. - Le contractant capable peut faire obstacle à l'action en nullité engagée contre lui en établissant que l'acte était utile à la personne protégée et exempt de lésion ou qu'il a profité à celle-ci. Il peut aussi opposer à l'action en nullité la confirmation de l'acte par son cocontractant devenu ou redevenu capable.
Art. 1312. - Lorsque les mineurs ou les majeurs en tutelle sont admis, en ces qualités, à se faire restituer contre leurs engagements, le remboursement de ce qui aurait été, en conséquence de ces engagements, payé pendant la minorité ou la tutelle des majeurs, ne peut en être exigé, à moins qu'il ne soit prouvé que ce qui a été payé ait tourné à leur profit.	**Art. 1151**. - Le contractant capable peut faire obstacle à l'action en nullité engagée contre lui en établissant que l'acte était utile à la personne protégée et exempt de lésion ou qu'il a profité à celle-ci. Il peut aussi opposer à l'action en nullité la confirmation de l'acte par son cocontractant devenu ou redevenu capable. **Art. 1352-4** *(Rédaction en vigueur jusqu'au 30 septembre 2018). - Les restitutions dues à un mineur non émancipé ou à un majeur protégé sont réduites à proportion du profit qu'il a retiré de l'acte annulé.* **Art. 1352-4** ***(Rédaction en vigueur à compter du 1er octobre 2018).*** **- Les restitutions dues par un mineur non émancipé ou par un majeur protégé sont réduites à hauteur du profit qu'il a retiré de l'acte annulé.**

Rédaction antérieure à l'ordonnance n° 2016-131 du 10 février 2016	Rédaction issue de l'ordonnance n° 2016-131 du 10 février 2016 ou de la loi n° 2018-287 du 20 avril 2018
Art. 1313. - Les majeurs ne sont restitués pour cause de lésion que dans les cas et sous les conditions spécialement exprimés dans le présent code.	-
Art. 1314. - Lorsque les formalités requises à l'égard des mineurs ou des majeurs en tutelle soit pour aliénation d'immeubles, soit dans un partage de succession, ont été remplies, ils sont, relativement à ces actes, considérés comme s'ils les avaient faits en majorité ou avant la tutelle des majeurs.	-
CHAPITRE VI. - DE LA PREUVE DES OBLIGATIONS ET DE CELLE DU PAIEMENT	
Art. 1315. - Celui qui réclame l'exécution d'une obligation doit la prouver. Réciproquement, celui qui se prétend libéré doit justifier le paiement ou le fait qui a produit l'extinction de son obligation.	**Art. 1353**. - Celui qui réclame l'exécution d'une obligation doit la prouver. Réciproquement, celui qui se prétend libéré doit justifier le paiement ou le fait qui a produit l'extinction de son obligation.
Art. 1315-1. - Les règles qui concernent la preuve littérale, la preuve testimoniale, les présomptions, l'aveu de la partie et le serment sont expliquées dans les sections suivantes.	-
SECTION I. - DE LA PREUVE LITTÉRALE	
Ier. - Dispositions générales	
Art. 1316. - La preuve littérale, ou preuve par écrit, résulte d'une suite de lettres, de caractères, de chiffres ou de tous autres signes ou symboles dotés d'une signification intelligible, quels que soient leur support et leurs modalités de transmission.	**Art. 1365**. - L'écrit consiste en une suite de lettres, de caractères, de chiffres ou de tous autres signes ou symboles dotés d'une signification intelligible, quel que soit leur support.
Art. 1316-1. - L'écrit sous forme électronique est admis en preuve au même titre que l'écrit sur support papier, sous réserve que puisse être dûment identifiée la personne dont il émane et qu'il soit établi et conservé dans des conditions de nature à en garantir l'intégrité.	**Art. 1366**. - L'écrit électronique a la même force probante que l'écrit sur support papier, sous réserve que puisse être dûment identifiée la personne dont il émane et qu'il soit établi et conservé dans des conditions de nature à en garantir l'intégrité.

Rédaction antérieure à l'ordonnance n° 2016-131 du 10 février 2016	Rédaction issue de l'ordonnance n° 2016-131 du 10 février 2016 ou de la loi n° 2018-287 du 20 avril 2018
Art. 1316-2. - Lorsque la loi n'a pas fixé d'autres principes, et à défaut de convention valable entre les parties, le juge règle les conflits de preuve littérale en déterminant par tous moyens le titre le plus vraisemblable, quel qu'en soit le support.	**Art. 1368**. - À défaut de dispositions ou de conventions contraires, le juge règle les conflits de preuve par écrit en déterminant par tout moyen le titre le plus vraisemblable.
Art. 1316-3. - L'écrit sur support électronique a la même force probante que l'écrit sur support papier.	**Art. 1366**. - L'écrit électronique a la même force probante que l'écrit sur support papier, sous réserve que puisse être dûment identifiée la personne dont il émane et qu'il soit établi et conservé dans des conditions de nature à en garantir l'intégrité.
Art. 1316-4. - La signature nécessaire à la perfection d'un acte juridique identifie celui qui l'appose. Elle manifeste le consentement des parties aux obligations qui découlent de cet acte. Quand elle est apposée par un officier public, elle confère l'authenticité à l'acte. Lorsqu'elle est électronique, elle consiste en l'usage d'un procédé fiable d'identification garantissant son lien avec l'acte auquel elle s'attache. La fiabilité de ce procédé est présumée, jusqu'à preuve contraire, lorsque la signature électronique est créée, l'identité du signataire assurée et l'intégrité de l'acte garantie, dans des conditions fixées par décret en Conseil d'État.	**Art. 1367**. - La signature nécessaire à la perfection d'un acte juridique identifie son auteur. Elle manifeste son consentement aux obligations qui découlent de cet acte. Quand elle est apposée par un officier public, elle confère l'authenticité à l'acte. Lorsqu'elle est électronique, elle consiste en l'usage d'un procédé fiable d'identification garantissant son lien avec l'acte auquel elle s'attache. La fiabilité de ce procédé est présumée, jusqu'à preuve contraire, lorsque la signature électronique est créée, l'identité du signataire assurée et l'intégrité de l'acte garantie, dans des conditions fixées par décret en Conseil d'État.
II. - Du titre authentique	
Art. 1317. - L'acte authentique est celui qui a été reçu par officiers publics ayant le droit d'instrumenter dans le lieu où l'acte a été rédigé, et avec les solennités requises. Il peut être dressé sur support électronique s'il est établi et conservé dans des conditions fixées par décret en Conseil d'État.	**Art. 1369**. - L'acte authentique est celui qui a été reçu, avec les solennités requises, par un officier public ayant compétence et qualité pour instrumenter. Il peut être dressé sur support électronique s'il est établi et conservé dans des conditions fixées par décret en Conseil d'État. Lorsqu'il est reçu par un notaire, il est dispensé de toute mention manuscrite exigée par la loi.
Art. 1317-1. - L'acte reçu en la forme authentique par un notaire est, sauf disposition dérogeant expressément au présent article, dispensé de toute mention manuscrite exigée par la loi.	**Art. 1369**. - L'acte authentique est celui qui a été reçu, avec les solennités requises, par un officier public ayant compétence et qualité pour instrumenter. Il peut être dressé sur support électronique s'il est établi et conservé dans des conditions fixées par décret en Conseil d'État. Lorsqu'il est reçu par un notaire, il est dispensé de toute mention manuscrite exigée par la loi.

Rédaction antérieure à l'ordonnance n° 2016-131 du 10 février 2016	Rédaction issue de l'ordonnance n° 2016-131 du 10 février 2016 ou de la loi n° 2018-287 du 20 avril 2018
Art. 1318. - L'acte qui n'est point authentique par l'incompétence ou l'incapacité de l'officier, ou par un défaut de forme, vaut comme écriture privée, s'il a été signé des parties.	**Art. 1370**. - L'acte qui n'est pas authentique du fait de l'incompétence ou de l'incapacité de l'officier, ou par un défaut de forme, vaut comme écrit sous signature privée, s'il a été signé des parties.
Art. 1319. - L'acte authentique fait pleine foi de la convention qu'il renferme entre les parties contractantes et leurs héritiers ou ayants cause. Néanmoins, en cas de plaintes en faux principal, l'exécution de l'acte argué de faux sera suspendue par la mise en accusation ; et, en cas d'inscription de faux faite incidemment, les tribunaux pourront, suivant les circonstances, suspendre provisoirement l'exécution de l'acte.	**Art. 1371**. - L'acte authentique fait foi jusqu'à inscription de faux de ce que l'officier public dit avoir personnellement accompli ou constaté. En cas d'inscription de faux, le juge peut suspendre l'exécution de l'acte.
Art. 1320. - L'acte, soit authentique, soit sous seing privé, fait foi entre les parties, même de ce qui n'y est exprimé qu'en termes énonciatifs, pourvu que l'énonciation ait un rapport direct à la disposition. Les énonciations étrangères à la disposition ne peuvent servir que d'un commencement de preuve.	-
Art. 1321. - Les contre-lettres ne peuvent avoir leur effet qu'entre les parties contractantes ; elles n'ont point d'effet contre les tiers.	**Art. 1201**. - Lorsque les parties ont conclu un contrat apparent qui dissimule un contrat occulte, ce dernier, appelé aussi contre-lettre, produit effet entre les parties. Il n'est pas opposable aux tiers, qui peuvent néanmoins s'en prévaloir.
Art. 1321-1. - Est nulle et de nul effet toute contre-lettre ayant pour objet une augmentation du prix stipulé dans le traité de cession d'un office ministériel et toute convention ayant pour but de dissimuler partie du prix d'une vente d'immeubles ou d'une cession de fonds de commerce ou de clientèle ou d'une cession d'un droit à un bail ou du bénéfice d'une promesse de bail portant sur tout ou partie d'un immeuble et tout ou partie de la soulte d'un échange ou d'un partage comprenant des biens immeubles, un fonds de commerce ou une clientèle.	**Art. 1202**. - Est nulle toute contre-lettre ayant pour objet une augmentation du prix stipulé dans le traité de cession d'un office ministériel. Est également nul tout contrat ayant pour but de dissimuler une partie du prix, lorsqu'elle porte sur une vente d'immeubles, une cession de fonds de commerce ou de clientèle, une cession d'un droit à un bail, ou le bénéfice d'une promesse de bail portant sur tout ou partie d'un immeuble et tout ou partie de la soulte d'un échange ou d'un partage comprenant des biens immeubles, un fonds de commerce ou une clientèle.
III. - De l'acte sous seing privé	
Art. 1322. - L'acte sous seing privé, reconnu par celui auquel on l'oppose, ou légalement tenu pour reconnu, a, entre ceux qui l'ont souscrit et entre leurs héritiers et ayants cause, la même foi que l'acte authentique.	**Art. 1372**. - L'acte sous signature privée, reconnu par la partie à laquelle on l'oppose ou légalement tenu pour reconnu à son égard, fait foi entre ceux qui l'ont souscrit et à l'égard de leurs héritiers et ayants cause.

Rédaction antérieure à l'ordonnance n° 2016-131 du 10 février 2016	Rédaction issue de l'ordonnance n° 2016-131 du 10 février 2016 ou de la loi n° 2018-287 du 20 avril 2018
Art. 1323. - Celui auquel on oppose un acte sous seing privé est obligé d'avouer ou de désavouer formellement son écriture ou sa signature. Ses héritiers ou ayants cause peuvent se contenter de déclarer qu'ils ne connaissent point l'écriture ou la signature de leur auteur.	**Art. 1373**. - La partie à laquelle on l'oppose peut désavouer son écriture ou sa signature. Les héritiers ou ayants cause d'une partie peuvent pareillement désavouer l'écriture ou la signature de leur auteur, ou déclarer qu'ils ne les connaissent. Dans ces cas, il y a lieu à vérification d'écriture.
Art. 1324. - Dans le cas où la partie désavoue son écriture ou sa signature, et dans le cas où ses héritiers ou ayants cause déclarent ne les point connaître, la vérification en est ordonnée en justice.	**Art. 1373**. - La partie à laquelle on l'oppose peut désavouer son écriture ou sa signature. Les héritiers ou ayants cause d'une partie peuvent pareillement désavouer l'écriture ou la signature de leur auteur, ou déclarer qu'ils ne les connaissent. Dans ces cas, il y a lieu à vérification d'écriture.
Art. 1325. - Les actes sous seing privé qui contiennent des conventions synallagmatiques ne sont valables qu'autant qu'ils ont été faits en autant d'originaux qu'il y a de parties ayant un intérêt distinct. Il suffit d'un original pour toutes les personnes ayant le même intérêt. Chaque original doit contenir la mention du nombre des originaux qui en ont été faits. Néanmoins, le défaut de mention que les originaux ont été faits doubles, triples, etc., ne peut être opposé par celui qui a exécuté de sa part la convention portée dans l'acte. L'exigence d'une pluralité d'originaux est réputée satisfaite pour les contrats sous forme électronique lorsque l'acte est établi et conservé conformément aux articles 1316-1 et 1316-4 et que le procédé permet à chaque partie de disposer d'un exemplaire ou d'y avoir accès.	**Art. 1375**. - L'acte sous signature privée qui constate un contrat synallagmatique ne fait preuve que s'il a été fait en autant d'originaux qu'il y a de parties ayant un intérêt distinct, à moins que les parties ne soient convenues de remettre à un tiers l'unique exemplaire dressé. Chaque original doit mentionner le nombre des originaux qui en ont été faits. Celui qui a exécuté le contrat, même partiellement, ne peut opposer le défaut de la pluralité d'originaux ou de la mention de leur nombre. L'exigence d'une pluralité d'originaux est réputée satisfaite pour les contrats sous forme électronique lorsque l'acte est établi et conservé conformément aux articles 1366 et 1367, et que le procédé permet à chaque partie de disposer d'un exemplaire sur support durable ou d'y avoir accès.
Art. 1326. - L'acte juridique par lequel une seule partie s'engage envers une autre à lui payer une somme d'argent ou à lui livrer un bien fongible doit être constaté dans un titre qui comporte la signature de celui qui souscrit cet engagement ainsi que la mention, écrite par lui-même, de la somme ou de la quantité en toutes lettres et en chiffres. En cas de différence, l'acte sous seing privé vaut pour la somme écrite en toutes lettres.	**Art. 1376**. - L'acte sous signature privée par lequel une seule partie s'engage envers une autre à lui payer une somme d'argent ou à lui livrer un bien fongible ne fait preuve que s'il comporte la signature de celui qui souscrit cet engagement ainsi que la mention, écrite par lui-même, de la somme ou de la quantité en toutes lettres et en chiffres. En cas de différence, l'acte sous signature privée vaut preuve pour la somme écrite en toutes lettres.

Rédaction antérieure à l'ordonnance n° 2016-131 du 10 février 2016	Rédaction issue de l'ordonnance n° 2016-131 du 10 février 2016 ou de la loi n° 2018-287 du 20 avril 2018
Art. 1328. - Les actes sous seing privé n'ont de date contre les tiers que du jour où ils ont été enregistrés, du jour de la mort de celui ou de l'un de ceux qui les ont souscrits, ou du jour où leur substance est constatée dans les actes dressés par des officiers publics, tels que procès-verbaux de scellés ou d'inventaire.	**Art. 1377**. - L'acte sous signature privée n'acquiert date certaine à l'égard des tiers que du jour où il a été enregistré, du jour de la mort d'un signataire, ou du jour où sa substance est constatée dans un acte authentique.
Art. 1329. - Les registres des marchands ne font point, contre les personnes non marchandes, preuve des fournitures qui y sont portées, sauf ce qui sera dit à l'égard du serment.	**Art. 1378**. - Les registres et documents que les professionnels doivent tenir ou établir ont, contre leur auteur, la même force probante que les écrits sous signature privée ; mais celui qui s'en prévaut ne peut en diviser les mentions pour n'en retenir que celles qui lui sont favorables.
Art. 1330. - Les livres des marchands font preuve contre eux ; mais celui qui veut en tirer avantage ne peut les diviser en ce qu'ils contiennent de contraire à sa prétention.	**Art. 1378**. - Les registres et documents que les professionnels doivent tenir ou établir ont, contre leur auteur, la même force probante que les écrits sous signature privée ; mais celui qui s'en prévaut ne peut en diviser les mentions pour n'en retenir que celles qui lui sont favorables.
Art. 1331. - Les registres et papiers domestiques ne font point un titre pour celui qui les a écrits. Ils font foi contre lui : 1° dans tous les cas où ils énoncent formellement un paiement reçu ; 2° lorsqu'ils contiennent la mention expresse que la note a été faite pour suppléer le défaut du titre en faveur de celui au profit duquel ils énoncent une obligation.	**Art. 1378-1**. - Les registres et papiers domestiques ne font pas preuve au profit de celui qui les a écrits. Ils font preuve contre lui : 1° Dans tous les cas où ils énoncent formellement un paiement reçu ; 2° Lorsqu'ils contiennent la mention expresse que l'écrit a été fait pour suppléer le défaut du titre en faveur de qui ils énoncent une obligation.
Art. 1332. - L'écriture mise par le créancier à la suite, en marge ou au dos d'un titre qui est toujours resté en sa possession, fait foi, quoique non signée ni datée par lui, lorsqu'elle tend à établir la libération du débiteur. Il en est de même de l'écriture mise par le créancier au dos, ou en marge, ou à la suite du double d'un titre ou d'une quittance, pourvu que ce double soit entre les mains du débiteur.	**Art. 1378-2**. - La mention d'un paiement ou d'une autre cause de libération portée par le créancier sur un titre original qui est toujours resté en sa possession vaut présomption simple de libération du débiteur. Il en est de même de la mention portée sur le double d'un titre ou d'une quittance, pourvu que ce double soit entre les mains du débiteur.
IV. - Des tailles	
Art. 1333. - Les tailles corrélatives à leurs échantillons font foi entre les personnes qui sont dans l'usage de constater ainsi les fournitures qu'elles font ou reçoivent en détail.	-

Rédaction antérieure à l'ordonnance n° 2016-131 du 10 février 2016	Rédaction issue de l'ordonnance n° 2016-131 du 10 février 2016 ou de la loi n° 2018-287 du 20 avril 2018
V. - Des copies des titres	
Art. 1334. - Les copies, lorsque le titre original subsiste, ne font foi que de ce qui est contenu au titre, dont la représentation peut toujours être exigée.	**Art. 1379**. - La copie fiable a la même force probante que l'original. La fiabilité est laissée à l'appréciation du juge. Néanmoins est réputée fiable la copie exécutoire ou authentique d'un écrit authentique. Est présumée fiable jusqu'à preuve du contraire toute copie résultant d'une reproduction à l'identique de la forme et du contenu de l'acte, et dont l'intégrité est garantie dans le temps par un procédé conforme à des conditions fixées par décret en Conseil d'État. Si l'original subsiste, sa présentation peut toujours être exigée.
Art. 1335. - Lorsque le titre original n'existe plus, les copies font foi d'après les distinctions suivantes : 1° Les grosses ou premières expéditions font la même foi que l'original ; il en est de même des copies qui ont été tirées par l'autorité du magistrat, parties présentes ou dûment appelées, ou de celles qui ont été tirées en présence des parties et de leur consentement réciproque. 2° Les copies qui, sans l'autorité du magistrat, ou sans le consentement des parties, et depuis la délivrance des grosses ou premières expéditions, auront été tirées sur la minute de l'acte par le notaire qui l'a reçu, ou par l'un de ses successeurs, ou par officiers publics qui, en cette qualité, sont dépositaires des minutes, peuvent, en cas de perte de l'original, faire foi quand elles sont anciennes. Elles sont considérées comme anciennes quand elles ont plus de trente ans. Si elles ont moins de trente ans, elles ne peuvent servir que de commencement de preuve par écrit. 3° Lorsque les copies tirées sur la minute d'un acte ne l'auront pas été par le notaire qui l'a reçu, ou par l'un de ses successeurs, ou par officiers publics qui, en cette qualité, sont dépositaires des minutes, elles ne pourront servir, quelle que soit leur ancienneté, que de commencement de preuve par écrit. 4° Les copies de copies pourront, suivant les circonstances, être considérées comme simples renseignements.	

Rédaction antérieure à l'ordonnance n° 2016-131 du 10 février 2016	Rédaction issue de l'ordonnance n° 2016-131 du 10 février 2016 ou de la loi n° 2018-287 du 20 avril 2018
Art. 1336. - La transcription d'un acte sur les registres publics ne pourra servir que de commencement de preuve par écrit ; il faudra même pour cela : 1° Qu'il soit constant que toutes les minutes du notaire, de l'année dans laquelle l'acte paraît avoir été fait, soient perdues, ou que l'on prouve que la perte de la minute de cet acte a été faite par un accident particulier.	-
2° Qu'il existe un répertoire en règle du notaire, qui constate que l'acte a été fait à la même date. Lorsqu'au moyen du concours de ces deux circonstances la preuve par témoins sera admise, il sera nécessaire que ceux qui ont été témoins de l'acte, s'ils existent encore, soient entendus.	-
VI. - Des actes récognitifs et confirmatifs	
Art. 1337. - Les actes récognitifs ne dispensent point de la représentation du titre primordial, à moins que sa teneur n'y soit spécialement relatée. Ce qu'ils contiennent de plus que le titre primordial, ou ce qui s'y trouve de différent, n'a aucun effet. Néanmoins, s'il y avait plusieurs reconnaissances conformes, soutenues de la possession, et dont l'une eût trente ans de date, le créancier pourrait être dispensé de représenter le titre primordial.	**Art. 1380**. - L'acte récognitif ne dispense pas de la présentation du titre original sauf si sa teneur y est spécialement relatée. Ce qu'il contient de plus ou de différent par rapport au titre original n'a pas d'effet.
Art. 1338. - L'acte de confirmation ou ratification d'une obligation contre laquelle la loi admet l'action en nullité ou en rescision n'est valable que lorsqu'on y trouve la substance de cette obligation, la mention du motif de l'action en rescision, et l'intention de réparer le vice sur lequel cette action est fondée. À défaut d'acte de confirmation ou ratification, il suffit que l'obligation soit exécutée volontairement après l'époque à laquelle l'obligation pouvait être valablement confirmée ou ratifiée. La confirmation, ratification, ou exécution volontaire dans les formes et à l'époque déterminées par la loi, emporte la renonciation aux moyens et exceptions que l'on pouvait opposer contre cet acte, sans préjudice néanmoins du droit des tiers.	**Art. 1182**. - La confirmation est l'acte par lequel celui qui pourrait se prévaloir de la nullité y renonce. Cet acte mentionne l'objet de l'obligation et le vice affectant le contrat. La confirmation ne peut intervenir qu'après la conclusion du contrat. L'exécution volontaire du contrat, en connaissance de la cause de nullité, vaut confirmation. En cas de violence, la confirmation ne peut intervenir qu'après que la violence a cessé. La confirmation emporte renonciation aux moyens et exceptions qui pouvaient être opposés, sans préjudice néanmoins des droits des tiers.

Rédaction antérieure à l'ordonnance n° 2016-131 du 10 février 2016	Rédaction issue de l'ordonnance n° 2016-131 du 10 février 2016 ou de la loi n° 2018-287 du 20 avril 2018
Art. 1339. – Le donateur ne peut réparer par aucun acte confirmatif les vices d'une donation entre vifs, nulle en la forme ; il faut qu'elle soit refaite en la forme légale.	–
Art. 1340. – La confirmation ou ratification, ou exécution volontaire d'une donation par les héritiers ou ayants cause du donateur, après son décès, emporte leur renonciation à opposer soit les vices de forme, soit toute autre exception.	–
SECTION II. – DE LA PREUVE TESTIMONIALE	
Art. 1341. – Il doit être passé acte devant notaires ou sous signatures privées de toutes choses excédant une somme ou une valeur fixée par décret, même pour dépôts volontaires, et il n'est reçu aucune preuve par témoins contre et outre le contenu aux actes, ni sur ce qui serait allégué avoir été dit avant, lors ou depuis les actes, encore qu'il s'agisse d'une somme ou valeur moindre. Le tout sans préjudice de ce qui est prescrit dans les lois relatives au commerce.	**Art. 1359**. – L'acte juridique portant sur une somme ou une valeur excédant un montant fixé par décret doit être prouvé par écrit sous signature privée ou authentique. Il ne peut être prouvé outre ou contre un écrit établissant un acte juridique, même si la somme ou la valeur n'excède pas ce montant, que par un autre écrit sous signature privée ou authentique. Celui dont la créance excède le seuil mentionné au premier alinéa ne peut pas être dispensé de la preuve par écrit en restreignant sa demande. Il en est de même de celui dont la demande, même inférieure à ce montant, porte sur le solde ou sur une partie d'une créance supérieure à ce montant.
Art. 1342. – La règle ci-dessus s'applique au cas où l'action contient, outre la demande du capital, une demande d'intérêts qui, réunis au capital, excèdent le chiffre prévu à l'article précédent.	–
Art. 1343. – Celui qui a formé une demande excédant le chiffre prévu à l'article 1341 ne peut plus être admis à la preuve testimoniale, même en restreignant sa demande primitive.	**Art. 1359**. – L'acte juridique portant sur une somme ou une valeur excédant un montant fixé par décret doit être prouvé par écrit sous signature privée ou authentique. Il ne peut être prouvé outre ou contre un écrit établissant un acte juridique, même si la somme ou la valeur n'excède pas ce montant, que par un autre écrit sous signature privée ou authentique. Celui dont la créance excède le seuil mentionné au premier alinéa ne peut pas être dispensé de la preuve par écrit en restreignant sa demande. Il en est de même de celui dont la demande, même inférieure à ce montant, porte sur le solde ou sur une partie d'une créance supérieure à ce montant.

Rédaction antérieure à l'ordonnance n° 2016-131 du 10 février 2016	Rédaction issue de l'ordonnance n° 2016-131 du 10 février 2016 ou de la loi n° 2018-287 du 20 avril 2018
Art. 1344. - La preuve testimoniale, sur la demande d'une somme même inférieure à celle qui est prévue à l'article 1341 ne peut être admise lorsque cette somme est déclarée être le restant ou faire partie d'une créance plus forte qui n'est point prouvée par écrit.	**Art. 1359**. - L'acte juridique portant sur une somme ou une valeur excédant un montant fixé par décret doit être prouvé par écrit sous signature privée ou authentique. Il ne peut être prouvé outre ou contre un écrit établissant un acte juridique, même si la somme ou la valeur n'excède pas ce montant, que par un autre écrit sous signature privée ou authentique. Celui dont la créance excède le seuil mentionné au premier alinéa ne peut pas être dispensé de la preuve par écrit en restreignant sa demande. Il en est de même de celui dont la demande, même inférieure à ce montant, porte sur le solde ou sur une partie d'une créance supérieure à ce montant.
Art. 1345. - Si, dans la même instance, une partie fait plusieurs demandes, dont il n'y ait point de titre par écrit, et que, jointes ensemble, elles excèdent la somme prévue à l'article 1341, la preuve par témoins n'en peut être admise, encore que la partie allègue que ces créances proviennent de différentes causes, et qu'elles se soient formées en différents temps, si ce n'était que ces droits procédassent par succession, donation ou autrement, de personnes différentes.	-
Art. 1346. - Toutes les demandes, à quelque titre que ce soit, qui ne seront pas entièrement justifiées par écrit, seront formées par un même exploit, après lequel les autres demandes dont il n'y aura point de preuves par écrit ne seront pas reçues.	-
Art. 1347. - Les règles ci-dessus reçoivent exception lorsqu'il existe un commencement de preuve par écrit. On appelle ainsi tout acte par écrit qui est émané de celui contre lequel la demande est formée, ou de celui qu'il représente, et qui rend vraisemblable le fait allégué. Peuvent être considérées par le juge comme équivalant à un commencement de preuve par écrit les déclarations faites par une partie lors de sa comparution personnelle, son refus de répondre ou son absence à la comparution.	**Art. 1361**. - Il peut être suppléé à l'écrit par l'aveu judiciaire, le serment décisoire ou un commencement de preuve par écrit corroboré par un autre moyen de preuve. **Art. 1362**. - Constitue un commencement de preuve par écrit tout écrit qui, émanant de celui qui conteste un acte ou de celui qu'il représente, rend vraisemblable ce qui est allégué. Peuvent être considérés par le juge comme équivalant à un commencement de preuve par écrit les déclarations faites par une partie lors de sa comparution personnelle, son refus de répondre ou son absence à la comparution. La mention d'un écrit authentique ou sous signature privée sur un registre public vaut commencement de preuve par écrit.

Rédaction antérieure à l'ordonnance n° 2016-131 du 10 février 2016	Rédaction issue de l'ordonnance n° 2016-131 du 10 février 2016 ou de la loi n° 2018-287 du 20 avril 2018
Art. 1348. - Les règles ci-dessus reçoivent encore exception lorsque l'obligation est née d'un quasi-contrat, d'un délit ou d'un quasi-délit, ou lorsque l'une des parties, soit n'a pas eu la possibilité matérielle ou morale de se procurer une preuve littérale de l'acte juridique, soit a perdu le titre qui lui servait de preuve littérale, par suite d'un cas fortuit ou d'une force majeure. Elles reçoivent aussi exception lorsqu'une partie ou le dépositaire n'a pas conservé le titre original et présente une copie qui en est la reproduction non seulement fidèle mais aussi durable. Est réputée durable toute reproduction indélébile de l'original qui entraîne une modification irréversible du support.	**Art. 1358**. - Hors les cas où la loi en dispose autrement, la preuve peut être apportée par tout moyen. **Art. 1360**. - Les règles prévues à l'article précédent reçoivent exception en cas d'impossibilité matérielle ou morale de se procurer un écrit, s'il est d'usage de ne pas établir un écrit, ou lorsque l'écrit a été perdu par force majeure. **Art. 1379**. - La copie fiable a la même force probante que l'original. La fiabilité est laissée à l'appréciation du juge. Néanmoins est réputée fiable la copie exécutoire ou authentique d'un écrit authentique.
	Est présumée fiable jusqu'à preuve du contraire toute copie résultant d'une reproduction à l'identique de la forme et du contenu de l'acte, et dont l'intégrité est garantie dans le temps par un procédé conforme à des conditions fixées par décret en Conseil d'État. Si l'original subsiste, sa présentation peut toujours être exigée.
SECTION III. - DES PRÉSOMPTIONS	
Art. 1349. - Les présomptions sont des conséquences que la loi ou le magistrat tire d'un fait connu à un fait inconnu.	-
§ 1er. - DES PRÉSOMPTIONS ÉTABLIES PAR LA LOI	
Art. 1350. - La présomption légale est celle qui est attachée par une loi spéciale à certains actes ou à certains faits ; tels sont : 1° Les actes que la loi déclare nuls, comme présumés faits en fraude de ses dispositions, d'après leur seule qualité ; 2° Les cas dans lesquels la loi déclare la propriété ou la libération résulter de certaines circonstances déterminées ; 3° L'autorité que la loi attribue à la chose jugée ; 4° La force que la loi attache à l'aveu de la partie ou à son serment.	**Art. 1354**. - La présomption que la loi attache à certains actes ou à certains faits en les tenant pour certains dispense celui au profit duquel elle existe d'en rapporter la preuve. Elle est dite simple, lorsque la loi réserve la preuve contraire, et peut alors être renversée par tout moyen de preuve ; elle est dite mixte, lorsque la loi limite les moyens par lesquels elle peut être renversée ou l'objet sur lequel elle peut être renversée ; elle est dite irréfragable lorsqu'elle ne peut être renversée.

Rédaction antérieure à l'ordonnance n° 2016-131 du 10 février 2016	Rédaction issue de l'ordonnance n° 2016-131 du 10 février 2016 ou de la loi n° 2018-287 du 20 avril 2018
Art. 1351. - L'autorité de la chose jugée n'a lieu qu'à l'égard de ce qui a fait l'objet du jugement. Il faut que la chose demandée soit la même ; que la demande soit fondée sur la même cause ; que la demande soit entre les mêmes parties, et formée par elles et contre elles en la même qualité.	**Art. 1355**. - L'autorité de la chose jugée n'a lieu qu'à l'égard de ce qui a fait l'objet du jugement. Il faut que la chose demandée soit la même ; que la demande soit fondée sur la même cause ; que la demande soit entre les mêmes parties, et formée par elles et contre elles en la même qualité.
Art. 1352. - La présomption légale dispense de toute preuve celui au profit duquel elle existe. Nulle preuve n'est admise contre la présomption de la loi, lorsque, sur le fondement de cette présomption, elle annule certains actes ou dénie l'action en justice, à moins qu'elle n'ait réservé la preuve contraire et sauf ce qui sera dit sur le serment et l'aveu judiciaires.	**Art. 1354**. - La présomption que la loi attache à certains actes ou à certains faits en les tenant pour certains dispense celui au profit duquel elle existe d'en rapporter la preuve. Elle est dite simple, lorsque la loi réserve la preuve contraire, et peut alors être renversée par tout moyen de preuve ; elle est dite mixte, lorsque la loi limite les moyens par lesquels elle peut être renversée ou l'objet sur lequel elle peut être renversée ; elle est dite irréfragable lorsqu'elle ne peut être renversée.
§ 2. - DES PRÉSOMPTIONS QUI NE SONT POINT ÉTABLIES PAR LA LOI	
Art. 1353. - Les présomptions qui ne sont point établies par la loi sont abandonnées aux lumières et à la prudence du magistrat, qui ne doit admettre que des présomptions graves, précises et concordantes, et dans les cas seulement où la loi admet des preuves testimoniales, à moins que l'acte ne soit attaqué pour cause de fraude ou de dol.	**Art. 1382**. - Les présomptions qui ne sont pas établies par la loi, sont laissées à l'appréciation du juge, qui ne doit les admettre que si elles sont graves, précises et concordantes, et dans les cas seulement où la loi admet la preuve par tout moyen.
SECTION IV. - DE L'AVEU DE LA PARTIE	
Art. 1354. - L'aveu qui est opposé à une partie est ou extrajudiciaire ou judiciaire.	**Art. 1383**. - L'aveu est la déclaration par laquelle une personne reconnaît pour vrai un fait de nature à produire contre elle des conséquences juridiques. Il peut être judiciaire ou extrajudiciaire.
Art. 1355. - L'allégation d'un aveu extrajudiciaire purement verbal est inutile toutes les fois qu'il s'agit d'une demande dont la preuve testimoniale ne serait point admissible.	**Art. 1383-1**. - L'aveu extrajudiciaire purement verbal n'est reçu que dans les cas où la loi permet la preuve par tout moyen. Sa valeur probante est laissée à l'appréciation du juge.

Rédaction antérieure à l'ordonnance n° 2016-131 du 10 février 2016	Rédaction issue de l'ordonnance n° 2016-131 du 10 février 2016 ou de la loi n° 2018-287 du 20 avril 2018
Art. 1356. - L'aveu judiciaire est la déclaration que fait en justice la partie ou son fondé de pouvoir spécial. Il fait pleine foi contre celui qui l'a fait ; Il ne peut être divisé contre lui ; Il ne peut être révoqué, à moins qu'on ne prouve qu'il a été la suite d'une erreur de fait. Il ne pourrait être révoqué sous prétexte d'une erreur de droit.	**Art. 1383-2**. - L'aveu judiciaire est la déclaration que fait en justice la partie ou son représentant spécialement mandaté. Il fait foi contre celui qui l'a fait. Il ne peut être divisé contre son auteur. Il est irrévocable, sauf en cas d'erreur de fait.
SECTION V. - DU SERMENT	
Art. 1357. - Le serment judiciaire est de deux espèces : 1° Celui qu'une partie défère à l'autre pour en faire dépendre le jugement de la cause : il est appelé décisoire ; 2° Celui qui est déféré d'office par le juge à l'une ou à l'autre des parties.	**Art. 1384**. - Le serment peut être déféré, à titre décisoire, par une partie à l'autre pour en faire dépendre le jugement de la cause. Il peut aussi être déféré d'office par le juge à l'une des parties.
§ 1er. - DU SERMENT DÉCISOIRE	
Art. 1358. - Le serment décisoire peut être déféré sur quelque espèce de contestation que ce soit.	**Art. 1385**. - Le serment décisoire peut être déféré sur quelque espèce de contestation que ce soit et en tout état de cause.
Art. 1359. - Il ne peut être déféré que sur un fait personnel à la partie à laquelle on le défère.	**Art. 1385-1**. - Il ne peut être déféré que sur un fait personnel à la partie à laquelle on le défère. Il peut être référé par celle-ci, à moins que le fait qui en est l'objet ne lui soit purement personnel.
Art. 1360. - Il peut être déféré en tout état de cause, et encore qu'il n'existe aucun commencement de preuve de la demande ou de l'exception sur laquelle il est provoqué.	**Art. 1385**. - Le serment décisoire peut être déféré sur quelque espèce de contestation que ce soit et en tout état de cause.
Art. 1361. - Celui auquel le serment est déféré, qui le refuse ou ne consent pas à le référer à son adversaire, ou l'adversaire à qui il a été référé et qui le refuse, doit succomber dans sa demande ou dans son exception.	**Art. 1385-2**. - Celui à qui le serment est déféré et qui le refuse ou ne veut pas le référer, ou celui à qui il a été référé et qui le refuse, succombe dans sa prétention.
Art. 1362. - Le serment ne peut être référé quand le fait qui en est l'objet n'est point celui des deux parties, mais est purement personnel à celui auquel le serment avait été déféré.	**Art. 1385-1**. - Il ne peut être déféré que sur un fait personnel à la partie à laquelle on le défère. Il peut être référé par celle-ci, à moins que le fait qui en est l'objet ne lui soit purement personnel.

Rédaction antérieure à l'ordonnance n° 2016-131 du 10 février 2016	Rédaction issue de l'ordonnance n° 2016-131 du 10 février 2016 ou de la loi n° 2018-287 du 20 avril 2018
Art. 1363. - Lorsque le serment déféré ou référé a été fait, l'adversaire n'est point recevable à en prouver la fausseté.	**Art. 1385-3**. - La partie qui a déféré ou référé le serment ne peut plus se rétracter lorsque l'autre partie a déclaré qu'elle est prête à faire ce serment. Lorsque le serment déféré ou référé a été fait, l'autre partie n'est pas admise à en prouver la fausseté.
Art. 1364. - La partie qui a déféré ou référé le serment, ne peut plus se rétracter lorsque l'adversaire a déclaré qu'il est prêt à faire ce serment.	**Art. 1385-3**. - La partie qui a déféré ou référé le serment ne peut plus se rétracter lorsque l'autre partie a déclaré qu'elle est prête à faire ce serment. Lorsque le serment déféré ou référé a été fait, l'autre partie n'est pas admise à en prouver la fausseté.
Art. 1365. - Le serment ne forme preuve qu'au profit de celui qui l'a déféré ou contre lui, et au profit de ses héritiers et ayants cause ou contre eux. Néanmoins, le serment déféré par l'un des créanciers solidaires au débiteur ne libère celui-ci que pour la part de ce créancier ; Le serment déféré au débiteur principal libère également les cautions ; Celui déféré à l'un des débiteurs solidaires profite aux codébiteurs ; Et celui déféré à la caution profite au débiteur principal. Dans ces deux derniers cas, le serment du codébiteur solidaire ou de la caution ne profite aux autres codébiteurs ou au débiteur principal que lorsqu'il a été déféré sur la dette, et non sur le fait de la solidarité ou du cautionnement.	**Art. 1385-4**. - Le serment ne fait preuve qu'au profit de celui qui l'a déféré et de ses héritiers et ayants cause, ou contre eux. Le serment déféré par l'un des créanciers solidaires au débiteur ne libère celui-ci que pour la part de ce créancier. Le serment déféré au débiteur principal libère également les cautions. Celui déféré à l'un des débiteurs solidaires profite aux codébiteurs. Celui déféré à la caution profite au débiteur principal. Dans ces deux derniers cas, le serment du codébiteur solidaire ou de la caution ne profite aux autres codébiteurs ou au débiteur principal que lorsqu'il a été déféré sur la dette, et non sur le fait de la solidarité ou du cautionnement.
§ 2. - DU SERMENT DÉFÉRÉ D'OFFICE	
Art. 1366. - Le juge peut déférer à l'une des parties le serment, ou pour en faire dépendre la décision de la cause, ou seulement pour déterminer le montant de la condamnation.	**Art. 1386**. - Le juge peut d'office déférer le serment à l'une des parties. Ce serment ne peut être référé à l'autre partie. Sa valeur probante est laissée à l'appréciation du juge.
Art. 1367. - Le juge ne peut déférer d'office le serment, soit sur la demande, soit sur l'exception qui y est opposée, que sous les deux conditions suivantes ; il faut : 1° Que la demande ou l'exception ne soit pas pleinement justifiée ; 2° Qu'elle ne soit pas totalement dénuée de preuves. Hors ces deux cas, le juge doit ou adjuger ou rejeter purement et simplement la demande.	**Art. 1386-1**. - Le juge ne peut déférer d'office le serment, soit sur la demande, soit sur l'exception qui y est opposée, que si elle n'est pas pleinement justifiée ou totalement dénuée de preuves.

Rédaction antérieure à l'ordonnance n° 2016-131 du 10 février 2016	Rédaction issue de l'ordonnance n° 2016-131 du 10 février 2016 ou de la loi n° 2018-287 du 20 avril 2018
Art. 1368. - Le serment déféré d'office par le juge à l'une des parties ne peut être par elle référé à l'autre.	**Art. 1386**. - Le juge peut d'office déférer le serment à l'une des parties. Ce serment ne peut être référé à l'autre partie. Sa valeur probante est laissée à l'appréciation du juge.
Art. 1369. - Le serment sur la valeur de la chose demandée ne peut être déféré par le juge au demandeur que lorsqu'il est d'ailleurs impossible de constater autrement cette valeur. Le juge doit même, en ce cas, déterminer la somme jusqu'à concurrence de laquelle le demandeur en sera cru sur son serment.	-
CHAPITRE VII. - DES CONTRATS SOUS FORME ÉLECTRONIQUE	
SECTION I. - DE L'ÉCHANGE D'INFORMATIONS EN CAS DE CONTRAT SOUS FORME ÉLECTRONIQUE	
Art. 1369-1. - La voie électronique peut être utilisée pour mettre à disposition des conditions contractuelles ou des informations sur des biens ou services.	**Art. 1125**. - La voie électronique peut être utilisée pour mettre à disposition des stipulations contractuelles ou des informations sur des biens ou services.
Art. 1369-2. - Les informations qui sont demandées en vue de la conclusion d'un contrat ou celles qui sont adressées au cours de son exécution peuvent être transmises par courrier électronique si leur destinataire a accepté l'usage de ce moyen.	**Art. 1126**. - Les informations qui sont demandées en vue de la conclusion d'un contrat ou celles qui sont adressées au cours de son exécution peuvent être transmises par courrier électronique si leur destinataire a accepté l'usage de ce moyen.
Art. 1369-3. - Les informations destinées à un professionnel peuvent lui être adressées par courrier électronique, dès lors qu'il a communiqué son adresse électronique. Si ces informations doivent être portées sur un formulaire, celui-ci est mis, par voie électronique, à la disposition de la personne qui doit le remplir.	**Art. 1127**. - Les informations destinées à un professionnel peuvent lui être adressées par courrier électronique, dès lors qu'il a communiqué son adresse électronique. Si ces informations doivent être portées sur un formulaire, celui-ci est mis, par voie électronique, à la disposition de la personne qui doit le remplir.

Rédaction antérieure à l'ordonnance n° 2016-131 du 10 février 2016	Rédaction issue de l'ordonnance n° 2016-131 du 10 février 2016 ou de la loi n° 2018-287 du 20 avril 2018
SECTION II. - DE LA CONCLUSION D'UN CONTRAT SOUS FORME ÉLECTRONIQUE	
Art. 1369-4. - Quiconque propose, à titre professionnel, par voie électronique, la fourniture de biens ou la prestation de services, met à disposition les conditions contractuelles applicables d'une manière qui permette leur conservation et leur reproduction. Sans préjudice des conditions de validité mentionnées dans l'offre, son auteur reste engagé par elle tant qu'elle est accessible par voie électronique de son fait. L'offre énonce en outre : 1° Les différentes étapes à suivre pour conclure le contrat par voie électronique ; 2° Les moyens techniques permettant à l'utilisateur, avant la conclusion du contrat, d'identifier les erreurs commises dans la saisie des données et de les corriger ; 3° Les langues proposées pour la conclusion du contrat ; 4° En cas d'archivage du contrat, les modalités de cet archivage par l'auteur de l'offre et les conditions d'accès au contrat archivé ; 5° Les moyens de consulter par voie électronique les règles professionnelles et commerciales auxquelles l'auteur de l'offre entend, le cas échéant, se soumettre.	**Art. 1127-1.** - Quiconque propose à titre professionnel, par voie électronique, la fourniture de biens ou la prestation de services, met à disposition les stipulations contractuelles applicables d'une manière qui permette leur conservation et leur reproduction. L'auteur d'une offre reste engagé par elle tant qu'elle est accessible par voie électronique de son fait. L'offre énonce en outre : 1° Les différentes étapes à suivre pour conclure le contrat par voie électronique ; 2° Les moyens techniques permettant au destinataire de l'offre, avant la conclusion du contrat, d'identifier d'éventuelles erreurs commises dans la saisie des données et de les corriger ; 3° Les langues proposées pour la conclusion du contrat au nombre desquelles doit figurer la langue française ; 4° Le cas échéant, les modalités d'archivage du contrat par l'auteur de l'offre et les conditions d'accès au contrat archivé ; 5° Les moyens de consulter par voie électronique les règles professionnelles et commerciales auxquelles l'auteur de l'offre entend, le cas échéant, se soumettre.
Art. 1369-5. - Pour que le contrat soit valablement conclu, le destinataire de l'offre doit avoir eu la possibilité de vérifier le détail de sa commande et son prix total, et de corriger d'éventuelles erreurs, avant de confirmer celle-ci pour exprimer son acceptation. L'auteur de l'offre doit accuser réception sans délai injustifié et par voie électronique de la commande qui lui a été ainsi adressée. La commande, la confirmation de l'acceptation de l'offre et l'accusé de réception sont considérés comme reçus lorsque les parties auxquelles ils sont adressés peuvent y avoir accès.	**Art. 1127-2.** - Le contrat n'est valablement conclu que si le destinataire de l'offre a eu la possibilité de vérifier le détail de sa commande et son prix total et de corriger d'éventuelles erreurs avant de confirmer celle-ci pour exprimer son acceptation définitive. L'auteur de l'offre doit accuser réception sans délai injustifié, par voie électronique, de la commande qui lui a été adressée. La commande, la confirmation de l'acceptation de l'offre et l'accusé de réception sont considérés comme reçus lorsque les parties auxquelles ils sont adressés peuvent y avoir accès.

Rédaction antérieure à l'ordonnance n° 2016-131 du 10 février 2016	Rédaction issue de l'ordonnance n° 2016-131 du 10 février 2016 ou de la loi n° 2018-287 du 20 avril 2018
Art. 1369-6. - Il est fait exception aux obligations visées aux 1° à 5° de l'article 1369-4 et aux deux premiers alinéas de l'article 1369-5 pour les contrats de fourniture de biens ou de prestation de services qui sont conclus exclusivement par échange de courriers électroniques. Il peut, en outre, être dérogé aux dispositions de l'article 1369-5 et des 1° à 5° de l'article 1369-4 dans les conventions conclues entre professionnels.	**Art. 1127-3**. - Il est fait exception aux obligations visées aux 1° à 5° de l'article 1127-1 et aux deux premiers alinéas de l'article 1127-2 pour les contrats de fourniture de biens ou de prestation de services qui sont conclus exclusivement par échange de courriers électroniques. Il peut, en outre, être dérogé aux dispositions des 1° à 5° de l'article 1127-1 et de l'article 1127-2 dans les contrats conclus entre professionnels.
SECTION III. - DE L'ENVOI OU DE LA REMISE D'UN ÉCRIT PAR VOIE ÉLECTRONIQUE	
Art. 1369-7. - Une lettre simple relative à la conclusion ou à l'exécution d'un contrat peut être envoyée par courrier électronique. L'apposition de la date d'expédition résulte d'un procédé électronique dont la fiabilité est présumée, jusqu'à preuve contraire, lorsqu'il satisfait à des exigences fixées par décret en Conseil d'État.	**Art. 1127-4**. - Une lettre simple relative à la conclusion ou à l'exécution d'un contrat peut être envoyée par courrier électronique. L'apposition de la date d'expédition résulte d'un procédé électronique dont la fiabilité est présumée, jusqu'à preuve contraire, lorsqu'il satisfait à des exigences fixées par décret en Conseil d'État.
Art. 1369-8. - Une lettre recommandée relative à la conclusion ou à l'exécution d'un contrat peut être envoyée par courrier électronique à condition que ce courrier soit acheminé par un tiers selon un procédé permettant d'identifier le tiers, de désigner l'expéditeur, de garantir l'identité du destinataire et d'établir si la lettre a été remise ou non au destinataire. Le contenu de cette lettre, au choix de l'expéditeur, peut être imprimé par le tiers sur papier pour être distribué au destinataire ou peut être adressé à celui-ci par voie électronique. Dans ce dernier cas, si le destinataire n'est pas un professionnel, il doit avoir demandé l'envoi par ce moyen ou en avoir accepté l'usage au cours d'échanges antérieurs. Lorsque l'apposition de la date d'expédition ou de réception résulte d'un procédé électronique, la fiabilité de celui-ci est présumée, jusqu'à preuve contraire, s'il satisfait à des exigences fixées par un décret en Conseil d'État. Un avis de réception peut être adressé à l'expéditeur par voie électronique ou par tout autre dispositif lui permettant de le conserver. Les modalités d'application du présent article sont fixées par décret en Conseil d'État.	**Art. 1127-5**. - Une lettre recommandée relative à la conclusion ou à l'exécution d'un contrat peut être envoyée par courrier électronique à condition que ce courrier soit acheminé par un tiers selon un procédé permettant d'identifier le tiers, de désigner l'expéditeur, de garantir l'identité du destinataire et d'établir si la lettre a été remise ou non au destinataire. Le contenu de cette lettre, au choix de l'expéditeur, peut être imprimé par le tiers sur papier pour être distribué au destinataire ou peut être adressé à celui-ci par voie électronique. Dans ce dernier cas, si le destinataire n'est pas un professionnel, il doit avoir demandé l'envoi par ce moyen ou en avoir accepté l'usage au cours d'échanges antérieurs. Lorsque l'apposition de la date d'expédition ou de réception résulte d'un procédé électronique, la fiabilité de celui-ci est présumée, jusqu'à preuve contraire, s'il satisfait à des exigences fixées par un décret en Conseil d'État. Un avis de réception peut être adressé à l'expéditeur par voie électronique ou par tout autre dispositif lui permettant de le conserver. Les modalités d'application du présent article sont fixées par décret en Conseil d'État.

Rédaction antérieure à l'ordonnance n° 2016-131 du 10 février 2016	Rédaction issue de l'ordonnance n° 2016-131 du 10 février 2016 ou de la loi n° 2018-287 du 20 avril 2018
Art. 1369-9. - Hors les cas prévus aux articles 1369-1 et 1369-2, la remise d'un écrit sous forme électronique est effective lorsque le destinataire, après avoir pu en prendre connaissance, en a accusé réception. Si une disposition prévoit que l'écrit doit être lu au destinataire, la remise d'un écrit électronique à l'intéressé dans les conditions prévues au premier alinéa vaut lecture.	**Art. 1127-6**. - Hors les cas prévus aux articles 1125 et 1126, la remise d'un écrit électronique est effective lorsque le destinataire, après avoir pu en prendre connaissance, en a accusé réception. Si une disposition prévoit que l'écrit doit être lu au destinataire, la remise d'un écrit électronique à l'intéressé dans les conditions prévues au premier alinéa vaut lecture.
SECTION IV. - DE CERTAINES EXIGENCES DE FORME	
Art. 1369-10. - Lorsque l'écrit sur papier est soumis à des conditions particulières de lisibilité ou de présentation, l'écrit sous forme électronique doit répondre à des exigences équivalentes. L'exigence d'un formulaire détachable est satisfaite par un procédé électronique qui permet d'accéder au formulaire et de le renvoyer par la même voie.	**Art. 1176**. - Lorsque l'écrit sur papier est soumis à des conditions particulières de lisibilité ou de présentation, l'écrit électronique doit répondre à des exigences équivalentes. L'exigence d'un formulaire détachable est satisfaite par un procédé électronique qui permet d'accéder au formulaire et de le renvoyer par la même voie.
Art. 1369-11. - L'exigence d'un envoi en plusieurs exemplaires est réputée satisfaite sous forme électronique si l'écrit peut être imprimé par le destinataire.	**Art. 1177**. - L'exigence d'un envoi en plusieurs exemplaires est réputée satisfaite par voie électronique si l'écrit peut être imprimé par le destinataire.
TITRE IV. - DES ENGAGEMENTS QUI SE FORMENT SANS CONVENTION	
Art. 1370. - Certains engagements se forment sans qu'il intervienne aucune convention, ni de la part de celui qui s'oblige, ni de la part de celui envers lequel il est obligé. Les uns résultent de l'autorité seule de la loi ; les autres naissent d'un fait personnel à celui qui se trouve obligé. Les premiers sont les engagements formés involontairement, tels que ceux entre propriétaires voisins, ou ceux des tuteurs et des autres administrateurs qui ne peuvent refuser la fonction qui leur est déférée. Les engagements qui naissent d'un fait personnel à celui qui se trouve obligé, résultent ou des quasi-contrats, ou des délits ou quasi-délits ; ils font la matière du présent titre.	**Art. 1100**. - Les obligations naissent d'actes juridiques, de faits juridiques ou de l'autorité seule de la loi. Elles peuvent naître de l'exécution volontaire ou de la promesse d'exécution d'un devoir de conscience envers autrui.

Rédaction antérieure à l'ordonnance n° 2016-131 du 10 février 2016	Rédaction issue de l'ordonnance n° 2016-131 du 10 février 2016 ou de la loi n° 2018-287 du 20 avril 2018
CHAPITRE Ier. - DES QUASI-CONTRATS	
Art. 1371. - Les quasi-contrats sont les faits purement volontaires de l'homme, dont il résulte un engagement quelconque envers un tiers, et quelquefois un engagement réciproque des deux parties.	**Art. 1300**. - Les quasi-contrats sont des faits purement volontaires dont il résulte un engagement de celui qui en profite sans y avoir droit, et parfois un engagement de leur auteur envers autrui. Les quasi-contrats régis par le présent sous-titre sont la gestion d'affaire, le paiement de l'indu et l'enrichissement injustifié.
Art. 1372. - Lorsque volontairement on gère l'affaire d'autrui, soit que le propriétaire connaisse la gestion, soit qu'il l'ignore, celui qui gère contracte l'engagement tacite de continuer la gestion qu'il a commencée, et de l'achever jusqu'à ce que le propriétaire soit en état d'y pourvoir lui-même ; il doit se charger également de toutes les dépendances de cette même affaire. Il se soumet à toutes les obligations qui résulteraient d'un mandat exprès que lui aurait donné le propriétaire.	**Art. 1301**. - Celui qui, sans y être tenu, gère sciemment et utilement l'affaire d'autrui, à l'insu ou sans opposition du maître de cette affaire, est soumis, dans l'accomplissement des actes juridiques et matériels de sa gestion, à toutes les obligations d'un mandataire.
Art. 1373. - Il est obligé de continuer sa gestion, encore que le maître vienne à mourir avant que l'affaire soit consommée, jusqu'à ce que l'héritier ait pu en prendre la direction.	**Art. 1301-1**. - Il est tenu d'apporter à la gestion de l'affaire tous les soins d'une personne raisonnable ; il doit poursuivre la gestion jusqu'à ce que le maître de l'affaire ou son successeur soit en mesure d'y pourvoir. Le juge peut, selon les circonstances, modérer l'indemnité due au maître de l'affaire en raison des fautes ou de la négligence du gérant.
Art. 1374. - Il est tenu d'apporter à la gestion de l'affaire tous les soins raisonnables. Néanmoins, les circonstances qui l'ont conduit à se charger de l'affaire peuvent autoriser le juge à modérer les dommages et intérêts qui résulteraient des fautes ou de la négligence du gérant.	**Art. 1301-1**. - Il est tenu d'apporter à la gestion de l'affaire tous les soins d'une personne raisonnable ; il doit poursuivre la gestion jusqu'à ce que le maître de l'affaire ou son successeur soit en mesure d'y pourvoir. Le juge peut, selon les circonstances, modérer l'indemnité due au maître de l'affaire en raison des fautes ou de la négligence du gérant.
Art. 1375. - Le maître dont l'affaire a été bien administrée doit remplir les engagements que le gérant a contractés en son nom, l'indemniser de tous les engagements personnels qu'il a pris, et lui rembourser toutes les dépenses utiles ou nécessaires qu'il a faites.	**Art. 1301-2**. - Celui dont l'affaire a été utilement gérée doit remplir les engagements contractés dans son intérêt par le gérant. Il rembourse au gérant les dépenses faites dans son intérêt et l'indemnise des dommages qu'il a subis en raison de sa gestion. Les sommes avancées par le gérant portent intérêt du jour du paiement.

Rédaction antérieure à l'ordonnance n° 2016-131 du 10 février 2016	Rédaction issue de l'ordonnance n° 2016-131 du 10 février 2016 ou de la loi n° 2018-287 du 20 avril 2018
Art. 1376. - Celui qui reçoit par erreur ou sciemment ce qui ne lui est pas dû, s'oblige à restituer à celui de qui il l'a indûment reçu.	**Art. 1302-1**. - Celui qui reçoit par erreur ou sciemment ce qui ne lui est pas dû doit le restituer à celui de qui il l'a indûment reçu.
Art. 1377. - Lorsqu'une personne qui, par erreur, se croyait débitrice, a acquitté une dette, elle a le droit de répétition contre le créancier. Néanmoins, ce droit cesse dans le cas où le créancier a supprimé son titre par suite du paiement, sauf le recours de celui qui a payé contre le véritable débiteur.	**Art. 1302-2**. - Celui qui par erreur ou sous la contrainte a acquitté la dette d'autrui peut agir en restitution contre le créancier. Néanmoins ce droit cesse dans le cas où le créancier, par suite du paiement, a détruit son titre ou abandonné les sûretés qui garantissaient sa créance. La restitution peut aussi être demandée à celui dont la dette a été acquittée par erreur.
Art. 1378. - S'il y a eu mauvaise foi de la part de celui qui a reçu, il est tenu de restituer, tant le capital que les intérêts ou les fruits, du jour du paiement.	**Art. 1352-7**. - Celui qui a reçu de mauvaise foi doit les intérêts, les fruits qu'il a perçus ou la valeur de la jouissance à compter du paiement. Celui qui a reçu de bonne foi ne les doit qu'à compter du jour de la demande.
Art. 1379. - Si la chose indûment reçue est un immeuble ou un meuble corporel, celui qui l'a reçue s'oblige à la restituer en nature, si elle existe, ou sa valeur, si elle est périe ou détériorée par sa faute ; il est même garant de sa perte par cas fortuit, s'il l'a reçue de mauvaise foi.	**Art. 1352**. - La restitution d'une chose autre que d'une somme d'argent a lieu en nature ou, lorsque cela est impossible, en valeur, estimée au jour de la restitution. **Art. 1352-1**. - Celui qui restitue la chose répond des dégradations et détériorations qui en ont diminué la valeur, à moins qu'il ne soit de bonne foi et que celles-ci ne soient pas dues à sa faute.
Art. 1380. - Si celui qui a reçu de bonne foi a vendu la chose, il ne doit restituer que le prix de la vente.	**Art. 1352-2**. - Celui qui l'ayant reçue de bonne foi a vendu la chose ne doit restituer que le prix de la vente. S'il l'a reçue de mauvaise foi, il en doit la valeur au jour de la restitution lorsqu'elle est supérieure au prix.
Art. 1381. - Celui auquel la chose est restituée, doit tenir compte, même au possesseur de mauvaise foi, de toutes les dépenses nécessaires et utiles qui ont été faites pour la conservation de la chose.	**Art. 1352-5**. - Pour fixer le montant des restitutions, il est tenu compte à celui qui doit restituer des dépenses nécessaires à la conservation de la chose et de celles qui en ont augmenté la valeur, dans la limite de la plus-value estimée au jour de la restitution.

Rédaction antérieure à l'ordonnance n° 2016-131 du 10 février 2016	Rédaction issue de l'ordonnance n° 2016-131 du 10 février 2016 ou de la loi n° 2018-287 du 20 avril 2018
CHAPITRE II. - DES DÉLITS ET DES QUASI-DÉLITS	
Art. 1382. - Tout fait quelconque de l'homme, qui cause à autrui un dommage, oblige celui par la faute duquel il est arrivé, à le réparer.	**Art. 1240**. - Tout fait quelconque de l'homme, qui cause à autrui un dommage, oblige celui par la faute duquel il est arrivé à le réparer.
Art. 1383. - Chacun est responsable du dommage qu'il a causé non seulement par son fait, mais encore par sa négligence ou par son imprudence.	**Art. 1241**. - Chacun est responsable du dommage qu'il a causé non seulement par son fait, mais encore par sa négligence ou par son imprudence.
Art. 1384. - On est responsable non seulement du dommage que l'on cause par son propre fait, mais encore de celui qui est causé par le fait des personnes dont on doit répondre, ou des choses que l'on a sous sa garde. Toutefois, celui qui détient à un titre quelconque tout ou partie de l'immeuble ou des biens mobiliers dans lesquels un incendie a pris naissance ne sera responsable vis-à-vis des tiers des dommages causés par cet incendie que s'il est prouvé qu'il doit être attribué à sa faute ou à la faute des personnes dont il est responsable. Cette disposition ne s'applique pas aux rapports entre propriétaires et locataires qui demeurent régis par les articles 1733 et 1734 du Code civil. Le père et la mère, en tant qu'ils exercent l'autorité parentale, sont solidairement responsables du dommage causé par leurs enfants mineurs habitant avec eux. Les maîtres et les commettants, du dommage causé par leurs domestiques et préposés dans les fonctions auxquelles ils les ont employés ; Les instituteurs et les artisans, du dommage causé par leurs élèves et apprentis pendant le temps qu'ils sont sous leur surveillance. La responsabilité ci-dessus a lieu, à moins que les père et mère et les artisans ne prouvent qu'ils n'ont pu empêcher le fait qui donne lieu à cette responsabilité. En ce qui concerne les instituteurs, les fautes, imprudences ou négligences invoquées contre eux comme ayant causé le fait dommageable, devront être prouvées, conformément au droit commun, par le demandeur à l'instance.	**Art. 1242**. - On est responsable non seulement du dommage que l'on cause par son propre fait, mais encore de celui qui est causé par le fait des personnes dont on doit répondre, ou des choses que l'on a sous sa garde. Toutefois, celui qui détient, à un titre quelconque, tout ou partie de l'immeuble ou des biens mobiliers dans lesquels un incendie a pris naissance ne sera responsable, vis-à-vis des tiers, des dommages causés par cet incendie que s'il est prouvé qu'il doit être attribué à sa faute ou à la faute des personnes dont il est responsable. Cette disposition ne s'applique pas aux rapports entre propriétaires et locataires, qui demeurent régis par les articles 1733 et 1734 du Code civil. Le père et la mère, en tant qu'ils exercent l'autorité parentale, sont solidairement responsables du dommage causé par leurs enfants mineurs habitant avec eux. Les maîtres et les commettants, du dommage causé par leurs domestiques et préposés dans les fonctions auxquelles ils les ont employés ; Les instituteurs et les artisans, du dommage causé par leurs élèves et apprentis pendant le temps qu'ils sont sous leur surveillance. La responsabilité ci-dessus a lieu, à moins que les père et mère et les artisans ne prouvent qu'ils n'ont pu empêcher le fait qui donne lieu à cette responsabilité. En ce qui concerne les instituteurs, les fautes, imprudences ou négligences invoquées contre eux comme ayant causé le fait dommageable, devront être prouvées, conformément au droit commun, par le demandeur, à l'instance.

Rédaction antérieure à l'ordonnance n° 2016-131 du 10 février 2016	Rédaction issue de l'ordonnance n° 2016-131 du 10 février 2016 ou de la loi n° 2018-287 du 20 avril 2018
Art. 1385. - Le propriétaire d'un animal, ou celui qui s'en sert, pendant qu'il est à son usage, est responsable du dommage que l'animal a causé, soit que l'animal fût sous sa garde, soit qu'il fût égaré ou échappé.	**Art. 1243**. - Le propriétaire d'un animal, ou celui qui s'en sert, pendant qu'il est à son usage, est responsable du dommage que l'animal a causé, soit que l'animal fût sous sa garde, soit qu'il fût égaré ou échappé.
Art. 1386. - Le propriétaire d'un bâtiment est responsable du dommage causé par sa ruine, lorsqu'elle est arrivée par suite du défaut d'entretien ou par le vice de sa construction.	**Art. 1244**. - Le propriétaire d'un bâtiment est responsable du dommage causé par sa ruine, lorsqu'elle est arrivée par une suite du défaut d'entretien ou par le vice de sa construction.
TITRE IV *BIS*. - DE LA RESPONSABILITÉ DU FAIT DES PRODUITS DÉFECTUEUX	
Art. 1386-1. - Le producteur est responsable du dommage causé par un défaut de son produit, qu'il soit ou non lié par un contrat avec la victime.	**Art. 1245**. - Le producteur est responsable du dommage causé par un défaut de son produit, qu'il soit ou non lié par un contrat avec la victime.
Art. 1386-2. - Les dispositions du présent titre s'appliquent à la réparation du dommage qui résulte d'une atteinte à la personne. Elles s'appliquent également à la réparation du dommage supérieur à un montant déterminé par décret, qui résulte d'une atteinte à un bien autre que le produit défectueux lui-même.	**Art. 1245-1**. - Les dispositions du présent chapitre s'appliquent à la réparation du dommage qui résulte d'une atteinte à la personne. Elles s'appliquent également à la réparation du dommage supérieur à un montant déterminé par décret, qui résulte d'une atteinte à un bien autre que le produit défectueux lui-même.
Art. 1386-3. - Est un produit tout bien meuble, même s'il est incorporé dans un immeuble, y compris les produits du sol, de l'élevage, de la chasse et de la pêche. L'électricité est considérée comme un produit.	**Art. 1245-2**. - Est un produit tout bien meuble, même s'il est incorporé dans un immeuble, y compris les produits du sol, de l'élevage, de la chasse et de la pêche. L'électricité est considérée comme un produit.
Art. 1386-4. - Un produit est défectueux au sens du présent titre lorsqu'il n'offre pas la sécurité à laquelle on peut légitimement s'attendre. Dans l'appréciation de la sécurité à laquelle on peut légitimement s'attendre, il doit être tenu compte de toutes les circonstances et notamment de la présentation du produit, de l'usage qui peut en être raisonnablement attendu et du moment de sa mise en circulation. Un produit ne peut être considéré comme défectueux par le seul fait qu'un autre, plus perfectionné, a été mis postérieurement en circulation.	**Art. 1245-3**. - Un produit est défectueux au sens du présent chapitre lorsqu'il n'offre pas la sécurité à laquelle on peut légitimement s'attendre. Dans l'appréciation de la sécurité à laquelle on peut légitimement s'attendre, il doit être tenu compte de toutes les circonstances et notamment de la présentation du produit, de l'usage qui peut en être raisonnablement attendu et du moment de sa mise en circulation. Un produit ne peut être considéré comme défectueux par le seul fait qu'un autre, plus perfectionné, a été mis postérieurement en circulation.

Rédaction antérieure à l'ordonnance n° 2016-131 du 10 février 2016	Rédaction issue de l'ordonnance n° 2016-131 du 10 février 2016 ou de la loi n° 2018-287 du 20 avril 2018
Art. 1386-5. - Un produit est mis en circulation lorsque le producteur s'en est dessaisi volontairement. Un produit ne fait l'objet que d'une seule mise en circulation.	**Art. 1245-4**. - Un produit est mis en circulation lorsque le producteur s'en est dessaisi volontairement. Un produit ne fait l'objet que d'une seule mise en circulation.
Art. 1386-6. - Est producteur, lorsqu'il agit à titre professionnel, le fabricant d'un produit fini, le producteur d'une matière première, le fabricant d'une partie composante. Est assimilée à un producteur pour l'application du présent titre toute personne agissant à titre professionnel : 1° Qui se présente comme producteur en apposant sur le produit son nom, sa marque ou un autre signe distinctif ; 2° Qui importe un produit dans la Communauté européenne en vue d'une vente, d'une location, avec ou sans promesse de vente, ou de toute autre forme de distribution. 3° *(Aj. L. n° 2016-138, 11 févr. 2016)* Qui fait don d'un produit vendu sous marque de distributeur en tant que fabricant lié à une entreprise ou à un groupe d'entreprises, au sens de l'article L. 112-6 du Code de la consommation. Ne sont pas considérées comme producteurs, au sens du présent titre, les personnes dont la responsabilité peut être recherchée sur le fondement des articles 1792 à 1792-6 et 1646-1.	**Art. 1245-5**. - Est producteur, lorsqu'il agit à titre professionnel, le fabricant d'un produit fini, le producteur d'une matière première, le fabricant d'une partie composante. Est assimilée à un producteur pour l'application du présent chapitre toute personne agissant à titre professionnel : 1° Qui se présente comme producteur en apposant sur le produit son nom, sa marque ou un autre signe distinctif ; 2° Qui importe un produit dans la Communauté européenne en vue d'une vente, d'une location, avec ou sans promesse de vente, ou de toute autre forme de distribution. Ne sont pas considérées comme producteurs, au sens du présent chapitre, les personnes dont la responsabilité peut être recherchée sur le fondement des articles 1792 à 1792-6 et 1646-1.
Art. 1386-7. - Si le producteur ne peut être identifié, le vendeur, le loueur, à l'exception du crédit-bailleur ou du loueur assimilable au crédit-bailleur, ou tout autre fournisseur professionnel, est responsable du défaut de sécurité du produit, dans les mêmes conditions que le producteur, à moins qu'il ne désigne son propre fournisseur ou le producteur, dans un délai de trois mois à compter de la date à laquelle la demande de la victime lui a été notifiée. Le recours du fournisseur contre le producteur obéit aux mêmes règles que la demande émanant de la victime directe du défaut. Toutefois, il doit agir dans l'année suivant la date de sa citation en justice.	**Art. 1245-6**. - Si le producteur ne peut être identifié, le vendeur, le loueur, à l'exception du crédit-bailleur ou du loueur assimilable au crédit-bailleur, ou tout autre fournisseur professionnel, est responsable du défaut de sécurité du produit, dans les mêmes conditions que le producteur, à moins qu'il ne désigne son propre fournisseur ou le producteur, dans un délai de trois mois à compter de la date à laquelle la demande de la victime lui a été notifiée. Le recours du fournisseur contre le producteur obéit aux mêmes règles que la demande émanant de la victime directe du défaut. Toutefois, il doit agir dans l'année suivant la date de sa citation en justice.

Rédaction antérieure à l'ordonnance n° 2016-131 du 10 février 2016	Rédaction issue de l'ordonnance n° 2016-131 du 10 février 2016 ou de la loi n° 2018-287 du 20 avril 2018
Art. 1386-8. - En cas de dommage causé par le défaut d'un produit incorporé dans un autre, le producteur de la partie composante et celui qui a réalisé l'incorporation sont solidairement responsables.	**Art. 1245-7**. - En cas de dommage causé par le défaut d'un produit incorporé dans un autre, le producteur de la partie composante et celui qui a réalisé l'incorporation sont solidairement responsables.
Art. 1386-9. - Le demandeur doit prouver le dommage, le défaut et le lien de causalité entre le défaut et le dommage.	**Art. 1245-8**. - Le demandeur doit prouver le dommage, le défaut et le lien de causalité entre le défaut et le dommage.
Art. 1386-10. - Le producteur peut être responsable du défaut alors même que le produit a été fabriqué dans le respect des règles de l'art ou de normes existantes ou qu'il a fait l'objet d'une autorisation administrative.	**Art. 1245-9**. - Le producteur peut être responsable du défaut alors même que le produit a été fabriqué dans le respect des règles de l'art ou de normes existantes ou qu'il a fait l'objet d'une autorisation administrative.
Art. 1386-11. - Le producteur est responsable de plein droit à moins qu'il ne prouve : 1° Qu'il n'avait pas mis le produit en circulation ; 2° Que, compte tenu des circonstances, il y a lieu d'estimer que le défaut ayant causé le dommage n'existait pas au moment où le produit a été mis en circulation par lui ou que ce défaut est né postérieurement ; 3° Que le produit n'a pas été destiné à la vente ou à toute autre forme de distribution ; 4° Que l'état des connaissances scientifiques et techniques, au moment où il a mis le produit en circulation, n'a pas permis de déceler l'existence du défaut ; 5° Ou que le défaut est dû à la conformité du produit avec des règles impératives d'ordre législatif ou réglementaire. Le producteur de la partie composante n'est pas non plus responsable s'il établit que le défaut est imputable à la conception du produit dans lequel cette partie a été incorporée ou aux instructions données par le producteur de ce produit.	**Art. 1245-10**. - Le producteur est responsable de plein droit à moins qu'il ne prouve : 1° Qu'il n'avait pas mis le produit en circulation ; 2° Que, compte tenu des circonstances, il y a lieu d'estimer que le défaut ayant causé le dommage n'existait pas au moment où le produit a été mis en circulation par lui ou que ce défaut est né postérieurement ; 3° Que le produit n'a pas été destiné à la vente ou à toute autre forme de distribution ; 4° Que l'état des connaissances scientifiques et techniques, au moment où il a mis le produit en circulation, n'a pas permis de déceler l'existence du défaut ; 5° Ou que le défaut est dû à la conformité du produit avec des règles impératives d'ordre législatif ou réglementaire. Le producteur de la partie composante n'est pas non plus responsable s'il établit que le défaut est imputable à la conception du produit dans lequel cette partie a été incorporée ou aux instructions données par le producteur de ce produit.
Art. 1386-12. - Le producteur ne peut invoquer la cause d'exonération prévue au 4° de l'article 1386-11 lorsque le dommage a été causé par un élément du corps humain ou par les produits issus de celui-ci.	**Art. 1245-11**. - Le producteur ne peut invoquer la cause d'exonération prévue au 4° de l'article 1245-10 lorsque le dommage a été causé par un élément du corps humain ou par les produits issus de celui-ci.

Rédaction antérieure à l'ordonnance n° 2016-131 du 10 février 2016	Rédaction issue de l'ordonnance n° 2016-131 du 10 février 2016 ou de la loi n° 2018-287 du 20 avril 2018
Art. 1386-13. - La responsabilité du producteur peut être réduite ou supprimée, compte tenu de toutes les circonstances, lorsque le dommage est causé conjointement par un défaut du produit et par la faute de la victime ou d'une personne dont la victime est responsable.	**Art. 1245-12**. - La responsabilité du producteur peut être réduite ou supprimée, compte tenu de toutes les circonstances, lorsque le dommage est causé conjointement par un défaut du produit et par la faute de la victime ou d'une personne dont la victime est responsable.
Art. 1386-14. - La responsabilité du producteur envers la victime n'est pas réduite par le fait d'un tiers ayant concouru à la réalisation du dommage.	**Art. 1245-13**. - La responsabilité du producteur envers la victime n'est pas réduite par le fait d'un tiers ayant concouru à la réalisation du dommage.
Art. 1386-15. - Les clauses qui visent à écarter ou à limiter la responsabilité du fait des produits défectueux sont interdites et réputées non écrites. Toutefois, pour les dommages causés aux biens qui ne sont pas utilisés par la victime principalement pour son usage ou sa consommation privée, les clauses stipulées entre professionnels sont valables.	**Art. 1245-14**. - Les clauses qui visent à écarter ou à limiter la responsabilité du fait des produits défectueux sont interdites et réputées non écrites. Toutefois, pour les dommages causés aux biens qui ne sont pas utilisés par la victime principalement pour son usage ou sa consommation privée, les clauses stipulées entre professionnels sont valables.
Art. 1386-16. - Sauf faute du producteur, la responsabilité de celui-ci, fondée sur les dispositions du présent titre, est éteinte dix ans après la mise en circulation du produit même qui a causé le dommage à moins que, durant cette période, la victime n'ait engagé une action en justice.	**Art. 1245-15**. - Sauf faute du producteur, la responsabilité de celui-ci, fondée sur les dispositions du présent chapitre, est éteinte dix ans après la mise en circulation du produit même qui a causé le dommage à moins que, durant cette période, la victime n'ait engagé une action en justice.
Art. 1386-17. - L'action en réparation fondée sur les dispositions du présent titre se prescrit dans un délai de trois ans à compter de la date à laquelle le demandeur a eu ou aurait dû avoir connaissance du dommage, du défaut et de l'identité du producteur.	**Art. 1245-16**. - L'action en réparation fondée sur les dispositions du présent chapitre se prescrit dans un délai de trois ans à compter de la date à laquelle le demandeur a eu ou aurait dû avoir connaissance du dommage, du défaut et de l'identité du producteur.
Art. 1386-18. - Les dispositions du présent titre ne portent pas atteinte aux droits dont la victime d'un dommage peut se prévaloir au titre du droit de la responsabilité contractuelle ou extracontractuelle ou au titre d'un régime spécial de responsabilité. Le producteur reste responsable des conséquences de sa faute et de celle des personnes dont il répond.	**Art. 1245-17**. - Les dispositions du présent chapitre ne portent pas atteinte aux droits dont la victime d'un dommage peut se prévaloir au titre du droit de la responsabilité contractuelle ou extracontractuelle ou au titre d'un régime spécial de responsabilité. Le producteur reste responsable des conséquences de sa faute et de celle des personnes dont il répond.

Table de rapprochement des articles des titres III, IV et IV *bis* du livre III du Code civil

Des nouveaux articles créés par l'ordonnance n° 2016-131 du 10 février 2016 et modifiés, le cas échéant, par la loi n° 2018-287 du 20 avril 2018 vers les articles anciens

Nouvel article	Rappr. Ancien article
Art. 1100	Art. 1370 Art. 1235, al. 2
Art. 1100-1	–
Art. 1100-2	–
Art. 1101	Art. 1101
Art. 1102	–
Art. 1103	Art. 1134, al. 1er
Art. 1104	Art. 1134, al. 3
Art. 1105	Art. 1107
Art. 1106	Art. 1102 Art. 1103
Art. 1107	Art. 1106 Art. 1105
Art. 1108	Art. 1104
Art. 1109	–
Art. 1110	–
Art. 1111	–
Art. 1111-1	–
Art. 1112	–
Art. 1112-1	–
Art. 1112-2	–
Art. 1113	–
Art. 1114	–
Art. 1115	–
Art. 1116	–
Art. 1117	–
Art. 1118	–
Art. 1119	–
Art. 1120	–
Art. 1121	–
Art. 1122	–
Art. 1123	–
Art. 1124	–
Art. 1125	Art. 1369-1
Art. 1126	Art. 1369-2
Art. 1127	Art. 1369-3
Art. 1127-1	Art. 1369-4

Nouvel article	Rappr. Ancien article
Art. 1127-2	Art. 1369-5
Art. 1127-3	Art. 1369-6
Art. 1127-4	Art. 1369-7
Art. 1127-5	Art. 1369-8
Art. 1127-6	Art. 1369-9
Art. 1128	Art. 1108
Art. 1129	–
Art. 1130	Art. 1109
Art. 1131	–
Art. 1132	
Art. 1133	Art. 1110
Art. 1134	
Art. 1135	Art. 1131
Art. 1136	–
Art. 1137	Art. 1116
Art. 1138	–
Art. 1139	–
Art. 1140	Art. 1112 Art. 1113
Art. 1141	–
Art. 1142	Art. 1111
Art. 1143	–
Art. 1144	Art. 1304
Art. 1145	Art. 1123
Art. 1146	Art. 1124
Art. 1147	Art. 1125
Art. 1148	–
Art. 1149	Art. 1305 Art. 1306 Art. 1307 Art. 1308
Art. 1150	–
Art. 1151	Art. 1311 Art. 1312
Art. 1152	Art. 1304, al. 3
Art. 1153	–
Art. 1154	–
Art. 1155	–
Art. 1156	–
Art. 1157	–
Art. 1158	–
Art. 1159	–

Nouvel article	Rappr. Ancien article
Art. 1160	–
Art. 1161	–
Art. 1162	Art. 1131 Art. 1133
Art. 1163	Art. 1129 Art. 1130
Art. 1164	–
Art. 1165	–
Art. 1166	Art. 1246
Art. 1167	–
Art. 1168	Art. 1118
Art. 1169	Art. 1131
Art. 1170	–
Art. 1171	–
Art. 1172	–
Art. 1173	–
Art. 1174	Art. 1108-1
Art. 1175	Art. 1108-2
Art. 1176	Art. 1369-10
Art. 1177	Art. 1369-11
Art. 1178	Art. 1117
Art. 1179	–
Art. 1180	–
Art. 1181	–
Art. 1182	Art. 1338
Art. 1183	–
Art. 1184	–
Art. 1185	–
Art. 1186	–
Art. 1187	–
Art. 1188	Art. 1156
Art. 1189	Art. 1161
Art. 1190	Art. 1162
Art. 1191	Art. 1157
Art. 1192	–
Art. 1193	Art. 1134
Art. 1194	Art. 1135
Art. 1195	–
Art. 1196	Art. 1138
Art. 1197	Art. 1136 Art. 1137
Art. 1198	Art. 1141

Nouvel article	Rappr. Ancien article
Art. 1199	Art. 1165
Art. 1200	–
Art. 1201	Art. 1321
Art. 1202	Art. 1321-1
Art. 1203	Art. 1119
Art. 1204	Art. 1120
Art. 1205	Art. 1121
Art. 1206	Art. 1121
Art. 1207	–
Art. 1208	–
Art. 1209	–
Art. 1210	–
Art. 1211	–
Art. 1212	–
Art. 1213	–
Art. 1214	–
Art. 1215	–
Art. 1216	–
Art. 1216-1	–
Art. 1216-2	–
Art. 1216-3	–
Art. 1217	–
Art. 1218	Art. 1148 Art. 1184
Art. 1219	–
Art. 1220	–
Art. 1221	Art. 1142 Art. 1184, al. 2
Art. 1222	Art. 1143 Art. 1144
Art. 1223	–
Art. 1224	Art. 1184
Art. 1225	–
Art. 1226	–
Art. 1227	Art. 1184, al. 3
Art. 1228	–
Art. 1229	
Art. 1230	–
Art. 1231	Art. 1145 Art. 1146
Art. 1231-1	Art. 1147
Art. 1231-2	Art. 1149

Nouvel article	Rappr. Ancien article
Art. 1231-3	Art. 1150
Art. 1231-4	Art. 1151
Art. 1231-5	Art. 1152 Art. 1231
Art. 1231-6	Art. 1153
Art. 1231-7	Art. 1153-1
Art. 1240	Art. 1382
Art. 1241	Art. 1383
Art. 1242	Art. 1384
Art. 1243	Art. 1385
Art. 1244	Art. 1386
Art. 1245	Art. 1386-1
Art. 1245-1	Art. 1386-2
Art. 1245-2	Art. 1386-3
Art. 1245-3	Art. 1386-4
Art. 1245-4	Art. 1386-5
Art. 1245-5	Art. 1386-6
Art. 1245-6	Art. 1386-7
Art. 1245-7	Art. 1386-8
Art. 1245-8	Art. 1386-9
Art. 1245-9	Art. 1386-10
Art. 1245-10	Art. 1386-11
Art. 1245-11	Art. 1386-12
Art. 1245-12	Art. 1386-13
Art. 1245-13	Art. 1386-14
Art. 1245-14	Art. 1386-15
Art. 1245-15	Art. 1386-16
Art. 1245-16	Art. 1386-17
Art. 1245-17	Art. 1386-18
Art. 1300	Art. 1371
Art. 1301	Art. 1372
Art. 1301-1	Art. 1373 Art. 1374
Art. 1301-2	Art. 1375
Art. 1301-3	–
Art. 1301-4	–
Art. 1301-5	–
Art. 1302	Art. 1235
Art. 1302-1	Art. 1376
Art. 1302-2	Art. 1377
Art. 1302-3	–
Art. 1303	–

<table>
<tr><th>Nouvel article</th><th>Rappr. Ancien article</th></tr>
<tr><td>Art. 1303-1</td><td>-</td></tr>
<tr><td>Art. 1303-2</td><td>-</td></tr>
<tr><td>Art. 1303-3</td><td>-</td></tr>
<tr><td>Art. 1303-4</td><td>-</td></tr>
<tr><td>Art. 1304</td><td>Art. 1168
Art. 1183</td></tr>
<tr><td>Art. 1304-1</td><td>Art. 1172</td></tr>
<tr><td>Art. 1304-2</td><td>Art. 1170
Art. 1174</td></tr>
<tr><td>Art. 1304-3</td><td>Art. 1178</td></tr>
<tr><td>Art. 1304-4</td><td>-</td></tr>
<tr><td>Art. 1304-5</td><td>Art. 1180</td></tr>
<tr><td>Art. 1304-6</td><td>Art. 1179
Art. 1182</td></tr>
<tr><td>Art. 1304-7</td><td>Art. 1183</td></tr>
<tr><td>Art. 1305</td><td>Art. 1185</td></tr>
<tr><td>Art. 1305-1</td><td>-</td></tr>
<tr><td>Art. 1305-2</td><td>Art. 1186</td></tr>
<tr><td>Art. 1305-3</td><td>Art. 1187</td></tr>
<tr><td>Art. 1305-4</td><td>Art. 1188</td></tr>
<tr><td>Art. 1305-5</td><td>-</td></tr>
<tr><td>Art. 1306</td><td>-</td></tr>
<tr><td>Art. 1307</td><td>Art. 1189</td></tr>
<tr><td>Art. 1307-1</td><td>Art. 1190</td></tr>
<tr><td>Art. 1307-2</td><td>Art. 1193</td></tr>
<tr><td>Art. 1307-3</td><td rowspan="2">Art. 1194</td></tr>
<tr><td>Art. 1307-4</td></tr>
<tr><td>Art. 1307-5</td><td>Art. 1195</td></tr>
<tr><td>Art. 1308</td><td>-</td></tr>
<tr><td>Art. 1309</td><td>Art. 1220</td></tr>
<tr><td>Art. 1310</td><td>Art. 1202</td></tr>
<tr><td>Art. 1311</td><td>Art. 1197
Art. 1198</td></tr>
<tr><td>Art. 1312</td><td>Art. 1199</td></tr>
<tr><td>Art. 1313</td><td>Art. 1200
Art. 1203
Art. 1204</td></tr>
<tr><td>Art. 1314</td><td>Art. 1207</td></tr>
<tr><td>Art. 1315</td><td>Art. 1208</td></tr>
<tr><td>Art. 1316</td><td>Art. 1210</td></tr>
<tr><td>Art. 1317</td><td>Art. 1213
Art. 1214
Art. 1215</td></tr>
</table>

Nouvel article	Rappr. Ancien article
Art. 1318	Art. 1216
Art. 1319	–
Art. 1320	Art. 1217 Art. 1218 Art. 1222 Art. 1223 Art. 1224
Art. 1321	–
Art. 1322	–
Art. 1323	–
Art. 1324	–
Art. 1325	–
Art. 1326	–
Art. 1327	–
Art. 1327-1	–
Art. 1327-2	–
Art. 1328	–
Art. 1328-1	–
Art. 1329	Art. 1271
Art. 1330	Art. 1273
Art. 1331	–
Art. 1332	Art. 1274
Art. 1333	–
Art. 1334	Art. 1278
Art. 1335	Art. 1281
Art. 1336	Art. 1275
Art. 1337	Art. 1276
Art. 1338	Art. 1275
Art. 1339	–
Art. 1340	Art. 1277
Art. 1341	–
Art. 1341-1	Art. 1166
Art. 1341-2	Art. 1167
Art. 1341-3	–
Art. 1342	–
Art. 1342-1	Art. 1236 Art. 1237
Art. 1342-2	Art. 1239 Art. 1241
Art. 1342-3	Art. 1240
Art. 1342-4	Art. 1243 Art. 1244

Nouvel article	Rappr. Ancien article
Art. 1342-5	Art. 1245 Art. 1246
Art. 1342-6	Art. 1247
Art. 1342-7	Art. 1248
Art. 1342-8	-
Art. 1342-9	Art. 1282
Art. 1342-10	Art. 1253 Art. 1255 Art. 1256
Art. 1343	-
Art. 1343-1	Art. 1254
Art. 1343-2	Art. 1154
Art. 1343-3	-
Art. 1343-4	Art. 1247
Art. 1343-5	Art. 1244-1 Art. 1244-2 Art. 1244-3
Art. 1344	Art. 1139
Art. 1344-1	Art. 1153
Art. 1344-2	Art. 1138 Art. 1302, al. 1er à 3
Art. 1345	-
Art. 1345-1	Art. 1257 Art. 1258
Art. 1345-2	-
Art. 1345-3	Art. 1260
Art. 1346	Art. 1249 Art. 1251
Art. 1346-1	Art. 1250
Art. 1346-2	Art. 1250
Art. 1346-3	Art. 1252
Art. 1346-4	-
Art. 1346-5	-
Art. 1347	Art. 1289 Art. 1290
Art. 1347-1	Art. 1291
Art. 1347-2	Art. 1293
Art. 1347-3	Art. 1292
Art. 1347-4	Art. 1297
Art. 1347-5	Art. 1295
Art. 1347-6	Art. 1294
Art. 1347-7	Art. 1298 Art. 1299

Nouvel article	Rappr. Ancien article
Art. 1348	–
Art. 1348-1	–
Art. 1348-2	–
Art. 1349	Art. 1300
Art. 1349-1	Art. 1209 Art. 1301
Art. 1350-1	Art. 1198 Art. 1285 Art. 1286
Art. 1350-2	Art. 1287 Art. 1288
Art. 1351	Art. 1302
Art. 1351-1	Art. 1302, al. 2 Art. 1303
Art. 1352	Art. 1379
Art. 1352-1	Art. 1380
Art. 1352-2	
Art. 1352-3	–
Art. 1352-4	Art. 1312
Art. 1352-5	Art. 1381
Art. 1352-6	–
Art. 1352-7	Art. 1378
Art. 1352-8	–
Art. 1352-9	–
Art. 1353	Art. 1315
Art. 1354	Art. 1350 Art. 1352
Art. 1355	Art. 1351
Art. 1356	–
Art. 1357	–
Art. 1358	Art. 1348, al. 1er
Art. 1359	Art. 1341 Art. 1343 Art. 1344
Art. 1360	Art. 1348, al. 1er
Art. 1361	Art. 1347
Art. 1362	Art. 1347
Art. 1364	–
Art. 1365	Art. 1316
Art. 1366	Art. 1316-1 Art. 1316-3
Art. 1367	Art. 1316-4
Art. 1368	Art. 1316-2

Nouvel article	Rappr. Ancien article
Art. 1369	Art. 1317 Art. 1317-1
Art. 1370	Art. 1318
Art. 1371	Art. 1319
Art. 1372	Art. 1322
Art. 1373	Art. 1323 Art. 1324
Art. 1374	*L. n° 71-1130, 31 déc. 1971, art. 66-3-2 et 66-3-3*
Art. 1375	Art. 1325
Art. 1376	Art. 1326
Art. 1377	Art. 1328
Art. 1378	Art. 1329 Art. 1330
Art. 1378-1	Art. 1331
Art. 1378-2	Art. 1332
Art. 1379	Art. 1334 Art. 1335 Art. 1348, al. 2
Art. 1380	Art. 1337
Art. 1381	–
Art. 1382	Art. 1353
Art. 1383	Art. 1354
Art. 1383-1	Art. 1355
Art. 1383-2	Art. 1356
Art. 1384	Art. 1357
Art. 1385	Art. 1358 Art. 1360
Art. 1385-1	Art. 1359 Art. 1362
Art. 1385-2	Art. 1361
Art. 1385-3	Art. 1363 Art. 1364
Art. 1385-4	Art. 1365
Art. 1386	Art. 1366 Art. 1368
Art. 1386-1	Art. 1367

Table de rapprochement des articles des titres III, IV et IV *bis* du livre III du Code civil

Des articles anciens vers les nouveaux articles créés par l'ordonnance n° 2016-131 du 10 février 2016 et modifiés, le cas échéant, par la loi n° 2018-287 du 20 avril 2018

Articles anciens	Rappr. Nouvel article
Art. 1101	Art. 1101
Art. 1102	Art. 1106
Art. 1103	Art. 1106
Art. 1104	Art. 1108
Art. 1105	Art. 1107
Art. 1106	Art. 1107
Art. 1107	Art. 1105
Art. 1108	Art. 1128
Art. 1108-1	Art. 1174
Art. 1108-2	Art. 1175
Art. 1109	Art. 1130
Art. 1110	Art. 1132, 1133 et 1134
Art. 1111	Art. 1142
Art. 1112	Art. 1140
Art. 1113	Art. 1140
Art. 1114	–
Art. 1115	–
Art. 1116	Art. 1137
Art. 1117	Art. 1178
Art. 1118	Art. 1168
Art. 1119	Art. 1203
Art. 1120	Art. 1204
Art. 1121	Art. 1205 et 1206
Art. 1122	–
Art. 1123	Art. 1145
Art. 1124	Art. 1146
Art. 1125	Art. 1147
Art. 1125-1	–
Art. 1126	–
Art. 1127	–
Art. 1128	–
Art. 1129	Art. 1163
Art. 1130	Art. 1163
Art. 1131	Art. 1135, al. 2, 1162 et 1169
Art. 1132	–

Articles anciens	Rappr. Nouvel article
Art. 1133	Art. 1162
Art. 1134, al. 1	Art. 1103
Art. 1134, al. 2	Art. 1193
Art. 1134, al. 3	Art. 1104
Art. 1135	Art. 1194
Art. 1136	Art. 1197
Art. 1137	Art. 1197
Art. 1138	Art. 1196 et 1344-2
Art. 1139	Art. 1344
Art. 1140	–
Art. 1141	Art. 1198
Art. 1142	Art. 1221
Art. 1143	Art. 1222
Art. 1144	Art. 1222
Art. 1145	Art. 1231
Art. 1146	Art. 1231
Art. 1147	Art. 1231-1
Art. 1148	Art. 1218
Art. 1149	Art. 1231-2
Art. 1150	Art. 1231-3
Art. 1151	Art. 1231-4
Art. 1152	Art. 1231-5
Art. 1153	Art. 1231-6 et 1344-1
Art. 1153-1	Art. 1231-7
Art. 1154	Art. 1343-2
Art. 1155	–
Art. 1156	Art. 1188
Art. 1157	Art. 1191
Art. 1158	–
Art. 1159	–
Art. 1160	–
Art. 1161	Art. 1189
Art. 1162	Art. 1190
Art. 1163	–
Art. 1164	–
Art. 1165	Art. 1199
Art. 1166	Art. 1341-1
Art. 1167	Art. 1341-2
Art. 1168	Art. 1304
Art. 1169	–

Articles anciens	Rappr. Nouvel article
Art. 1170	Art. 1304-2
Art. 1171	–
Art. 1172	Art. 1304-1
Art. 1173	–
Art. 1174	Art. 1304-2
Art. 1175	–
Art. 1176	–
Art. 1177	–
Art. 1178	Art. 1304-3
Art. 1179	Art. 1304-6
Art. 1180	Art. 1304-5
Art. 1181	–
Art. 1182	Art. 1304-6
Art. 1183	Art. 1304 et 1304-7
Art. 1184	Art. 1218, 1224, 1227 et 1228
Art. 1185	Art. 1305
Art. 1186	Art. 1305-2
Art. 1187	Art. 1305-3
Art. 1188	Art. 1305-4
Art. 1189	Art. 1307
Art. 1190	Art. 1307-1
Art. 1191	–
Art. 1192	–
Art. 1193	Art. 1307-2
Art. 1194	Art. 1307-4
Art. 1195	Art. 1307-5
Art. 1196	–
Art. 1197	Art. 1311
Art. 1198	Art. 1311 et 1350-1
Art. 1199	Art. 1312 et 1350-1
Art. 1200	Art. 1313
Art. 1201	–
Art. 1202	Art. 1310
Art. 1203	Art. 1313
Art. 1204	Art. 1313
Art. 1205	–
Art. 1206	–
Art. 1207	Art. 1314
Art. 1208	Art. 1315
Art. 1209	Art. 1349-1

Articles anciens	Rappr. Nouvel article
Art. 1210	Art. 1316
Art. 1211	–
Art. 1212	–
Art. 1213	Art. 1317
Art. 1214	Art. 1317
Art. 1215	Art. 1317
Art. 1216	Art. 1318
Art. 1217	Art. 1320
Art. 1218	Art. 1320
Art. 1219	–
Art. 1220	Art. 1309
Art. 1221	–
Art. 1222	Art. 1320
Art. 1223	Art. 1320
Art. 1224	Art. 1320
Art. 1225	–
Art. 1226	–
Art. 1227	–
Art. 1228	–
Art. 1229	–
Art. 1230	–
Art. 1231	Art. 1231-5
Art. 1232	–
Art. 1233	–
Art. 1234	–
Art. 1235	Art. 1100 et 1302
Art. 1236	Art. 1342-1
Art. 1237	Art. 1342-1
Art. 1238	–
Art. 1239	Art. 1342-2
Art. 1240	Art. 1342-3
Art. 1241	Art. 1342-2
Art. 1242	–
Art. 1243	Art. 1342-4
Art. 1244	Art. 1342-4
Art. 1244-1	Art. 1343-5
Art. 1244-2	Art. 1343-5
Art. 1244-3	Art. 1343-5
Art. 1244-4	–
Art. 1245	Art. 1342-5

Articles anciens	Rappr. Nouvel article
Art. 1246	Art. 1166 et 1342-5
Art. 1247	Art. 1342-6 et 1343-4
Art. 1248	Art. 1342-7
Art. 1249	Art. 1346
Art. 1250	Art. 1346-1 et 1346-2
Art. 1251	Art. 1346
Art. 1252	Art. 1346-3
Art. 1253	Art. 1342-10
Art. 1254	Art. 1343-1
Art. 1255	Art. 1342-10
Art. 1256	Art. 1342-10
Art. 1257	Art. 1345-1
Art. 1258	Art. 1345-1
Art. 1259	–
Art. 1260	Art. 1345-3
Art. 1261	–
Art. 1262	–
Art. 1263	–
Art. 1264	–
Art. 1271	Art. 1329
Art. 1272	–
Art. 1273	Art. 1330
Art. 1274	Art. 1332
Art. 1275	Art. 1336 et 1338
Art. 1276	Art. 1337
Art. 1277	Art. 1340
Art. 1278	Art. 1334
Art. 1279	–
Art. 1280	–
Art. 1281	Art. 1335
Art. 1282	Art. 1342-9
Art. 1283	–
Art. 1284	–
Art. 1285	Art. 1350-1
Art. 1286	Art. 1350-1
Art. 1287	Art. 1350-2
Art. 1288	Art. 1350-2
Art. 1289	Art. 1347
Art. 1290	Art. 1347
Art. 1291	Art. 1347-1

Articles anciens	Rappr. Nouvel article
Art. 1292	Art. 1347-3
Art. 1293	Art. 1347-2
Art. 1294	Art. 1347-6
Art. 1295	Art. 1347-5
Art. 1296	–
Art. 1297	Art. 1347-4
Art. 1298	Art. 1347-7
Art. 1299	Art. 1347-7
Art. 1300	Art. 1349
Art. 1301	Art. 1349-1
Art. 1302	Art. 1344-2, 1351 et 1351-1
Art. 1303	Art. 1351-1
Art. 1304	Art. 1144
Art. 1304, al. 3	Art. 1152
Art. 1305	Art. 1149
Art. 1306	Art. 1149
Art. 1307	Art. 1149
Art. 1308	Art. 1149
Art. 1309	–
Art. 1310	–
Art. 1311	Art. 1151
Art. 1312	Art. 1151 et 1352-4
Art. 1313	–
Art. 1314	–
Art. 1315	Art. 1353
Art. 1315-1	–
Art. 1316	Art. 1365
Art. 1316-1	Art. 1366
Art. 1316-2	Art. 1368
Art. 1316-3	Art. 1366
Art. 1316-4	Art. 1367
Art. 1317	Art. 1369
Art. 1317-1	Art. 1369
Art. 1318	Art. 1370
Art. 1319	Art. 1371
Art. 1320	–
Art. 1321	Art. 1201
Art. 1321-1	Art. 1202
Art. 1322	Art. 1372
Art. 1323	Art. 1373

Articles anciens	Rappr. Nouvel article
Art. 1324	Art. 1373
Art. 1325	Art. 1375
Art. 1326	Art. 1376
Art. 1328	Art. 1377
Art. 1329	Art. 1378
Art. 1330	Art. 1378
Art. 1331	Art. 1378-1
Art. 1332	Art. 1378-2
Art. 1333	–
Art. 1334	Art. 1379
Art. 1335	Art. 1379
Art. 1336	–
Art. 1337	Art. 1380
Art. 1338	Art. 1182
Art. 1339	–
Art. 1340	–
Art. 1341	Art. 1359
Art. 1342	–
Art. 1343	Art. 1359
Art. 1344	Art. 1359
Art. 1345	–
Art. 1346	–
Art. 1347	Art. 1361 et 1362
Art. 1348, al. 1	Art. 1358 et 1360
Art. 1348, al. 2	Art. 1379
Art. 1348	–
Art. 1349	–
Art. 1350	Art. 1354
Art. 1351	Art. 1355
Art. 1352	Art. 1354
Art. 1353	Art. 1382
Art. 1354	Art. 1383
Art. 1355	Art. 1383-1
Art. 1356	Art. 1383-2
Art. 1357	Art. 1384
Art. 1358	Art. 1385
Art. 1359	Art. 1385-1
Art. 1360	Art. 1385
Art. 1361	Art. 1385-2
Art. 1362	Art. 1385-1

Articles anciens	Rappr. Nouvel article
Art. 1363	Art. 1385-3
Art. 1364	Art. 1385-3
Art. 1365	Art. 1385-4
Art. 1366	Art. 1386
Art. 1367	Art. 1386-1
Art. 1368	Art. 1386
Art. 1369	–
Art. 1369-1	Art. 1125
Art. 1369-2	Art. 1126
Art. 1369-3	Art. 1127
Art. 1369-4	Art. 1127-1
Art. 1369-5	Art. 1127-2
Art. 1369-6	Art. 1127-3
Art. 1369-7	Art. 1127-4
Art. 1369-8	Art. 1127-5
Art. 1369-9	Art. 1127-6
Art. 1369-10	Art. 1176
Art. 1369-11	Art. 1177
Art. 1370	Art. 1100
Art. 1371	Art. 1300
Art. 1372	Art. 1301
Art. 1373	Art. 1301-1
Art. 1374	Art. 1301-1
Art. 1375	Art. 1301-2
Art. 1376	Art. 1302-1
Art. 1377	Art. 1302-2
Art. 1378	Art. 1352-7
Art. 1379	Art. 1352 et 1352-1
Art. 1380	Art. 1352-2
Art. 1381	Art. 1352-5
Art. 1382	Art. 1240
Art. 1383	Art. 1241
Art. 1384	Art. 1242
Art. 1385	Art. 1243
Art. 1386	Art. 1244
Art. 1386-1	Art. 1245
Art. 1386-2	Art. 1245-1
Art. 1386-3	Art. 1245-2
Art. 1386-4	Art. 1245-3
Art. 1386-5	Art. 1245-4

Articles anciens	Rappr. Nouvel article
Art. 1386-6	Art. 1245-5
Art. 1386-7	Art. 1245-6
Art. 1386-8	Art. 1245-7
Art. 1386-9	Art. 1245-8
Art. 1386-10	Art. 1245-9
Art. 1386-11	Art. 1245-10
Art. 1386-12	Art. 1245-11
Art. 1386-13	Art. 1245-12
Art. 1386-14	Art. 1245-13
Art. 1386-15	Art. 1245-14
Art. 1386-16	Art. 1245-15
Art. 1386-17	Art. 1245-16
Art. 1386-18	Art. 1245-17

INDEX ALPHABÉTIQUE

Les renvois sont opérés vers les articles issus de l'ordonnance du 10 février 2016 et de la loi du 20 avril 2018

D

E

M

N

O

P

Q

R

S

Édition hors commerce
Achevé d'imprimer en juin 2018
sur les ateliers de Druckerei C.H.Beck à Nördlingen
Dépôt légal : juin 2018
Imprimé en Allemagne